渐进阅读指导八步教学新思路

引领读悟
YIN LING DU WU

通常阅读

主　　编　李树方　刘大庆　苏建忠
本册主编　李树方　金玉荣

中国书籍出版社
China Book Press

图书在版编目（CIP）数据

引领读悟：全3册/李树方，刘大庆，苏建忠主编. —北京：中国书籍出版社，2019.6
 ISBN 978-7-5068-7218-8

Ⅰ.①引… Ⅱ.①李…②刘…③苏… Ⅲ.①中学语文课—课堂教学—教学研究 Ⅳ.①G633.302

中国版本图书馆 CIP 数据核字（2019）第 001093 号

引领读悟：全3册

李树方　刘大庆　苏建忠　主编

责任编辑	李　新
责任印制	孙马飞　马　芝
封面设计	中联华文
出版发行	中国书籍出版社
地　　址	北京市丰台区三路居路97号（邮编：100073）
电　　话	（010）52257143（总编室）　（010）52257140（发行部）
电子邮箱	eo@chinabp.com.cn
经　　销	全国新华书店
印　　刷	三河市华东印刷有限公司
开　　本	710毫米×1000毫米　1/16
字　　数	718千字
印　　张	44.5
版　　次	2019年6月第1版　2019年6月第1次印刷
书　　号	ISBN 978-7-5068-7218-8
定　　价	136.00元（全3册）

版权所有　翻印必究

引领读悟
通常阅读
编 委 会

主　　编：李树方　金玉荣

编　　委：马海英　梅学利　马小松　邓长生　闫金芳
　　　　　李丽辉　贾　丹　程亚利　齐　娜　廖定海
　　　　　王　磊　陈奕勤

编　　写：董卫红　梅学利　陈爱华　李建华　姜海燕
　　　　　翟新平　李　蕊　金玉荣　吴海燕　李　刚
　　　　　陈丽芝　马海英　赵洪浩　吉　杨　强海朋
　　　　　张　伟　史　征　闫金芳　王英丽

审　　定：李建华　刘玉祥　吴海燕　强海朋　马文辉
　　　　　邱淑敏

顾　　问：陈家誉　鲍殿国　刘元成

主编简介

李树方 北京市特级教师,中学语文教研员。2015年9月至2018年9月,与特级教师刘大庆一起主持区第一批中学语文名师工作室。曾于1997年12月被评选为首届北京市中学语文骨干教师,2004年12月被评选为北京市语文学科教学带头人。多次参与国家、市级课题研究,多次参与高中初中语文教材、教学参考书编写,多次参与他人的教学读物编写。发表论文多篇,有多篇论文获国家、市区级奖励。主编出版了《初中语段阅读》《中学文言虚词辨析大全》《中学文言虚词集释》《文言文精读新编》(初中)《文言文精读新编》(高中)《语文教学设计》《初中语文关键内容学习过程》《学会阅读——初中语文》《初中语文阅读指南》《课堂智慧你我他》(共5册)等多部图书。近6年来,多次参与同行著述的设计或做顾问。从专业引领等方面为三十余册书的出版做了大量工作。

苏建忠 北京市特级教师,北京师范大学良乡附属中学语文教研组长,多次被评为北京市中学语文学科骨干教师,曾连续三届被评为北京市语文学科带头人。主要著述有:北京市中学地方实验教材《房山文化》编委,首都师范大学出版社出版;《文言文精读新编》(高中)副主编、编委,首都师范大学出版社出版;《文言文精读新编》(初中)副主编、编委,首都师范大学出版社出版;《中学常用文言虚词集释》副主编、编委,开明出版社出版。主编《呐喊》解读由九州出版社出版。

刘大庆 北京市特级教师。2015年9月至2018年9月,与特级教师李树方一起,主持区第一批中学语文名师工作室工作。曾被评为北京市中学语文骨干教师。近三十年来一直担任语文教学工作,成绩优异。从2000年始,主编出版了《初中语文教育教学新视野》(共5册),作为副主编参与出版了李树方老师主编的《文言文精读新编》《初中语文阅读指南》《学会阅读——初中语文》《课堂智慧你我他》(共5册)等书。参加"个性化作文与阅读""教学过程精细指导"等市区级课题研究,十余篇论文和课例获得市级一等奖。

金玉荣 北京市中学语文学科骨干教师。2015年9月至2018年9月在"李树方 刘大庆语文名师工作室"学习。曾获得区级优秀班主任、优秀教师、优秀共产党员等称号。被聘为京版义务教育教科书《语文》微课录制专家。承担"北京数字学校"课堂实录和微课的做课任务,所做专题课均被收录在北京数字学校云课堂。在北京市初中语文教师基本功大赛中荣获一等奖。多篇论文获得市级一等奖或在核心期刊发表。参与了特级教师李树方等主编的《学会阅读》《初中语文阅读指南》《创新教育新视野》《智慧课堂你我他》等书籍的编写工作并担任编委。此外,还参与了《初中生作文教材》等书的编写工作。先后参与《"学导探评思"教学模式的建构研究》《学习过程精细指导与习惯培养研究》等市、区级课题的研究并任核心组成员。

前　言

全面提高学生的语文素养是新课程的重要理念。《语文课程标准》同时指出阅读教学是学生、教师、文本之间对话的过程。如何落实新课程理念,通过"师""生""文"三方之间的顺畅对话,提升学生的语文素养,实现语文教学目标,这是摆在每个语文教师面前的切实问题。新课程理念下的语文课堂应摒弃粗放模式,聚焦学生,以学定教,顺学而导,成为学生构建个体语文学习平台的助力;新课程理念下的语文课堂,应以语言为桥梁,引导学生细细品味,含英咀华,激发审美想象,让学生感受语言的魅力,品味语文学习带来的愉悦;新课程理念下的语文课堂,不应是教师独霸、师云亦云的一潭死水,而应体现学生参与的多元化,努力成为学生探究交流、思维碰撞、切磋展示、焕发生命活力的舞台。基于新课程的理念和常年指导一线语文教学的经验,特级教师李树方老师探索出一种语文课堂教学新思路——渐进阅读指导。

该教学思路的基本步骤为:

第一步,学生读文本,整体感知文章或语段,明确积累内容。

第二步,进入问题解决。

第三步,教师指导点拨。

第四步,学生静心独立思考,读出认识,读出感受,个体准备答案。

第五步,教师指定学生个体展示答案。

第六步,小组讨论归纳答案。

第七步,指定组代表展示本组归纳的答案。

第八步,教师或学生评价,确认(或补充)答案,升华。

为了更加深刻理解这一教学思想的内涵,现对其基本操作解读如下:

第一,初读感知。此环节以师生多种形式的读为主要形式,以学生积累喜欢的词语、句子、段落为起点,形成对文本的初步认识。

第二,质疑问难。此环节是初读之后学生个体或小组针对文本内容提出难点、疑点,经师生梳理后形成本节课探究的主问题和若干分问题。

第三,指导点拨。此环节教师以主问题为引领,以分问题为突破口,以充分预设学生课堂生成为前提,以点拨相关应知、阅读方法、思考方向为重点。

第四,独立思考。此环节以学生再次静心独立阅读文本,依据教师引导,全面思考为基本形式,以学生读出新的感悟,形成新的认识为基本方向。

第五,个体展示。此环节为学生展示思维结果,暴露思维漏洞的过程。教师根据情况,随时、及时点拨重点与相关注意,引导思考方向走入正轨。

第六,合作探究。此环节为学生思维不顺畅,回答不理想的情况下,借鉴同伴的学习经验,小组讨论交流的过程。

第七,小组展示。此环节以小组成员向全班准确、规范地汇报学习成果为主要形式,力求使每个学生的思考在原有基础上更全面、更深刻。

第八,强化提升。此环节为师生共同梳理学习经验阶段,用以强化学习方法、阅读规律和相关注意等。

以上各个环节之间,不是相互独立,而是一个渐进的有机整体。在遵循学生认知特点和阅读规律的基础上交织融合、循序渐进。各个环节先后顺序也不是一成不变的,而是根据学情特点、文本特点灵活组合。渐进阅读指导的精华是传达出一种全新的教学理念,即对学生学习相关内容的现状做出基本估计,站在学生的角度备课,考量教学重点、难点确定的适合与否,充分预设学生思考的各种可能性并有针对性地选择恰当的教学策略;听、说、读、写并重,关注阅读积累,阅读感悟，鼓励创造性思考和合作探究；注重学生"习得"的过程和语文素养的提升，以学法指导贯穿始终。

渐进阅读指导的探索，以新课程理念为依托，有工作室研修学员大量的课堂实践做支撑，意在规范和引领本工作室研修学员及广大一线语文教师更好地处理阅读教学中的重点问题，具有可操作性和借鉴意义。

走进这套（3册）书，一个个源于学情的设计，将向读者展示基于"学生视角"的教学思考；一次次质疑问难、感悟探究将向读者展示学生在已有经验基础上的主动建构与发展；一次次症结之处的点拨引导，将让读者看到"师""生""文"三者之间真正的思维碰撞和思想交流。走进这套（3册）书，我们将更加关注学生，关注课堂教学中学生学习方式的变革，关注课堂教学中学生语文素养的提升，从而反思自己的课堂教学，促进自身教学能力的提升。

需要说明的是，本套书是"李树方刘大庆语文工作室"在引领学员研修过程中的一种集体很用心的尝试，由于时间的制约和编写者的水平需要再提升，难免有不妥之处，恳请各位同行批评指正。另外，本套书在编写过程中引用了一些资料，在此向有关人员说明并表示感谢。

执笔　金玉荣
审定　刘大庆　苏建忠
2019年6月于北京

目 录
CONTENTS

通常阅读 …………………………………………………………… 1
  整体感知文章的主要内容,把握文章中心 …………………… 1
    一般记叙文例文
      永久的悔 …………………………………………………… 1
      散步 ………………………………………………………… 12
      紫藤萝瀑布 ………………………………………………… 23
      忆冼星海 …………………………………………………… 33
    散文例文
      春酒 ………………………………………………………… 44
      鼎湖山听泉 ………………………………………………… 56
    说明文例文
      向沙漠进军 ………………………………………………… 68
      奇妙的克隆 ………………………………………………… 77
    议论文例文
      事物的正确答案不止一个 ………………………………… 92

  理解文章段落之间的关系,理清文章思路 …………………… 112
    一般记叙文例文
      我的老师 …………………………………………………… 112
    散文例文
      我的母亲 …………………………………………………… 123
      晶莹的泪珠 ………………………………………………… 133

爸爸的花落了 …………………………………… 143
　　说明文例文
　　中国石拱桥 …………………………………… 153
　　苏州园林 ……………………………………… 163
　　议论文例文
　　略谈孝文化 …………………………………… 172
　　人的高贵在于灵魂 …………………………… 183

体味和推敲重要词句在语言环境中的意义和作用 ……… 193
　　一般记叙文词与句例文
　　我的老师 ……………………………………… 193
　　散文词与句例文
　　石缝间的生命 ………………………………… 203
　　说明文词与句例文
　　向沙漠进军 …………………………………… 215
　　议论文词与句例文
　　怀疑与学问 …………………………………… 226
　　我的老师 ……………………………………… 236

后　记 ………………………………………………… 247

通常阅读

整体感知文章的主要内容,把握文章中心

永久的悔

【内涵释义】"整体感知文章内容,把握文章中心"是指阅读一般记叙文及文学作品,能说出作者所描绘的形象,归纳人物形象的特征;概括叙述的事件,划分事件的发展过程,把握作者的思想情感,解说文章的写作目的。

【引领读悟】
本文以《永久的悔》为例来落实本点。

学习准备

1. 初读课文,梳理作品情节和笼统感知文章内容。
2. 课前阅读季羡林的其他文章。
3. 总结阅读现代文的方法。

导入新课

教师:中国有句古话"树欲静而风不止,子欲养而亲不待"。树想要静止,风却不停地刮动它的枝叶。比喻形势与自己的愿望相违背。多用于感叹人子希望尽孝双亲时,父母却已经亡故。我们接下来要学习的这一篇课文中就有这句话。

本文题目是《永久的悔》,它的作者是当代语言学家季羡林老师,写这篇文章时季老已年近九十,却还在对一件往事耿耿于怀,可见这件事在他的内心深处有着怎样的地位。那么,这位九十岁的老人永生难忘,始终无法释怀的到底是一件什么样的事呢?

叙述目标

为达到形成"整体感知文章内容,把握文章中心"的目标,这节课将通过学习《永久的悔》这篇文章达到以下学习目标:第一,通过浏览的方式认真阅

读课文,了解作品平实自然却又饱含深情的语言风格,体会作者对母亲深深的思念和追悔莫及的感情。第二,在整体感知课文的基础上,通过多层次的朗读,品味文本中所蕴含的深情;通过讨论交流的形式培养口头表达能力、理解能力。第三,学习文章平实自然、在日常絮语中蕴含深情的语言风格。第四,做一个有孝心的人,珍惜身边的至爱亲情,懂得孝敬父母、长辈,学会关爱他人。

阅读渐进引领

第一步:学生读文本,整体感知文章或语段。

| 如何抓住文章内容理解作者的思想感情呢? | ← | 阅读散文,应该抓住集中体现作者情感态度的事件,以此作为核心,逐段理解,更能深刻地理解全篇。 |

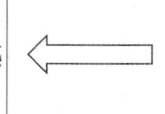

教师:前面的学习扫除了文字障碍,请同学们再读课文,找出喜欢或不理解的语句,总结阅读散文的方法与同学们交流分享。

学生:我阅读散文时把握文中词语的方法是:

(1)对于预习中不能理解的词语,我通常都会与同桌相互交流;或举手向老师提问,师生共同解决。

(2)我还习惯于勾画出文中优美的成语或四字雅词,并摘录在笔记本上。

(3)我还会和同桌交流,并自己选择2—5个词语口头造句,相互评价。

教师:多媒体播放配乐朗诵。

学生:认真体会朗读节奏及情感。

教师:同学们,朗读这篇饱含深情的散文,我们应以什么样的感情来读呢?

学生回答预设:痛苦、悔恨。

教师:同学们小声地、舒缓地朗读课文,并试着在你认为最能表达作者痛苦、悔恨之情的句子下做上标志。

教师:朗读课文,就你认为你朗读得最好、最有感情的语段大声朗读出来,让同学们一起欣赏、品析。

教师:哪位同学愿意与同学们分享你的思考或感受?

学生:我认为文章结尾段写得感情真挚,充满了对母亲的深情,但是我又不能完全理解其中的深意,还希望能和老师以及同学交流。

第二步:进入问题解决。

教师:这位同学目光非常敏锐,他找到的语段,是文章的精华。我注意到,很多同学都批注了这一段,那我们不妨以此段为核心精心设计几个问题,看看随着这几个问题的解决,是不是你在自读时的许多疑难就迎刃而解了。

学生:默读、思考圈点批注、讨论。

教师:同学们思考得很认真,讨论也很热烈,下面就请小组代表呈上你们设计的问题吧。

| 精心研读文章结尾段,你有哪些问题想得到解决? | ← | 阅读时要抓住重点段落,扣住文章所叙写的事件,问题设计要涵盖全篇,关注到人物、事件、情感。 |

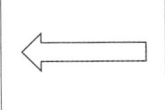

学生提问预设1:我们组提出的问题是:作者在文中写到了几个人物,如九叔、宁婶等,都对作者的童年生活有过帮助,为什么母亲会让他念念不忘?

学生提问预设2:我们组的问题是:作者对母亲的理解经历了一个怎样的过程?

学生提问预设3:我们组的问题是:题目"永久的悔"还有什么深刻含义?

学生提问预设4:我们组的问题是:为什么要写童年时贫困的生活?

学生提问预设5:我们组的问题是:本文始终是围绕着哪一句话来叙述抒情的?

教师:非常好!看来同学们真的动了一番脑筋,同学们提出的问题都很有价值,其实我们刚才抓住重点语段,研读、设计问题,可以从中总结出一个很好的阅读方法,学会了就可以举一反三了。请同学们看大屏幕(屏幕上显示)教你一招:

第一,筛选相关段落;第二,概括中心事件。

教师:这样做,就可以提纲挈领,化繁为简。那么刚才同学们提出的五个问题,我们能不能抓住一个核心问题,带动起其他问题呢?请同学们认真思考。

> 用核心问题带动其他问题,能否达到整体感知文章内容,把握文章中心的目的?

> 提取主问题,要注意文体特征,叙事散文离不开精心选择事件所以要从概括事件入手。

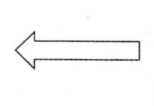

学生设计问题预设:我们组的问题是:阅读叙事散文首先要概括事件,在叙述事件过程中,作者既可以表现人物品质,又可以在字里行间表达自己的思想情感,所以,我认为我们要解决的核心问题是:文章写了关于母亲的几件事?表现了母亲怎样的性格?

教师:非常好!老师为此也补充设计了几个问题:

1. 想想作者童年时是如何凭借自己的机灵、勤劳来解决"吃"这个生存问题的呢?每个小故事,希望大家用一句简练的语句概括出来。

2. 作者在这部分中用了大量的篇幅详细叙述自己童年时关于"吃"的生活情况。这似乎与题目"永远的悔"关系不大。这是否是偏离了主题呢?

这就是我们接下来要完成的任务。

第三步:教师指导点拨。

教师:刚才大家初读了课文并围绕文章的主题和内容提出了许多有价值的问题,下面请同学们再读课文,运用我们已经掌握的读书方法,从概括内容入手把握文章中心。概括事件时要注意两个要素:人物和事件。也就是"谁""干了什么"。注意要紧扣文本,尽量用原文中的词句组合,养成细读文本的习惯,下面请同学们概括你找到的事件。

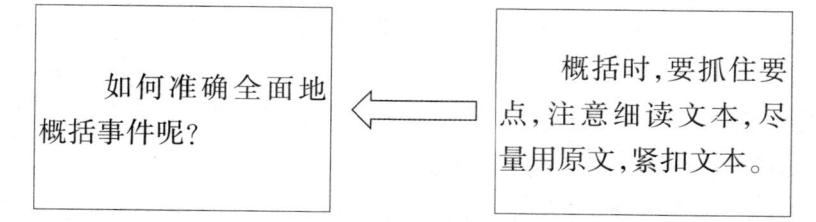

> 如何准确全面地概括事件呢?

> 概括时,要抓住要点,注意细读文本,尽量用原文,紧扣文本。

大家读文章的时候首先要整体把握:认真思考作者怎样安排结构,才能条理清晰,主题突出,感人至深。全文紧密围绕"永久的悔"这条线索展开叙述、抒情。思考这些问题要对文本逐层分析,并且设置这些问题目的是能使大家在整体上把握文章的情感基调和文章的结构。为大家创设一个活泼有序、扎实多变的思维空间,有利于引起对问题的思考,希望大家能积极进行讨论。

我们可以借助批注法、质疑法感知文章内容,通过对文章题目和主要事件的分析理解文章的主题。

教师:对于第一个问题,大家可以很有感情地朗读课文,从文章整体来思考。

| 想想季羡林老先生童年生活中最难忘的事情是什么?为什么会让他如此难忘呢? | ← | 阅读文章的时候首先要整体把握,并边读书边在文中圈点勾画,并认真体会作者的写作意图。 |

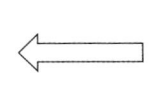

教师:请大家继续研读这部分,想想作者童年时是如何凭借自己的机灵、勤劳来解决"吃"这个生存问题的呢?每个小故事,希望大家用一句简练的语句概括出来。精读文章片段,利用学过的六要素的知识对故事内容进行概括,概括的时候要注意语言简明连贯通顺。

作者这部分中用了大量的篇幅详细叙述自己童年时关于"吃"的生活情况。这似乎与题目"永远的悔"关系不大。这是否是偏离了主题呢?思考这个问题首先应该理解作者的写作目的和作者的思想情感,进而理解侧面描写的作用,深刻理解文章的深层含义。

第四步:学生静心独立思考,读出认识、读出感受。个体准备答案。准备说一说,可以写一写。

教师:前面的学习,我们批注并质疑了文章的内容,请同学们打开书,默读课文,并做一些批注,并用简练的语言概括故事内容。

学生默读课文,勾画出重要语句,同桌间相互交流。概括故事内容。

学生回答预设1:我觉得故事的内容应该概括为:作者偶尔能从"举人大奶奶"那儿吃到一小块白面馍馍。

教师:为什么作者偶尔能从"举人大奶奶"那儿吃到一小块白面馍馍?

学生回答预设1:因为嘴甜。

教师:好的,其他同学继续。

学生回答预设2:麦收季节,作者拼命"拾麦子",在中秋时能吃上一小块月饼。

教师：一下子说出了两件事情，信息捕捉准确，而且用语简单明了。

学生回答预设3：作者有时还能混到一些黄面糕吃。

教师：作者凭借什么"混到一些黄面糕吃"？

学生回答预设4：他给"二大爷"家打草喂牛。

教师：把这两句连起来表述。

学生回答预设5：作者靠给"二大爷"家打草喂牛，混到一些黄面糕吃。

教师：（课件展示：因为嘴甜，偶尔能从"举人大奶奶"那儿吃到一小块白面馍馍；麦收季节，作者拼命"拾麦子"，在中秋时能吃上一小块月饼；靠给"二大爷"家打草喂牛，混到一些黄面糕吃。）

教师：作者儿时的这些事都不是惊天动地的壮举，而是平凡细碎的琐事，这些平凡小事在季羡林先生的记忆中，定格成一个个难忘的镜头，让我们深情朗读，从中体会作者回忆儿时生活的目的。

学生提问预设1：经过老师的提示，我对本文有一个疑惑——我不明白，作者明明是写永久的悔，为什么还要写自己童年时关于"吃"的故事，希望能和老师以及同学们进行交流。

第五步：教师指定学生个体展示答案。

教师：这位同学目光非常敏锐，他由故事的内容想到了文章的主题，这才是阅读叙事性散文应该有的思维，我注意到，刚才很多同学都提出了"为什么要写童年时贫困的生活"这个问题，那我们不妨围绕这个问题继续研讨，下面我们在概括故事内容的基础上继续深入研读文本，请大家认真思考作者在这部分中用了大量的篇幅详细叙述自己童年时关于"吃"的生活情况。这似乎与题目"永远的悔"关系不大。这是否是偏离了主题呢？

学生：默读、思考、圈点批注、讨论。

教师：同学们思考的很认真，讨论也很热烈，下面就请小组代表呈上你们的思考结果。

学生回答预设：我们组讨论的结果是作者这部分中用了大量的篇幅详细叙述自己童年时关于"吃"的生活情况。这似乎与题目"永远的悔"关系不大，但没有偏离主题。我们这样思考的理由是：作者字面上叙述自己童年的生活情况，是为了说明自己家庭当时的贫穷。

教师：在此基础上思考作者只是为了表现家庭贫苦吗？

学生回答预设：我们小组为他们做补充，作者字面上叙述自己童年的生活情况，是为了说明自己家庭当时的贫穷。写家庭的穷及童年生活的苦，目的是为了烘托母亲的悲苦,烘托母亲在苦境中给自己的疼爱。

教师:再思考作者为什么要写母亲的悲苦和对自己的疼爱?

学生回答预设:我们继续为前面的回答作补充,作者字面上叙述自己童年的生活情况,是为了说明自己家庭当时的贫穷。写家庭的穷及童年生活的苦,从侧面回答"悔"的原因。

教师:继续思考作者为什么要写母亲的伟大。

学生回答预设:我们小组经过老师的指点,对文章的主题理解得又深刻了一点,我们是这样思考的:作者字面上叙述自己童年的生活情况,是为了说明自己家庭当时的贫穷。写家庭的穷及童年生活的苦,从侧面回答"悔"的原因。作者把自己幼年生活之苦写得越充分,就越能表现母亲生活得更苦,越能表现母爱的伟大。

教师:最后再联系题目思考。

学生回答预设:随着各小组讨论的深入,我们的思维也越来越开阔了,我们小组联系文章的题目,对这个问题做了更加深入的思考:作者字面上叙述自己童年的生活情况,是为了说明自己家庭当时的贫穷。写家庭的穷及童年生活的苦,从侧面回答"悔"的原因。作者把自己幼年生活之苦写得越充分,就越能表现母亲生活得更苦,越能表现母爱的伟大,作者悔的程度也就越深。

教师:非常好!看来同学们真的动了一番脑筋。刚才我们抓住文章的事件与主题以及题目的关系进行了深入思考和讨论,可以从中总结出一个很好的阅读方法,学会了就可以举一反三了。请同学们看大屏幕。

(屏幕上显示)教你一招:第一步,理解所写事件的表层意义;第二步,结合文章题目和人物形象,理解作者的思想感情。

教师:这样做能够在思考问题的时候,对文章理解得更深入、更透彻,也有利于增加我们的思维深度。在大家回答上述问题时,我发现大家的思维角度各不相同,深度也各有高低,需要同学们分组讨论。

第六步:在学生回答不理想的情况下小组讨论归纳答案。

教师:刚才同学们通过独立思考、小组讨论等方式,对文本做了进一步的探究,至此同学们已经能够从文本的题目入手理解文章的主旨了,还要注意语言的表达要通顺流畅。

第七步:指定组代表展示本组归纳的答案。

教师:下面,我们请一位同学展示一下他修改后的答案。请任选一个典型事件,以作者的身份对母亲说一段话,表现母亲的性格。

学生回答预设:妈妈,我清楚地记得小时候我因为嘴甜,偶尔能从"举人大奶奶"那儿吃到一小块白面馍馍;那时候的生活是多么艰苦啊!但面对无尽的苦难,您总是充满笑容,您的乐观永远刻印在我的脑海里。

教师:不错,这段话写出了母亲的乐观给自己的影响。其他同学请继续。

学生回答预设:妈妈,您还记得吗?那是一个麦收季节,我拼命"拾麦子",在中秋时能吃上一小块月饼;对于一个懵懂的孩子来说,用自己辛勤的劳动获得些许的成果,那是何等的愉悦,那时的生活是悲苦的,您却在苦境中给我太多的疼爱。妈妈,感谢您。

学生回答预设:我一直没有告诉您,有一次我凭着给"二大爷"家打草喂牛,混到一些黄面糕吃。后来,宁姊告诉我说,"你娘经常说:'早知道送出去回不来,我无论如何也不会放他走的!'此时我才明白'树欲静而风不止,子欲养而亲不待'的深刻含义"。

第八步:教师或学生评价,确认(或补充)答案,升华。

同学们,我们学习季羡林先生这篇著名的散文《永久的悔》,我们真诚希望这样的悔恨不要发生在我们在座每一位同学身上。那就让我们从现在做起,想想我们该怎样力所能及地做一些敬老、孝老、亲老的事情呢?

学生畅所欲言,教师适当引导。

同学们,请把你们这些想法都记录在你们的日记本上,更要落实在行动上。我们可以回家后以最普通的方式,向我们的父母表示你对他们的关爱和孝敬,我们可以耐心地陪他们聊聊天,给他们夹一次菜,给他们洗一次衣服,为他们倒一杯水……

【布置作业】

为你的母亲设计一份贺卡,献上一句话或说说心里话,表达你的爱。

【板书设计】

永久的悔
季羡林

点出永久的悔：不该离开故乡,离开母亲

引出永久的悔：{ 家庭的基本情况
幼年的生活状况
母亲的艰苦生活 }

照应永久的悔：子欲养而亲不待的结果。

  苦   悔   孝
 （母亲） （作者） （我们）

【智慧训练】

阅读季羡林先生《忘》,完成下列阅读题。

①人一老,就容易忘事糊涂。

②我认识一位著名的画家,年过八旬以后,慢慢地忘事糊涂起来。我们将近半个世纪以前就认识了,颇能谈得来,而且平常也还是有些接触的。然而,最近几年来,每次见面,他把我的尊姓大名完全忘了。从眼镜后面流出来的淳朴宽厚的目光,落到我的脸上,其中饱含着疑惑的神气。我连忙说："我是季羡林,是北京大学的。"他点头称是。但是,过了没有五分钟,他又问我："你是谁呀！"我敬谨回答如上。在每一次会面中,尽管时间不长,这样尴尬的局面总会出现几次。我心里想：老友确是老了！

③前几年,中国敦煌吐鲁番学会在富丽堂皇的北京图书馆的大报告厅里举行年会。我这位画家老友是敦煌学界的元老之一,获得了普遍的尊敬。按照中国现行的礼节,必须请他上主席台并且讲话。但是,这却带来了困难。像许多老年人一样,他脑袋里刹车的部件似乎老化失灵。一说话,往往像开汽车一样,刹不住车,说个不停,没完没了。会议是有时间限制的,听众的忍耐也绝非无限。在这危难之际,我同他的夫人商议,由她写一个简短的发言稿,往他口袋里一塞,叮嘱他念完就算完事,不悖礼仪常规。然而他一开口讲话,稿子之事早已忘入九霄云外。看样子是打算从盘古开天辟地讲。照这样下去,讲上几千年,也讲不到今天的会。到了听众都变成了化石的时候,他也许才讲到春秋战国！我心里急如热锅上的蚂蚁,忽然想到：按既定

方针办。我请他的夫人上台,从他的口袋掏出了讲稿,耳语了几句。他恍然大悟,点头称是,把讲稿念完,回到原来的座位。于是一场惊险才化险为夷,皆大欢喜。

④我比这位老友小六七岁。有人赞我耳聪目明,实际上是耳欠聪,目欠明。如人饮水,冷暖自知,其中滋味,实不足为外人道也。但是,我脑袋里的刹车部件,虽然老化,尚可使用。再加上我有点自知之明,我的新座右铭是:老年之人,刹车失灵,戒之在说。一向奉行不违,还没有碰到下不了台的窘境。在潜意识中颇有点沾沾自喜了。

⑤然而忘事糊涂就一点好处都没有吗?

⑥我认为,有的,而且很大。自己年纪越来越老,对于"忘"的评价却越来越高,高到了宗教信仰和哲学思辨的水平。苏东坡的词说:"人有悲欢离合,月有阴晴圆缺,此事古难全。"他是把悲和欢、离和合并提。然而古人说:不如意事常八九。这是深有体会之言。悲总是多于欢,离总是多于合,几乎每个人都是这样。如果造物主不赋予人类以"忘"的本领,那么,我们人类在这么多的悲和离的重压下,能够活下去吗? 人生下来,既能得到一点乐趣,又必须忍受大量的痛苦,后者所占的比重要多得多。如果不能"忘",或者没有"忘"这个本能,那么痛苦就会时时刻刻都新鲜生动,时时刻刻像初产生时那样剧烈残酷地折磨着你。这是任何人都无法忍受下去的。然而,人能"忘",渐渐地从剧烈到淡漠,再淡漠,再淡漠,终于只剩下一点残痕;有人,特别是诗人,甚至爱抚这一点残痕,写出了动人心魄的诗篇,这样的例子,文学史上还少吗?

⑦因此,我必须给赋予我们人类"忘"的本能的造化小儿大唱赞歌。试问,世界上哪一个圣人、贤人、哲人、诗人、阔人、猛人,这人,那人,能有这样的本领呢?

⑧我还必须给"忘"大唱赞歌。试问:如果人人一点都不"忘",我们的世界会变成什么样子呢?

1. 概括"老友确是老了"的两件事。

2. 找出表明文章写作思路发生明显变化的句子,并抄写在横线上。

_____

3. 品析语言。

(1)到了听众都变成了化石的时候,他也许才讲到春秋战国!(从修辞角度)

（2）我必须给赋予我们人类"忘"的本能的造化小儿大唱赞歌（从加点词语角度）

附 参考答案

1. 每次见面，都反复询问"我"的姓名。年会讲话，忘了讲稿说个不停。（意思对即可）

2. 然而，忘事糊涂就一点好处都没有吗？

3. （1）运用夸张的修辞，将老友讲话没完没了无限夸大，生动形象地将老友忘事糊涂的形象呈现出来。（或：运用比喻的修辞，将听众比作化石，将老友的讲话比作中国历史，生动幽默地将老友讲话没完没了、忘事糊涂的形象呈现出来。）

（2）用富含调侃和戏谑意味的笔调称造物主为"小儿"，幽默生动地体现了作者洞察世事、领悟世理之后的欣喜与放达。（意思对即可）

（编写 董卫红）

整体感知文章的主要内容,把握文章中心

散　　步

【内涵释义】

对一般记叙文来说,整体感知文章主要内容,把握文章中心就是着眼于全文,通过自己的主观认知,综合运用所学的各种语文知识,对文章进行全面而仔细的通读、理解,进而把握文章的主要内容。中考对"整体感知文章的主要内容,把握文章的中心"的命题要求,主要是考查学生的归纳概括能力,题型以主观表述题为主。

【引领读悟】

以莫怀戚的《散步》为例落实本点。

学习准备

学生准备:课前自读课文,借助工具书解决生字词问题,用简洁的语言概括各段的内容。圈画出文中不理解的词语或句子,并提出不懂的问题。搜集整理记叙文六要素及相关知识点。

教师准备:收集整理学生存在的问题,做好分类。针对学生存在的问题及本节课所要解决的重点问题做好充分的预设。借助多媒体辅助教学。

导入新课

教师:同学们,你们还记得小时候和父母一起到郊野散步的情景吗? 当路不好走或者你感到累了的时候,父母是怎样做的,还记得你当时的心理感受吗?

学生回答预设1:记得小时候和父母在野外散步时,我特别喜欢走那些曲曲折折的小路,因为那里有许多我喜欢的花草和小昆虫,我也会得到许多意外的收获和惊喜。

学生回答预设2:很好玩,累了父母就背着我走,当时心里美滋滋的。

教师:同学们说得很好,今天,我们就一起来学习莫怀戚的《散步》,看看

一个既是儿子又是父亲的中年人,在与一家人散步时,遇到了什么问题?他又是如何解决的呢?

叙述目标

通过朗读课文,引领学生在理解词、句、段的基础上,结合记叙文的六要素,用简洁的语言概括文章的主要内容;通过对人物细节描写的语句分析,探究人物内在的思想性格特征;通过品析文中关键语句,在探究文章中心的过程中培养学生尊老爱幼、珍惜亲情、珍爱生命的情感。

阅读渐进引领

第一步:初读文本,整体感知文章的主要内容。

教师:首先请同学们速读课文,圈画出本文出现的主要人物及与之相关的时间、地点、主要事件,以及事件的起因、经过、结果等标志性词语、句子或段落,思考并完成多媒体出示的问题。

> 请同学们速读课文并思考散步的人有哪些?散步的地点是哪儿?散步的时间(季节)?散步的过程中发生了什么事?这件事情的结局怎么样?

> 提示:在文中圈画出记叙文的六要素,即时间、地点、人物、事件的起因、经过、结果等标志性的词语、句子或段落。

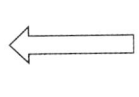

学生回答预设:散步的人有母亲、我、妻子、儿子,地点是南方的田野,季节是初春,发生了分歧,结果是分歧解决了,一家人在田野里温馨地散步。

教师:刚才的同学把问题的要素都找到了,但是语言不是很通顺,哪位同学能把这些要素连在一起,用一段话条理清晰地述说这件事。

学生回答预设:初春,祖孙三代在南方的田野里散步,我的母亲和儿子在走大路还是走小路上发生了分歧,我决定顺从母亲走大路,最后母亲听了孙子的话决定走小路。

教师:看来同学们的预习很充分,下面哪位同学能结合上面的解题过程梳理一下一般记叙文事件概括的方法和技巧?

学生回答预设:首先,在文中圈画出记叙文的六要素,即时间、地点、人物、事件的起因、经过、结果;然后理清这六个要素之间的关系,把它们恰当连接;最后用简洁的语言概括出文章的主要内容。

教师:下面请同学们结合对以上内容的理解,把自己在预习过程中仍没有解决的问题提出来,大家一起来探究。

学生提问预设1:儿子为什么要走小路,而母亲为什么偏偏要走大路呢?

学生提问预设2:在解决母亲和儿子产生的分歧时,"我"为什么感到责任的重大?

学生提问预设3:本文是一篇写人叙事的记叙文,但是文中为什么会出现写景的语句,这些语句在文中有什么作用?

学生提问预设4:文章的最后一句:"我和妻子都慢慢地,稳稳地,走得很仔细,好像我背上的同他背上的加起来就是整个世界。"有什么深刻含义?

学生提问预设5:这篇文章难道仅仅是写散步这件事吗?

学生提问预设6:在这个温暖的家庭里,你最欣赏的人是谁?请结合文章内容陈述你的理由。

学生提问预设7:请在文中找出你认为最精彩的词句,并结合文章内容加以品析。

第二步:进入问题解决。

教师:综合同学们提出的上述问题,我把这些问题整合成两大类。

第一类问题:作者是如何叙写散步这件事的?(文章的内容和写法方面)

这类问题主要有:

1. 儿子为什么要走小路,而母亲为什么偏偏要走大路呢?

2. 本文是一篇写人叙事的记叙文,但是文中为什么会出现写景的语句,这些语句在文中有什么作用?

3. 在这个温暖的家庭里,你最欣赏的人是谁呢?请结合文章内容陈述你的理由。

4. 请在文中找出你认为最精彩的词句,并结合文章内容加以品析。

第二类问题:作者通过叙写散步这件事想要表达的主题思想是什么?(文章的主题方面)

这类问题主要有:

1. 在如何解决母亲和儿子产生的分歧时,"我"为什么感到责任的重大?

2. 文章的最后一句:"我和妻子都慢慢地,稳稳地,走得很仔细,好像我背上的同她背上的加起来就是整个世界。"有什么深刻含义?

3. 这篇文章难道仅仅是写散步这件事吗?

第三步:教师指导点拨。

教师:下面我们就结合文本具体内容来解决第一类问题,首先请同学们速读课文,思考并完成上述的四个问题。

提示:要想解决这些问题就要明确记叙文的六要素,即时间、地点、人物、事件的起因、经过、结果。因此同学们可以从文中找到散步的缘由、散步的时间、散步的地点、散步的人物及其心理情感变化、散步过程中发生的事件、散步的结局等,并找到相应的写作手法,即作者是如何叙写的。

第四步:学生静心独立思考,读出认识,读出感受。

学生:精读文本,结合老师的提示在文中圈点批注相应的信息,并梳理出答案要点。

第五步:教师指定学生个体展示答案。

教师:下面请同学们速读课文,思考并回答下面的问题。

| 请同学们思考"儿子为什么要走小路,而母亲为什么偏偏要走大路呢?" ← | 充分阅读文本的基础上,初步整体把握文章的内容,并在此基础上圈画、提取、概括出文本中指向问题答案的有效信息。 |

学生回答预设:儿子想走小路,因为小路有意思。小路虽不好走,但是这恰恰迎合了儿子的好奇心。而母亲想走大路是因为大路平顺,便于老人行走,况且母亲身体不好。这一点可以从文中第二段交代的母亲的身体情况看出来。

教师:刚才这位同学从内容层面很好地分析和解答了这个问题,那么,我们还能从别的角度进一步分析该问题吗?

学生回答预设:我认为还可以从文章的上下文结构层面来分析,即这些内容为下文产生分歧,解决分歧,揭示文章的主题等埋下了伏笔。

教师:这位同学回答得很好,正是因为儿子与母亲的想法不一样,才有了下文的分歧及分歧的合理解决,也正是在这一过程中,文中的主要人物才一一呈现在我们的面前,那么,请同学们精读文本,思考并完成下面这个问题。

> 请同学们思考"在这个温暖的大家庭里,你最欣赏的人是谁呢"?请结合文章内容陈述你的理由。

> 在充分阅读文本的过程中,抓住人物形象细节描写的词句加以品析。注意充分利用文本信息,进行提取、归纳、整合信息要点。

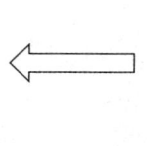

学生回答预设1:我最欣赏的人物是"我",文中写"母亲本不愿出来的。她老了,身体不好……就像我小时候很听她的话一样"。可以看出"我"为母亲的身体着想,不把母亲当累赘,带母亲出来,在初春的好天气里运动运动,这对老年人有好处。从"一霎时,我感到了责任的重大。……我说:'走大路。'"这句中可以看出,"我"很尊重老人家的意见,知道母亲伴同"我"的日子不会很长,所以很珍惜和母亲在一起的幸福时光。从"我慢慢地,稳稳地,走得很仔细"中的慢慢地、稳稳地、仔细这几个词语把"我"的小心翼翼描写得非常逼真,足以看出"我"对母亲的体贴关心,唯恐母亲有闪失。综上所述,我认为"我"是一个孝顺、体贴、有责任、敢担当的人。

学生回答预设2:我最欣赏的人物是母亲,从"母亲本不愿出来的……"这句中可以看出母亲很害怕自己给儿子、孙子、媳妇造成麻烦,怕成为他们的拖累,所以宁愿一个人在家。从"她现在很听我的话,就像小时候我很听她的话一样"这句中可以看出母亲对我的信任。在"但是,母亲摸摸孙儿的小脑瓜……母亲对我说"这句中,动词"摸摸"足以看出母亲对小孙子的疼爱,为了孙子,母亲放弃了走大路的想法。"还是走小路吧!"说明母亲理解孙子的心思,决定自己克服困难,满足小孙子的心愿,彰显了人类生命的真谛——对幼小生命的保护,体现出中华民族"爱幼"的传统美德。

学生回答预设3:我最欣赏的人物是儿子,从"前面也是妈妈和儿子,后面也是妈妈和儿子"这句中可以看出儿子聪明伶俐、善于观察。

学生回答预设4:我最欣赏的人物是妻子,从"妻子呢,在外面,她总是听我的"这句中可以看出妻子的温柔贤惠,善解人意。

教师:幸福的家庭,离不开每个人的付出。无论写谁,字里行间表达的都是真挚的情感:母子情、夫妻情、祖孙情、婆媳情……归纳为一个词语就是"相亲相爱"或"互敬互爱"。

教师:本文是一篇写人叙事的文章,但却出现了两处景物描写,这里有什么用意呢?下面请同学们速读景物描写的段落,并结合全文内容回答下面的问题。

> 请同学们思考:"在这篇写人叙事的记叙文中,为什么会出现两处写景的语句,在文中有什么作用?"

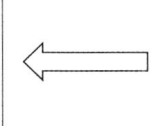

⬅

> 景物描写在文中的作用:应该从"具体写的景物是什么,与这些景物紧密相关的人物有哪些,这些景物所营造的感情基调又是什么"等角度来思考。

学生回答预设1:"这南方初春的田野,大块小块的新绿随意地铺着,有的浓,有的淡;树上的嫩芽也密了;田里的冬水也咕咕地起着水泡。这一切都使人想着一样东西——生命。"这是"南方初春的田野",作者精心选择了"新绿""嫩芽""冒着水泡的冬水"这些能表现初春气息的江南景物来写。而"这一切使人想着一样东西——生命",全家人就是在这样的背景中出现了,这些景物为人物增添了色彩,增添了生机和活力。

学生回答预设2:"那里有金色菜花,两行整齐的桑树,尽头一口水波粼粼的鱼塘。"给我们描绘了优美迷人的田园风光,一家人在此散步,感情和谐、景色宜人,流露出作者对生活的热爱,对生命的珍爱。

教师:本文的人物形象具体可感,景物描写富于生机与活力。文中类似的地方有很多,下面我们就从这一角度来深入分析本文的内容。

> 请同学们在文中找出自己认为最精彩的词句,并结合文章内容加以品析。

⬅

> 提示:如生动的景物描写,贴切的修辞,特殊的句式,含义深刻的语句,精当的用词,巧妙的细节描写等,请同学们筛选、圈点、批注出来。

学生回答预设1:第四自然段"这南方初春的田野,大块小块的新绿随意地铺着,有的浓,有的淡;树上的嫩芽也密了;田里的冬水也咕咕地起着水泡"。这段描绘了新绿、嫩芽、冬水,展现了春天的气息,生命的呼唤,写得富有诗意,读后使人似乎闻到了乡间田野泥土的芬芳,衬托了一家人散步时祥和、欢乐的心情。第七自然段"她的眼随小路望去:那里有金色的菜花,两行整齐的桑树,尽头一口水波粼粼的鱼塘"。这句描写了充满诗情画意的田园风光,点明了走小路的原因,充分展现了母亲理解孙儿愿望的内心世界,同时营造了一种和谐美好的氛围。

学生回答预设 2:"母亲本不愿出来的。她老了,身体不好,走远一点就觉得很累。我说,正因为如此,才应该多走走。母亲信服地点点头,便去拿外套。"这几句把母子二人的情态都显现出来了,母亲的老迈、顺从,儿子的诚恳、孝敬,情态毕现。"我说,正因为如此,才应该多走走"一句,又透露了"我"具有较高的文化修养。由此可以明白,表现什么情态,就要用什么样的语言。"她现在很听我的话,就像我小时候很听她的话一样。"这句写得很好,从内容上说,有回环的关系,把母子关系一下子追溯到几十年前,把母子二人间的温情都表现出来了。

学生回答预设 3:"有的浓,有的淡。""我和母亲在前面,我的妻子和儿子走在后面。""前面也是妈妈和儿子,后面也是妈妈和儿子。""母亲要走大路,大路平顺;儿子要走小路,小路有意思。""我的母亲老了,她早已习惯听从她强壮的儿子;我的儿子还小,他还习惯听从他高大的父亲。""我蹲下来,背起了母亲,妻子也蹲下来,背起了儿子。""我的母亲虽然高大,然而很瘦,自然不算重;儿子虽然很胖,毕竟幼小,自然也轻。"这些句子很有特点,语言精美,两两对称,整齐和谐,互相映衬,富有情趣。

学生回答预设 4:"一霎时我感到了责任的重大"这句中,"我"是家庭的核心,如果处理不好母亲、妻子、儿子三者间的"分歧",会影响家庭和谐。"我"把这种处理"分歧"看作"我"对家庭负有重大的责任,表达了"我"对母亲、妻子、儿子三人浓浓的亲情,显得既夸张又幽默。

学生回答预设 5:"好像我背上的和她背上的加起来,就是整个世界。""我"和妻子都人到中年,既要扶老又要携幼。母亲代表过去,对她要尊重珍惜;儿子代表未来,对他要呵护珍爱。对家庭来说,他们确实几乎就是全部。作者如此形容十分贴切,道出了我和妻子肩负着呵护家人的使命感。

教师:我们解决了第一类问题,对文章的主要内容有了深入的理解,下面我们共同来探讨第二类问题,探究作者写这篇文章的意图是什么。下面请同学们精读课文,小组合作讨论完成以下问题。

请同学们思考:"在如何解决母亲和儿子产生的分歧时,'我'为什么感到责任的重大?"

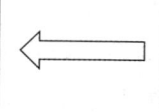

←

提示:"我"在这个家庭中的地位,看似一个简单的决定,其实里面却蕴含着一个大道理。希望同学们透过现象去发掘事件的本质。

第六步：小组讨论、归纳答案。

学生：以小组为单位，结合文本内容和老师的具体方法指导，归纳问题答案。

第七步：指定组代表展示本组归纳的答案。

学生回答预设："我"为什么感到责任重大？因为一切都取决于我。本段中告诉了我们："我的母亲老了，她早已习惯听从她强壮的儿子；我的儿子还小，他还习惯听从他高大的父亲；妻子呢，在外面，总是听我的。"引导学生认识到在这个家庭中，"我"正好处在中间，上有老下有小，如果一旦抉择错误就会伤害家中成员的感情，破坏家庭的和睦，影响家中这份浓浓的亲情。这个祖孙三代的家庭中包含着祖孙情、母子情、夫妻情、父子情，正是由于这四种亲情纠缠在一起，而这一切又取决于"我"，所以，"我"感到了作为中年人责任的重大。

教师：在明白了"我"为什么感到责任的重大这一问题的基础上，哪个小组能谈一谈文中最后一句话的深刻含义呢？

请同学们思考文章的最后一句："我和妻子都慢慢地，稳稳地，走得很仔细，好像我背上的同他背上的加起来就是整个世界。"有什么深刻含义？	提示：透过表面现象揭示事物的本质，要结合具体的词句来分析。作者对作品中的人物、事件表明自己的看法和认识的议论性语句是为记叙服务的，起画龙点睛的作用。

学生回答预设1：对于一个家庭来说，"我"和妻子是家的主心骨，一边是风烛残年的母亲，一边是未成年的孩子，他们都需要我们的照顾和关心。

学生回答预设2：从表面上看，这表现了中年人肩负着既要扶老又要携幼的人生责任；从深层的意思看，这里的"我和妻子"代表着中年人，"母亲"代表着过去，"儿子"代表着未来，而对于一个国家、一个民族而言则象征着中年人肩负承前启后、继往开来的历史责任。

学生回答预设3：文章的结尾，用象征的手法，使文章的思想进入了一个更高的境界，意蕴更深刻，把亲情推及更广泛的境界。

第八步：教师或学生评价确认（或补充）答案，升华。

教师：对于一个家庭来说，"我"和妻子是家的主心骨，一边是风烛残年的母亲,一边是未成年的孩子,他们都需要我们的照顾和关心。所以,从表面上看,这表现了中年人肩负着既要扶老又要携幼的人生责任;从深层的意思看,这里的"我和妻子"代表着中年人,"母亲"代表着过去,"儿子"代表着未来,而对于一个国家,一个民族而言则象征着中年人肩负承前启后、继往开来的历史责任。文章的结尾,用象征的手法,使文章的思想进入了一个更高的境界,意蕴更深刻,把亲情推及更广泛的境界。

课堂总结

同学们,散步这一平凡得不能再平凡的小事儿,在作者笔下却是别样的温馨!它是人的心灵在亲情、人性、生命这三点构成的轨迹上的一次愉悦而高尚的旅行。在这节课上同学们以自主、合作探究的学习方式,先从宏观层面抓住了记叙文的六要素,即时间、地点、人物、事件的起因、经过、结果等标志性的词语、句子、段落等,全面、深入、细致地概括分析了本文的内容,也从微观层面品味、揣摩词语、句子、段落等内容,探究出了文章的主旨,希望同学们在以后阅读一般记叙文的过程中合理地运用。

【板书设计】

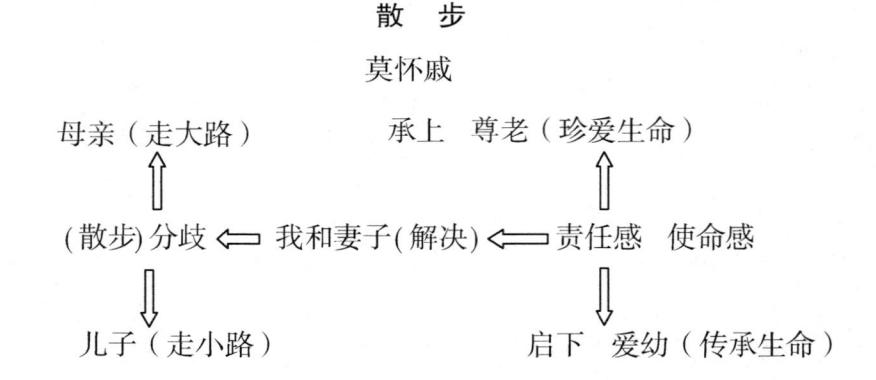

散　步
莫怀戚

母亲（走大路）　　　　承上　尊老（珍爱生命）
　　　⇑　　　　　　　　　　　⇑
(散步)分歧 ⇐ 我和妻子(解决) ⇐ 责任感　使命感
　　　⇓　　　　　　　　　　　⇓
儿子（走小路）　　　　启下　爱幼（传承生命）

【智慧训练】

阅读《修髯飘飘》节选,完成第1—3题。

修髯飘飘

汪曾祺

①很多人都知道闻一多先生是留胡子的。报刊上发表他的照片,大都有胡子。那张流传很广的木刻像,闻先生口衔烟斗,目光炯炯,而又深沉,是

很传神的。这张木刻像上,闻先生是有胡子的,但是闻先生原来并未留胡子,他的胡子是抗战那一天留起来的。当时发誓:抗战不胜,誓不剃须。

②闻先生原来并不热衷于政治。他潜心治学,用心甚笃。他的治学,考证精严,而又极富想象。他是个诗人学者,一个艺术家。他的讲课很有号召力,许多工学院的学生会步行穿过全城,来听闻先生的讲课。他很会讲课,能把本来是很枯燥的内容,讲得层次分明,文辞生动,引人入胜。他讲话很有节奏,顿挫铿锵,有"穿透力",如同一流的演员。好几篇文章说过,闻先生讲楚辞,第一句话是:"痛饮酒,熟读离骚,可以为名士",是这样的。我上闻先生的楚辞课,他就是这样开头的。他讲唐诗,把晚唐诗和后期印象派的画放在一起讲。我记得他讲李贺诗,同时讲法国的点彩派,这样东西方比较的研究方法,当时运用的人还很少。他讲古代神话,在黑板上钉满了他亲自用墨笔临摹的大幅伏羲女娲的石刻画像(这本身是珍贵的艺术品)。大教室里各系学生坐得满满的,鸦雀无声。听这样的课,真是超高级的艺术享受。

③闻先生的个性很强,处处可以看出。他用的笔记本是特制的,毛边纸,红格,宽一尺,高一尺有半,是离京时带出来的。他上课就带了这样的笔记,外面用一块蓝布包着。闻先生写笔记用的是正楷,一笔不苟,字兼欧柳,字体稍长。他爱用秃笔。用的笔都是从别人笔筒中搜来的废笔。秃笔写蝇头小字,字字都像刻出来的,真是见功夫。他原是学画的。他和几位教授带领一群学生从北京步行到长沙,一路上画了许多铅笔速写(多半是风景)。他的铅笔速写另具一格,他以中国的书法入铅笔画,笔触肯定,有金石味。他治印,朱白布置很讲究,奏刀有力。

④闻先生的胡子不是络腮胡子,只下巴下长髯一绺,但上髭浓黑,衬出他的轮廓分明,稍稍扁阔的嘴巴,显得潇洒而又坚毅。

⑤闻先生以前整天钻在图书馆楼上,同事曾戏称为"何妨一下楼主人"。后来,闻先生走下"楼"来,拍案而起,献身民主运动,原因很多,我只想说,这和他的刚强的个性是很有关系的。一是一,二是二,想怎么样,就怎么样,心口如一,义无反顾。他的人格,是一首诗。

⑥能为闻先生塑像的理想人物,是罗丹。可惜罗丹早就死了。

⑦在西南联大旧址,现在的西南师范学院的校园中有闻先生的全身石像,长髯飘飘,很有神采。

⑧闻先生遇难时,已经剃了胡子,那时抗战已经胜利。我建议在闻先生牺牲的西仓坡另立一个胸像,最好是铜像。这个胸像可以没有胡子。

（有改动）

1. 阅读全文,概括写出闻一多先生是个怎样的人?
2. 第②段中,作者为什么说"听这样的课,真是超高级的艺术享受"?
3. 这篇文章寄寓了作者丰富的思想感情,就其中你感触最深的一点,结合文章谈谈你的理解。(150字以内)

附 参考答案

1. 答案示例:①爱国②潜心治学③个性很强④热爱民主
2. 答案要点:①他把枯燥的考证讲得层次分明,引人入胜。②他讲话有节奏,如同一流的演员。③他用东西方比较的方法讲唐诗。④他借助自己亲手临摹的石刻画像讲古代神话。
3. 答案要点:对先生上课的崇拜(爱国精神的敬佩;美好人格的赞颂;独特个性的欣赏……)

（编写 梅学利）

整体感知文章的主要内容,把握文章中心

紫藤萝瀑布

【内涵释义】

整体感知文章,就是着眼于全文,通过自己的主观认知,综合运用学过的各种语文知识,对文章进行全面而仔细的通读、理解,把握文章的主要内容。整体感知的内容是全方位的,可以是文章的文化背景、写作意图、题目含义、中心思想,也可以是文章的结构特征、思路线索、感情基调等。文章的中心就是作者写作的目的,是整篇文章的灵魂。把握中心就是在了解文章内容的基础上,明确作者的写作目的,进而达到与作者情感共鸣的阅读过程。

【引领读悟】

以宗璞的《紫藤萝瀑布》为例,落实本点。

学习准备

了解写景状物类散文的特点,意在通过细腻的景物描写寄托作者的情感。首先,写景状物散文中的"景""物"是主角,是情感表达具体实在的载体。其次,表达方式上以描写为主,辅以议论、抒情、记叙等手法。再次,抓住和突出景物的特征,写出真诚的感受和情怀。最后,情感在显与隐之间,曲折含蓄地传达。

自主阅读几篇写景状物类散文。

导入新课

在作家笔下,一草一木都被赋予了灵气,赋予了情感,可以算得上是"一枝一叶皆关情"了。那么作者宗璞面对着一树茂盛的紫藤萝,她又在想什么呢?她又想告诉我们什么呢?下面就让我们随作者一起去领略她独特的心理体验。

先请大家了解这节课的学习目标。

叙述目标

这节课我们要通过圈点批注的方法,筛选文章描写紫藤萝的语句,整体感知文章内容,体会紫藤萝表现出的无限生机;通过品读重点语句,把握中心,领会作者蕴含在描写叙述中的情感和感悟到的人生哲理。通过体味本文生动的语言,学习本文托物言志的写法。

阅读渐进引领

第一步:学生读文本,整体感知文章。

教师:其实,许多的文学评论家,都说宗璞的这篇文章扑面而来的是一种隽永的美。那么它会美在何处呢?今天我们就一起来交流,看看你是否赞同评论家上面的意见,并找出依据。

既然是美文就要美读,下面请大家按自己的理解先读一读课文,用"_____"划出自己喜欢的句段,用"?"标出有疑问的内容。读之前,我们先来看朗读的要求,请一个同学为大家读一下:

朗读指导:读准字音,长句的停顿要得当,朗读的节奏要缓急适当,朗读的语调抑扬顿挫,朗读的情感引人共鸣。

学生自由读。

教师:好,哪位同学愿意为大家分享一下自己喜欢的句段?如果能让大家从你的朗读中体会出作者的情感就更好了。

指名三位同学读课文。

教师:看来,这三个同学都是爱美之人,选读的句段确实是这篇文章中的美词佳句。听完上面同学的朗读,你能不能体会出文章的美呢?

学生回答预设1:我觉得文章把紫藤萝这种植物写得很美。

学生回答预设2:我觉得文章的语言很美,很多句子都用到了修辞方法。

第二步:进入问题解决。

上面几位同学和大家分享了自己喜欢的句段,那么,读完文章,同学们对文章有什么疑问吗?请提出来。	←	可以围绕以下方面提问题:从宏观角度提问,涉及全文内容、中心、写法等;也可以结合具体段落、语句、词语等提问题。

学生圈点批注,完成对文章内容的自主阅读。

指名说一说。

教师归纳同学们提出的问题。

学生提出问题预设:

1. 为什么作者把紫藤萝称作是"紫藤萝瀑布"?

2. 作者写出了紫藤萝的什么特点?

3. 为什么说"它带走了这些时一直压在我心上的焦虑和悲痛,那是关于生死谜、手足情的"?

4. 为什么说"那时的说法是,花和生活腐化有什么必然关系"?

5. 作者为什么要写这片紫藤萝?为什么要写十几年前的紫藤萝?

教师:上面,同学们提出了心中的疑问,希望大家经过这堂课的学习,都能顺利地把这些问题解决。刚才,我们说了这是一篇美文,那下面我们就进行"美点寻踪",从而让我们获得更加深刻、美好的感悟。

第三步:教师点拨。

| 请大家阅读 1—6 自然段,思考作者给我们描绘了紫藤萝的什么特点?你是从哪些语句分析出来的? | ← | 1. 找到文中直接描写紫藤萝的语句。
2. 分析相关语句是从什么方面来描写紫藤萝的。
3. 采用摘词法、摘句法、归纳法等,概括出其特点。
4. 比较筛选,选择最能准确体现其整体特征的答案。 |

独立思考,完成投影上练习。

这是一片_____的藤萝。(一个词、短语、句子都行)

学生回答预设:

茂盛、美丽、生机勃勃、阳光、流动、笑着、下垂、蓬勃、有生命力的、壮观、壮美……

教师:我们比较一下这些答案,哪一个词语更能准确体现作者笔下紫藤萝的整体特征?注意是"整体"特征。

学生回答预设:

生机勃勃、蓬勃。

教师：对！写花瀑，突出其繁盛；写花穗，表现其活泼热闹；写花朵，描绘出它们美丽娇媚的特征。这里有对紫藤萝色彩的摹画、形态的绘制、芳香的捕捉，从视觉形象写到味觉感应。总的来说，让人感到这一树紫藤花，是那么繁茂，那么热烈，那么欢乐，那么活泼，那么妩媚，那么充满了无限生机。

所以，现在谁能说说，作者为什么把紫藤萝称作是"紫藤萝瀑布"？

学生回答预设：

因为紫藤萝花流动着具有动感，茂盛生长像瀑布一样奔流，看花开好像听到了瀑布流水的声音，花的颜色像水花等等。

教师：老师提示大家一点，文中说，"每一朵盛开的花就像是一个小小的张满了的帆，帆下带着尖底的舱，船舱鼓鼓的"，仅仅是因为花朵外形像帆船吗？

学生回答预设：

花朵像船，会在水中航行，和瀑布有关。

教师：所以，阅读时一定要关注文章前后内容的关联性。后面还有相关的内容，请看第10自然段的第二句，大家齐读到这段结束："我抚摸了一下那小小的紫色的花舱，那里满装生命的酒酿，它张满了帆，在这闪光的花的河流上航行。它是万花中的一朵，也正是一朵朵花，组成了万花灿烂的流动的瀑布。"

第四步：学生个体思考。

教师：一片流动的紫藤萝瀑布让作者驻足观看，我们从文字中感受到了紫藤萝的"形美"。

| 作者除了对紫藤萝生机勃勃的赞叹之情之外，还表达了什么情感？ ← | 在相关的段落里用"摘词法"找到作者心情变化的词语；关注"变化"前后两个方面的内容。 |

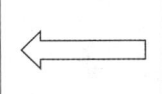

学生回答预设：

看花前，心上压着"焦虑和悲痛"；看花后，"我浸在这繁密的花朵的光辉中，别的一切暂时都不存在，有的只是精神的宁静和生的喜悦。"

教师：作者为什么会有这样的情感呢？请大家阅读材料，了解作者情感的变化。

指名一名同学读。

出示写作背景：这篇散文写于1982年5月，作者因小弟身患绝症而沉浸在悲痛忧郁之中。一天，她独自徘徊在初夏的庭院中，忽然遇见一树紫藤萝。那淡紫色的瀑布一般的藤萝花闪烁着生命的光辉，她不由得停住了脚步……

"那一段焦急的悲痛的日子，我不忍写，也不能写。每一念及，便泪下如绠，纸上一片模糊。这一天本在意料之中，可是我怎能相信这是事实呢？他躺在那里，但他已经不是他了，已经不是我那正当盛年的弟弟，他再不会回答我们的呼唤，再不会劝阻我们的哭泣。"

——《哭小弟》

第五步：教师指定个体展示答案。

学生回答预设1：小弟的病让她心上压着"焦虑和悲痛"，心疼弟弟的同时，又感到生死无常，心里很难过。这就是前面说的"生死谜、手足情"。

学生回答预设2：看到了紫藤萝瀑布的生机勃勃，她又感受到了精神的宁静和生的喜悦。

学生回答预设3：作者的情感之变化是因为紫藤萝给予她的启示。所以，她的情感由焦虑和悲痛变得宁静和喜悦。

第六步：小组讨论。

教师：作者被眼前的景象深深地感动，紫藤萝花那繁茂的气势，灿烂的色彩，欢乐的情态和蓬勃的无限生机，震撼了作者的心灵，所以，作者觉得这流动着的花瀑在"我心上缓缓流过"。可是，这时候，作者又忽然宕开一笔，写到了十多年前的紫藤萝。

| 作者写十多年前的紫藤萝，有什么目的？ | ← | 1. 找到文中直接描写十多年前紫藤萝的语句。
2. 采用摘词法、归纳法等，概括出其特点。
3. 比较分析，明确写作目的。 |

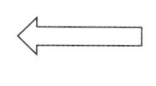

小组讨论归纳答案。

指定组代表展示本组归纳的答案。

学生回答预设1：十多年前紫藤萝消失了，今天又重新开花茂盛起来，体现出今天其勃勃生机的可贵。

学生回答预设2：说明花和人都会遇到各种各样的不幸，只要对生命存有希望就一定能够"柳暗花明"。

教师：从1982年推算，"十多年前"，正是"十年浩劫"。过去的紫藤萝之所以会遭劫难是因为"文革"那个年代特殊的思想烙印。"那时的说法是，花和生活腐化有什么必然关系"，抑制了人们追求美的权利。粉碎"四人帮"，拨乱反正，开创了社会主义现代化建设的新时期，神州大地重新勃发生机，欣欣向荣。所以，紫藤萝的命运，从花儿稀落到毁掉，再到如今繁花似锦，正是几十年来整个国家命运的写照和象征。

其实，作者正是想借助紫藤萝告诉我们一些人生的道理。花的生命旅途也并非一帆风顺，它和人一样，在历史的行程中会遭遇种种无可奈何的和人为歪曲的不幸。于是，当作者从视觉描写转入到味觉感应时，就自然地从空间描画转入到时间的回顾上，让人在紫藤萝命运的回溯中能感到历史的沧桑。花开花谢联系着人生命运的浮沉，花荣花枯交结着时代社会的兴衰。至此，紫藤萝已不再是纯自然生物，而是一个象征：它象征生命再生，象征时代更替，象征精神涅槃，象征美的不灭，象征心灵之花的重放。

第七步：指定组代表展示本组归纳的答案。

请大家再读课文，找出文中表现作者由此获得启示的语句。	←	提示：获得的启示应该是作者的感受，应该是超越文章内容获得的更高的精神层面的人生真谛。

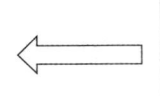

学生回答预设：

"花和人都会遇到各种各样的不幸，但是生命的长河是无止境的。"

教师：那么，谁能谈谈对这句话的看法。

学生回答预设1：个人的生命短暂，但整个人类是生生不息。遭遇到不幸的时候，不能被厄运压倒，要对生命的长久保持坚定的信念；厄运过后，不让悲痛长压心头，要面对新生活，振奋精神，投身到事业中去。

学生回答预设2：作者由紫藤萝瀑布的辉煌、藤萝的命运，感悟到生命的长河是无止境的，一时的不幸，个人的不幸，都不足畏；人生，应该是豁达的、乐观的、奋发的、进取的。

紫藤萝不与群芳争胜,它们静静开在春花已谢的时节,踏春的人无意流连,蜂蝶亦不来眷顾。然而,它们仍然盛开着,尽情绽放着它们自己的生命。虽然是静静的,但那挨挨挤挤的繁盛让人觉得它们在骄傲坦荡地为自己美丽的存在而欢腾笑闹。

学生回答预设3:在遭到不幸的时候,不能被厄运压倒,要对生命的美好、长久保持坚定的信念,厄运过后,要面对新的生活,振奋精神,投身到伟大的事业中去。

教师:假使作者直接盛赞这花的生命力,读者也不过是感叹藤萝之热烈美盛;唯其回想与展望交织,内在精神与外在情态并举,读者才会更加深刻地体会到今日的丰茂曾经经过怎样长久而执着的期待,在倍加珍惜的同时,更会鼓舞起你拥抱生活的热情。作者借描写紫藤萝花的生机勃勃,赞美生命的顽强美好,表现对生命的永恒的感悟。告诉人们,不能让昨天的不幸把自己压垮,每个人都应该像紫藤萝的花朵一样,以饱满的生命力,投身到生命的长河中去,在闪光的花的河流上航行。我们可以说这是"情美"。

第八步:教师评价点拨。

其实,这种写法就是托物言志。托物言志是指通过对状物的描写和叙述,表现自己的志向和意愿。

我们来看这几种植物,一起分析如何运用托物言志的手法。	←	1. 抓住状物最突出的自然特征。 2. 联想:人格化品质。 3. 表达作者的志向、追求等。

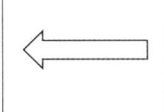

学生回答预设:

竹子:千磨万击还坚劲,任尔东西南北风。

莲花:出淤泥而不染,濯清涟而不妖。

梅花:宝剑锋从磨砺出,梅花香自苦寒来。

　　　不经一番寒彻骨,哪有梅花扑鼻香。

教师:这就是我们所说的一切景语皆情语!感受了紫藤萝瀑布的勃勃生机,体悟了作者寄寓紫藤萝表达了心中的情感,明确了托物言志的写法。

课堂总结

教师:讲到这,我想大家一定从文中找到了许多的"美点",请大家写下来一会儿分享。请按照老师提供的格式写:

我喜欢紫藤萝瀑布,因为她美在_____。

我喜欢《紫藤萝瀑布》,因为她_____。

学生回答预设:

我喜欢紫藤萝瀑布,因为她美在那充满生命力的"流动"。

我喜欢紫藤萝瀑布,因为她美在那繁茂的气势。

我喜欢紫藤萝瀑布,因为她体现了生机勃勃的拼搏精神。

我喜欢《紫藤萝瀑布》,因为她美在结尾的卒章显志,深深打动我。

我喜欢《紫藤萝瀑布》,因为它点题精妙。写花就是写人,写花就是写时代。

教师:读完这篇文章,我想到了两首古诗:沉舟侧畔千帆过,病树前头万木春;长风破浪会有时,直挂云帆济沧海。生命中会有磨难,但磨难终会过去,愿我们每个人的生命都像一朵朵小小的紫藤萝花,努力张满自己的风帆,绽放自己生命的异彩,为人类生命的长河增添光彩和芳香。

同时,通过这节课的学习,我们学习了朗读的方法,学习了如何通过逐句分析语段解决问题,学习了借助状物表达自己的情感、志向等等。有一点也很重要,那就是托物言志一定要把状物写好,写时要饱含感情,待到水到渠成,加以精要的直接抒情或议论,就是好文章。

读一篇文章,首先要了解作者写了哪些内容,然后分析作者借助这些内容表达了什么情感或想法,进而提升自己的心灵境界。

最后,老师想和大家说,关注人生,关注社会,热爱生活;善于观察,勤于思考,不断积累,大胆想象,语文的世界就会五彩缤纷!

愿你们的生命盛开如花!

【板书设计】

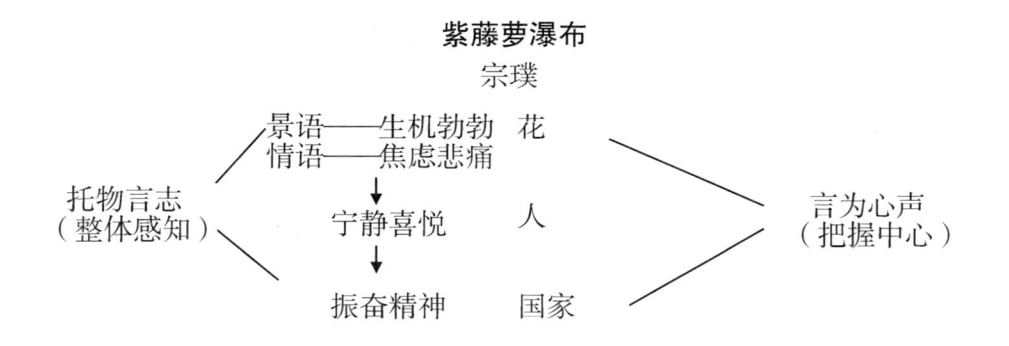

紫藤萝瀑布
宗璞

托物言志（整体感知）— 景语——生机勃勃　花 — 言为心声（把握中心）
情语——焦虑悲痛
↓
宁静喜悦　人
↓
振奋精神　国家

【智慧训练】阅读《老家的树》，完成后面的练习。

老家的树
郭枫

①不用说，在风雪的旷野里，所有的树都失去了颜色；只有松柏，才能挺立在严寒中，擎起一树清郁的墨绿。可是，小时候，只记得松柏总是种在一些大户祖茔的墓地上，每回经过，就觉得雪地里的黑松林，特别神秘，特别恐怖，黑黝黝里面藏着些什么，心里认定那些松柏不是属于我们的。读书之后，书中有数不尽的松柏颂歌；不管书上怎么说，我还是喜欢活在我们生活中的那些树。我喜欢柳的娇柔、榆的粗犷、白杨的潇洒，我喜欢槐、椿以及各种常见的树木，我还是不喜欢松柏，总觉得松柏不是我们的。直到我走出了家园，跋涉过千山万水，看遥了人世的冷暖沧桑，渐渐地，我才懂得，松柏，是多么可傲的树！

②松柏，挺立在山峦最高处，与白云絮语，与天风唱和，在苍茫的天地之间，生长出一种生命的风范来。它站在高处，超脱于红尘之外，让群树仰望，仰望而无法企及。松柏，虽然享有无数的赞颂，却也承担着千古的寂寞啊！在红尘之中，那些不甘寂寞的人，却想借着松柏的风采，让自己伟大起来，崇高起来，这是何等的自私和愚昧啊！因此，一想到老家的原野上的那些松柏被种在坟地里，我就为它们感到屈辱与难堪。可是，我也更懂得：为何在大风雪的旷野中，松柏要傲然挺立，擎着一树墨绿抗拒严冬的淫威了。是的，冬天的淫威，可以让柔弱的暂时低头，却永远征服不了顽强的生命。

③想念北方，想念老家的那些树木，当然，我更想念老家的人，想起那劳苦而沉默的人们，许多熟悉的面孔，就浮现在我眼前！那与我血肉相连的亲

人,您们可好?三十多年的岁月,三十多年的动乱,可曾把您们摧折?知道吗?今天对你们,我是如何地想念!

1. 作者对松柏的认识和态度经历了怎样的变化过程?这一变化的原因是什么?

2. 第①段写"在风雪的旷野里,所有的树都失去了颜色"的作用是什么?

3. 文中"生命的风范"的内涵是什么?请结合第②段文意从三个方面概括。

4. 结合全文的主题来看,本文中的"严寒"和"松柏"各象征什么?

附 参考答案

1. ①小时候,认为松柏不属于自己;读书之后还是认为它不属于自己,不喜欢它;后来认为它是很可傲的树。(答"由不喜欢到喜欢、崇敬、赞美"也可)②因为知识和阅历逐渐丰富,看遍了人世的冷暖沧桑。

2. 反衬松柏的不畏严寒(或"与松柏的不畏严寒形成对比")。

3. ①超脱尘俗的崇高。②甘受寂寞的淡定。③抗拒苦难的顽强(或超脱红尘之外,能够承受寂寞,顽强)。

4. "严寒"象征"严酷的社会环境"(或"老家三十多年的动乱")。"松柏"象征"老家劳苦、沉默而坚强的人们"(或"坚强的意志",或"顽强的生命")。

(编写 陈爱华)

整体感知文章的主要内容,把握文章中心

忆冼星海

【内涵释义】 整体感知文章的主要内容,把握文章中心是指读完一篇文章后产生的心理感触,是对课文的整体领悟,是阅读者通过直觉在较短的时间内对课文要点进行大体上的领会和把握。它是阅读者着眼于全局,通过自己的主观认识,综合运用学过的各种语文知识和语感,对阅读材料进行宏观的理解。从而明确中心思想,清楚地知道作者所要表达的意思。

【引领读悟】 以《忆冼星海》为例,落实本点。

学习准备

整体感知文章的主要内容的准备:抓住记叙要素:时间、地点、人物、事件、结果;把握线索——时空变化线、人物见闻线、感情线,物、动作、语言等反复出现;找准叙述人称;主要人物和主要故事情节;作品的背景等。

涉及语文知识:修辞方法、描写方法、写作手法、记叙顺序、表达方式等。

把握中心的步骤:

从分析文章标题入手。题目是文章的眼睛,有的文章题目就直接提示了文章的中心。

从分析材料入手。材料是表现文章中心的基础,可通过选取的材料和详略安排分析其蕴含的中心。

从分析文章的首末段入手。开头和结尾是文章结构的组成部分,开头常常就点明文章的中心,所以,开篇的语句、段落往往可归纳出文章的中心。结尾往往也提示和深化文章的中心,或启示读者做深一层的思考,研读结尾的语句可捕捉到文章的中心。

从重点句入手。重点句有议论抒情句、主旨句、反复使用的语句。记叙文中议论抒情句有画龙点睛的作用,抓住这些句子归纳总结,便可把握文章

引领读悟：通常阅读　>>>

的中心。归纳中心思想，要根据文章的不同情况，有的文章有点题句，抓住了这些语句，并用适当的词语将其组织起来，就是中心思想。多数情况下，文中没有直接点明，就需要自己归纳概括，可以先把全文各段大意或各段的关键词连接下来加以综合，然后指出作者借以表达的立场、观点、感情等。

导入新课

我们先来听一段音乐。（播放《保卫黄河》音乐，学生倾听。）

听了这段音乐，同学们有什么感受？

学生回答预设：很有感染力，好像看到黄河奔涌而下的壮观的场面，磅礴的气势；节奏鲜明，铿锵有力；感觉把人身上的热情激发出来了……

教师：同学们的音乐欣赏力真是不错。古往今来，黄河以其雄壮的气势，奔腾在中国大地上，滋养着一代又一代中华儿女。1938年，日本侵略者的铁蹄践踏着华北大地，全国掀起了抗日救亡运动的高潮。通过自己创造的艺术形象反映现实斗争，激发全国人民的抗日热情，是许多进步作家、艺术家的心愿。于是，著名诗人光未然（张光年）用了五天创作的四百行诗、冼星海带病六天谱曲的民族交响乐《黄河大合唱》诞生了。周恩来在欢迎他从延安归来的晚会上，听了《黄河大合唱》之后十分振奋，亲笔题词："为抗战发出怒吼，为大众谱出呼声！"《保卫黄河》是其中的一部。那作曲家冼星海是怎样的一个人呢？

这节课我们就来学习《忆冼星海》。在学习课文之前，我们先看看本节课的学习目标。

叙述目标

教师：通过初读课文，抓住本文记叙的六要素，从而确定线索、概括事件；通过精读课文，品味精彩语句，结合背景，感受人物品质。

阅读渐进引领

第一步：学生读文本，整体感知文章。

教师：这篇文章的作者是茅盾，我们先来认识一下他。

茅盾（1896—1981），本名沈德鸿，字雁冰，现代著名小说家、文学评论家、文化活动家和社会活动家，五四新文化运动先驱者之一，我国革命文艺奠基人之一。1896年7月4日生于浙江桐乡市乌镇。代表作品有长篇小说《子夜》、短篇小说《林家铺子》、"农村三部曲"等。

请同学们看标题《忆冼星海》，从中你读出了什么？又想到了什么？

学生观察题目，思考。

学生回答预设：文章的主人公应该是冼星海，"忆"是回忆。

教师：从中你又想到什么？

学生回答预设：作者应该是在回忆冼星海的事迹，或者在回忆跟冼星海一起度过的生活。

教师：同学们对题目的分析对不对呢？我们一起来按照老师的要求读课文。

（PPT出示要求）

初读课文，整体感知。现在请大家按照自己的理解朗读课文，用圈点批注法在文中画出你认为重要的内容和喜欢的词句。同时将有疑问的地方圈划出来。

学生自主朗读课文，并进行圈点批注。

教师：哪位同学愿意为大家分享一下自己认为重要的内容和喜欢的词句？

请三位同学有感情地朗读课文。

学生回答预设：我认为"那伟大的气魄自然而然使人发生崇高的情感，光是这一点，也就叫你听过一次，就像灵魂洗过澡似的"这一句很重要。因为是在评价冼星海的作品表现出了伟大气魄，这种气魄会让人油然而生崇高的情感。

学生回答预设：我喜欢"什么都做过的一个人，有两种可能：一是被生活所压倒，虽有抱负，只成为一场梦；一是战胜了生活，那他的抱负不但能实现，而且必将放出万丈光芒。'星海就是后一种人！'——我当时这样想，仿佛我和他已是很熟悉的了"这一句。

学生回答预设：我喜欢"'我经过中亚细亚，步行过万里，我看见了不少不少，我得了许多题材，我作成了曲子了！'时间永远不能磨灭我们在西安的一席长谈给我的印象"这一句。这一句写出了冼星海为了他喜爱的音乐，付出的艰辛。

学生回答预设：我喜欢"一个生龙活虎、具有伟大气魄、抱有崇高理想的冼星海，永远坐在我对面，直到我眼不能见，耳不能听，只要我神智还没昏迷，他永远活着"这一句。这一句表现了作者对冼星海的思想感情。

第二步：进入问题解决。

教师：好，几位同学分享了自己喜欢的内容。那么，读完文章，同学们对文章有什么疑问吗？请提出来。

学生问题预设:

1. 为什么木刻家在表现冼星海作曲时的神韵时,"它还远不能满足我的'好奇'。而这,直到我读了冼星海的自传,才得到部分的满足"?

2. "当他走进我的房间,自己通了姓名的时候,我吃了一惊,'呀,这就是冼星海么!'我心里这样说,觉得很熟识,而也感到生疏"中"熟识"与"生疏"是否矛盾?

3. 从文中可以看出,作者茅盾与冼星海仅仅是一面之交,为什么他却能做出如此肯定的假设,而且把冼星海当成此生难忘的挚友?

4. 作者回忆这些往事的目的何在?

教师:同学们提出了自己的问题,这节课我们就重点解决这些问题。

第三步:教师指导点拨。

我们先来看作者写了冼星海哪些内容?以至于作者对他的印象在不断变化。

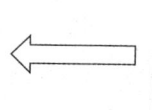

作者写了冼星海哪些内容?以至于作者对他的印象在不断变化。	←	首先抓住记叙要素:时间、地点、人物、事件、结果;然后把握线索:时空变化线、人物见闻线、感情线、动作、语言等反复出现;同时找准叙述人称;还要了解作品的背景等。概括内容一般按照"人+事+结果"的模式,重要的时间地点不能丢。

学生默读课文,根据老师的提示,找到与主人公相关的内容,并进行概括。

学生回答预设:课文主要写了"我"听冼星海作品的演奏,想象冼星海其人;看见冼星海木雕时的感觉;看完冼星海自传后的印象;"我"和冼星海的长谈;记忆中的冼星海。

教师:很好。这些记叙内容是站在谁的角度来写的呢?

学生回答预设:作者是站在自己的角度来写的。

教师:由此可以看出本文的组织材料的线索是什么?

学生回答预设:按照"我"对冼星海的所闻、所见、所感的线索组织材料的。

教师:这些材料将冼星海写成了一个什么样的人?作者对他的印象又是怎样的?而知人论世,分析一个人物形象,离不开他特定的生活环境或经历。那冼星海的经历又是怎样的呢?

(出示 PPT 展示冼星海经历)哪位同学愿意为我们朗读一下?

学生朗读:1945 年 10 月 30 日,中国著名音乐家冼星海在莫斯科因病逝世,年仅 40 岁。冼星海,广东番禺人,曾在法国巴黎音乐学院学习。1935 年回国在上海参加抗日救亡活动。1938 年 11 月赴延安,任鲁迅艺术学院音乐系主任。1939 年加入中国共产党,1940 年赴苏联考察。

教师:了解了他的经历,我们再来分析人物。

学生回答预设:写"我"听冼星海作品的演奏,想象冼星海其人的内容时,作者将他想象成魁梧奇伟、沉默寡言的人物。

学生回答预设:看见表现冼星海神韵的木雕,却不能满足"我"的好奇心。

学生回答预设:看了冼星海自传后,觉得他战胜了生活的坎坷,成就了伟大的抱负。

教师:同学们提取信息的能力很强,很快就找到冼星海留给作者的印象。这些信息在原文中就有。而第四个内容是写作者面对面与冼星海长谈,就有对人物的正面描写。此时的冼星海又是什么样的呢?

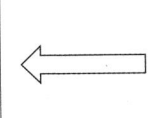

| 第四个内容是写作者面对面与冼星海长谈,就有对人物的正面描写。此时的冼星海又是什么样的呢? | ← | 需要结合人物的语言、动作、肖像、心理等描写方法进行赏析。用"文中第___段的第___句,运用了___描写,写出了冼星海的___特点"的形式进行表述。 |

请同学们圈画出有关描写冼星海的语句。

学生进行圈画。

第四步:学生独立思考,个体准备答案。

学生读完相关段落后,给学生充分的思考时间,准备答案。教师目光巡视。

第五步：指定个体展示答案。

教师：哪位同学能够按照以上形式作答？

学生回答预设：第六段的"然而冼星海却滔滔不绝地说起来"一句，运用动作描写，写出了冼星海的热情开朗。

学生回答预设：第六段的"勤于收集各地民歌民谣的材料。他说他将在新疆逗留一年半载，尽量收集各民族的歌谣，然后再去苏联"一句，也是描写动作，表现了他的好学深思。

学生回答预设：第六段的"他说起了他到苏联去的计划，讲他的《民族交响乐》的创作"一句，则表现了他伟大的气魄。

学生回答预设：第七段的"他将从海陆空三方面来描写我们祖国山河的美丽、雄伟与博大。他将以'狮子舞'、'划龙船'、'放风筝'这三种民间的娱乐，作为这伟大创作的'象征'或'韵调'，来描写祖国人民的生活、理想和要求"两句转述了冼星海的话，进一步表现了他的才华横溢。

学生回答预设：第七段的"我去苏联是学习，吸收他们的好东西。要写，还得回中国来"一句，则运用了语言描写表现了他的勤学和对祖国的热爱。

教师：这几个同学找得非常好，既全面又准确。由此我们已经解决了开头提出的哪几个问题？

学生回答预设：回答第一问题，为什么木刻家在表现冼星海作曲时的神韵时，"它还远不能满足我的'好奇'。而这，直到我读了冼星海的自传，才得到部分的满足"是因为木刻只表现了冼星海的作曲时的神韵，不能表现出冼星海战胜了生活的坎坷，成就了伟大的抱负。

学生回答预设：也回答了第二题，"当他走进我的房间，自己通了姓名的时候，我吃了一惊，'呀，这就是冼星海么！'我心里这样说，觉得很熟识，而也感到生疏"中"熟识"与"生疏"是否矛盾的问题？答案是不矛盾。"生疏"是因为两个人毕竟第一次见面；而"熟识"则是因为作者已经从冼星海的作品中感受到了冼星海伟大的气魄、乐观坚强的性格。就已经有"仿佛我和他已是很熟悉的了"的感觉了，所以，一见面就有"熟识"的感觉。

学生回答预设：也回答了第三个问题。虽然只有一面之缘，但是作者之前已经从他的作品中感受到他的精神品质，有熟悉之感。直接面对面接触，冼星海的种种表现，更让作者深刻认识到冼星海的气魄伟大，好学深思，热情开朗，才华横溢的性格特点和热爱祖国的情怀。从作者经历看，二人的追求是一样的，所以，作者把冼星海当成此生难忘的挚友。

教师:同学们的理解很正确。那现在我们来看第四道题:作者回忆这些往事的目的何在?

把握作者的写作目的,就要把握文章的中心思想。那么,如何把握文章的中心思想呢?

作者回忆这些往事的目的何在?

把握文章中心思想可以从分析文章标题入手;从分析材料入手;从分析文章的首末段入手。开头和结尾是文章结构的组成部分,开头就可以点明文章的中心。结尾往往也提示和深化文章的中心,或启示读者做深一层的思考,研读结尾的语句可捕捉到文章的中心;还可以从重点句入手。重点句有议论抒情句、主旨句、反复使用的语句。记叙文中议论抒情句有画龙点睛的作用,抓住这些句子归纳总结,便可把握文章的中心。

第六步:小组讨论归纳答案。

现在我们根据老师的提示,以小组形式进行讨论。

教师巡视。

第七步:指定组代表展示本组归纳的答案。

教师:同学们需要再读课文,并根据老师的提示,前后桌为一组进行交流,然后展示交流的结果。

学生再读课文,前后桌为一组进行交流。

教师:好!现在我们就来看看你们交流的成果吧。

学生回答预设:看标题。"忆"就是回忆。"冼星海"交代了主人公。所以作者写作此文的目的是表达作者对冼星海的怀念之情。

学生回答预设:看材料。作者先写听《黄河大合唱》和看《冼星海作曲图》,再写与冼星海的见面,对他滔滔不绝谈吐的描述以及"要写,还得回中国来"的语言描写。这些材料表现了主人公丰富的性格特点。

学生回答预设:从分析文章的首末段入手。文章的第二段的最后一句:那伟大的气魄自然而然使人发生崇高的情感,光是这一点,也就叫你听过一次,就像灵魂洗过澡似的。

第六段的最后一句:我深信他一定能达到,因为他不但有坚强的意志和伟大的魄力,而且又是那样好学深思,勤于收集各地民歌民谣的材料。

第八段最后一句:"要写,还得回中国来!"这句话,今天还响在我耳边,谁又料得到他不能回来了!

第十一段最后一句:一个生龙活虎、具有伟大气魄、抱有崇高理想的冼星海,永远坐在我对面,直到我眼不能见,耳不能听,只要我神智还没昏迷,他永远活着。

从这些句子中,我们感受到作者对冼星海的怀念、崇敬、赞美之情。

教师:同学们的答案是按照步骤一步步来的。根据这些内容,我们就可以整体感知文章的主要内容,把握文章的中心了。谁来将以上信息为大家进行一下整合?

学生回答预设:作者先写听《黄河大合唱》和看《冼星海作曲图》,从侧面表现出冼星海的气魄和神韵;然后再正面写与冼星海的见面,通过对他滔滔不绝谈吐的描述以及"要写,还得回中国来"的语言描写,表现了他热情开朗的性格和炽热的爱国情怀,从而表达了作者的崇敬赞美之情。

教师:同学整合的信息很完整。这样我们就解决了第四个问题,通过感知文章主要内容,把握了文章的中心。

第八步:升华、强化做这类题重点的、带规律性的、学习方法的、掌握要求。分析人物的性格特点,离不开人物所处的时代背景,更离不开他所做的事情与表现。

课堂总结

今天这节课,我们通过感知作者运用侧面描写与正面描写相结合的方式写的四个内容,掌握了主人公的性格特点与精神品质,也理清文章的叙事线索。同时,明确了作者表达了对冼星海的怀念崇敬赞美之情,把握了文章的中心思想。由此可见,整体感知文章内容,把握了文章的中心思想,离不开分析标题、材料、重点语句、结合背景等内容。

【板书设计】

忆冼星海
茅盾

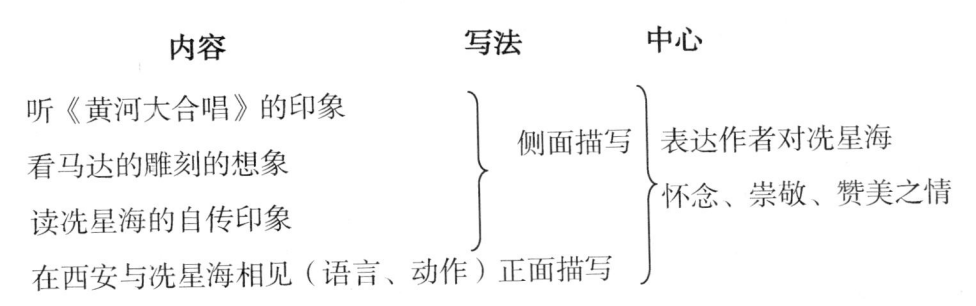

内容	写法	中心
听《黄河大合唱》的印象	侧面描写	表达作者对冼星海怀念、崇敬、赞美之情
看马达的雕刻的想象		
读冼星海的自传印象		
在西安与冼星海相见（语言、动作）	正面描写	

【智慧训练】

阅读《老街名嘴》，完成后面的练习题。

老街名嘴

①老街是个生意场所，家家户户都做买卖。做买卖嘛，免不了和各类人打交道，察言观色、能说会道是做好买卖的最起码要求。只要你走进门店，主家的话就兜着你走，天气啊气色啊穿着啊自己商品的优势啊，直到把你送出店门，慢走啊，再来！你耳朵旁就别想清静了。听进去听不进去是您的事，说不说可是主家的事。买卖不成情义在，情义哪来的？两片子嘴吧嗒出来的。

②运动员的腿，老街人的嘴。老街人的嘴厉害，能够被老街人称作名嘴的人，那嘴上的功夫更是了得。这不，他来了：墩子左手掌心里不停地转动着两只核桃，也不知转了多少年，核桃打磨得油光锃亮，能影影绰绰映出人影；右手端着一只精巧黑亮的紫砂壶。对襟的蓝色马褂，镶着金边。千层底的方口布鞋白底黑面，走在青石板上，没有一点声响。方脸大耳，头发往后梳，打了发胶，一缕一缕隐约可见光亮的头皮。别以为他有多大年纪了，满打满算，才三十有五。这副打扮，那叫派儿！

③墩子现在可了不得，凭着两片子嘴，经常被市电视台邀请为嘉宾，评说足球赛事。墩子每天在街上绕上一圈，是在接受老街人的恭维。昨天的赛事转播，墩子又预测灵验——主队取得了胜利。

④墩子走进了天织锦绸缎行，老板正在招呼生意。几个顾客在挑选布

料,看来还拿不定主意。墩子把紫砂壶往柜台上一放,说道,看人看的是心肠,买货看的是质量。你看这布,手感光滑温柔似水,既不是纯棉也不是腈纶,而是最新技术两样混纺。纯棉穿着舒服却易褶皱,腈纶直挺穿着却不舒服,两样混纺各取所长。未来要靠小字辈,买货还是老字号。这天织锦绸缎行,祖上六代专营此行,诚信为本,童叟无欺,积德行善,四邻夸奖。您手里这布,老人穿着舒坦,中年人穿着端庄,年轻人穿着漂亮,孩子穿着阳光。做冬装保暖,裁夏衣凉爽,春秋服时尚。看看店家,慈眉善目,菩萨心肠,主家让让利,买家抬抬手,一桩好买卖,心情都舒畅。客户被说得直乐,一单生意也做成了。

⑤主家连忙给墩子的紫砂壶里添上茶水。墩子向来不在自家泡茶的。

⑥墩子自小嘴巴就乖巧,越是人多的时候越爱显摆,说出话来都是一套一套的。墩子15岁那年夏天,母亲和冠家起了纠纷。冠家是老街的大户人家,人多势众。本来是墩子母亲占理的事,却被冠家抢白得哑口无言,回到家生闷气抹眼泪。墩子放学回到家里,问清了事由,放下书包就去了冠家,在冠家门外的古槐树下开始辩理。冠家开始并没有把这个毛孩子放在眼里,没承想墩子口若悬河,说古论今、旁引博论,一开口就刹不住车了。大热的天,一口水不喝滔滔不绝三个小时,两片子嘴唇上下翻飞不知疲倦,直把树上的蝉都给噪走了,老街被堵了半条道。冠家自知理亏,连忙托人去墩子家赔礼道歉。墩子一下子出了名。

⑦若只是会说,也担当不了名嘴的雅号。墩子的嘴还有一绝就是"毒"。马家一个儿子自幼学坏,娶了媳妇后就虐待老母,墩子打抱不平前去理论,说你不忠不孝,会遭报应。那小子还犟,说我会遭啥报应?我等着。墩子大声说,你小子得遭雷劈啊!夏季的第一场雷雨,那小子坐在自家的床头喝酒,被一声闷雷给击中了。没要命,却给打哑巴了。

⑧墩子的名声从老街走向全城是因为足球赛。市里成立了足球队,墩子的一个外甥入选球队踢前锋。一次比赛前,电视台采访墩子的外甥,捎带采访了墩子。墩子不但说了外甥的优势,还大胆预测外甥将在比赛中凭大玩"帽子戏法"而使球队取胜。比赛的过程果然如墩子所言,外甥独中三元,球队获得胜利。墩子成了名副其实的名嘴。只要有比赛,墩子就被电视台请去做解说嘉宾,而且每次预测都八九不离十。

⑨一天,墩子被一伙人请到了狮子楼,皇家宴席伺候,席间那伙人不停地恭维着墩子。吃饱喝足,墩子也明白了他们的底细,是一伙地下赌球的家

伙。墩子从衣兜里掏出一叠现金,往桌子上一放,说,对不起哥们儿,饭钱我付了。你们这一路,墩子不伺候。说罢,转着核桃,握着紫砂壶,走人了。

⑩第二天,老街人看着头上绑着绷带、嘴角粘着纱布的墩子都吓了一跳。墩子也不解释,说,从小卖蒸馍,啥事都经过;从小卖核桃,啥事都知道。明日起,咱不说球了,说戏。哈哈,听戏去。(有改动)

注:①帽子戏法:指在一场足球比赛中,一名队员3次将球踢进对方球门。

1. 文章写了有关"名嘴墩子"的几件事,阅读第④—⑩段,补全下面的相关情节。

   (1)巧言劝说顾客,生意做成;
   (2)＿＿＿＿＿＿＿＿＿＿；
   (3)训斥不肖子孙,毒咒应验;
   (4)＿＿＿＿＿＿＿＿＿＿；
   (5)拒绝赌球作弊,被打不悔。

2. 结合作品内容,简要分析作者怎样塑造出一个老街名嘴的形象。(不超过150字)

附 答案参考

1.(2)为母冠家辩理,街道扬名(4)评说足球赛事,精准灵验(或:扬名全城)

2. 答案示例一:作者在多个具体情节中综合运用了语言、动作、细节等描写方法,多侧面地表现了墩子的个性特征:绸缎行说成生意,表现他的能说会道、古道热肠;与冠家辩理表现他的不畏强势;训斥马家不孝子,拒绝赌球作弊等,表现他的正直、富有正义感。作品就是这样塑造了墩子这个"老街名嘴"的生动形象。

   答案示例二:作者综合运用了外貌、语言、动作、细节等描写方法,塑造了墩子这个"老街名嘴"的生动形象:他的穿着打扮十分抢眼,突出其作为老街"名嘴"外在形象的与众不同;绸缎行说成生意、与冠家辩理、训斥马家不孝子、拒绝赌球作弊等情节,多侧面地表现了他能说会道、为人热情,不畏强势,正直、富有正义感等性格特征。

(编写 李建华)

整体感知文章的主要内容,把握文章中心

春 酒

【内涵释义】

"整体感知文章的主要内容,把握文章中心"是指综合运用学过的各种语文知识,对文章进行全面而仔细的通读、理解,明确文章写了什么,即内容;表达了作者怎样的情感,即主旨。

【引领读悟】

以琦君的《春酒》为例落实本点。

学习准备

知识方面:散文是一种作者写自己经历见闻中的真情实感且灵活精干的文学体裁。它具有感情真挚,意境深邃,语言优美凝练并富有文采的特点。

能力方面:具有提取信息的能力,具有赏析语言的能力。

导入新课

教师:世界上有一种情叫乡情,世界上还有一种愁叫乡愁。那些思家不能回的游子的这种情和愁是愈加强烈的。今天我们学习台湾女作家琦君的散文《春酒》,来体会一个离家游子的思乡情。在学习课文前,我们先看看本节课的学习目标。

叙述目标

一、通过初读课文、概括事件,了解作者故乡温州一带的新年习俗,初步领会文章中流淌的浓浓的思乡之情。

二、通过精读课文,品味精彩词句,关注细节描写,感受作品的风俗之美、人情之美。

阅读渐进引领

教师：这篇课文的作者是台湾女作家琦君，我们来认识一下她：

琦君，台湾女作家，生于浙江温州。1949年赴台湾，后定居美国。著有散文集、小说集及儿童文学三十余种。她是著名电视连续剧《橘子红了》的作者。

她曾说过："像树木花草一样，谁能没有一个根呢？我若能忘掉故乡，忘掉亲人师友，忘掉童年，我宁愿搁下笔，此生永不再写。"

教师："我若能忘掉故乡，忘掉亲人师友，忘掉童年，我宁愿搁下笔，此生永不再写。"这是一种多么浓厚的思乡情啊！可以用决绝来形容。

一、学生读文本，整体感知文章

教师：首先我们读文章，用你喜欢的方式读，初步感知文章的内容及情感，圈画自己喜欢的句段，提出不懂的问题。（时间3分钟）

教师：你们在读课文的时候体会到作者的思乡情了吗？谁能把自己预习时候挑出来的好句好段读读，和大家分享一下？

找3—5名同学和大家分享。

二、进入问题解决

教师：通过几位同学的朗读我们感受到，作者的思乡之情是流淌在字里行间的。老师看到，大家还提了很多问题，如果老师限定大家在"内容和主题"两方面提两个主问题，大家会提什么问题？一分钟思考，一分钟交流，小组为单位分享问题。（3—5人）

围绕内容和主题提两个主问题，你会怎样提？	←	内容主要指文章写了什么事，散文的主题主要是抒发了作者怎样的情感。

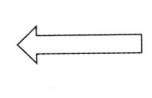

学生提问预设：

1. 作者为什么喜欢春酒？
2. 八宝酒用什么做的？
3. 作者为什么写这篇文章？
4. 作者喜欢的仅仅是春酒吗？
5. 作者想家为什么不回去呢？

6. 过新年为什么不让女孩子的脚放在灶边呢？

……

教师：大家提出的问题都不错，都值得思考，但都过于细碎，都是局部的提问，我们把大家的提问归纳成两个主问题应该是：本文主要记叙了哪几件事？（内容）作者借春酒抒发了怎样的情感？（主题）

1. 本文主要记叙了哪几件事？

本文主要记叙了哪几件事？（要求：用动宾短语的格式回答）	←	要回答好这个问题，首先要到文中按顺序以"谁干了什么"的格式去寻找并概括事件。同时还要知道动宾短语的特点。

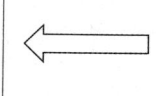

学生回答预设：

一种情况：喝春酒、喝会酒、酿八宝酒

一种情况：过新年、喝春酒、喝会酒、酿八宝酒

一种情况：过新年、喝春酒、喝会酒

教师：你认为哪一种答案最好？为什么？

教师指导：如果问"课文写了哪几件事"，要尽量概括全面。如果问题变为"文章回忆作者小时候过春节的哪些事"，就不能算"酿八宝酒"，因为"酿八宝酒"是作者长大后在异国他乡酿八宝酒的事。概括事件要全面、准确、简练，但最重要的还是要根据题目要求概括。

2. 作者借春酒抒发了怎样的情感？

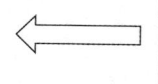

作者借春酒抒发了怎样的情感？	←	可以借助于本单元学习的其他课文进行迁移。这单元的散文都是借物抒情的，如汪曾祺的《端午的鸭蛋》，作者借助对端午的鸭蛋的描写，表达了对儿童生活的怀念和对故乡的热爱。

学生回答预设：

一种情况：对春酒的喜爱。

一种情况：思念家乡。

一种情况:借春酒表达自己浓浓的思乡之情。

教师指导:对主题的阐述要注意透过现象看本质,要关注文章开头和结尾的句子,还要关注文中的描写句,议论抒情句。如果把本文的主旨定为对春酒的喜爱就浅了,作者是借春酒表达自己浓浓的思乡之情,最后的表述更准确。接下来我们还要结合具体的语句进一步体会。

教师小结:本文以"春酒"为线索,回忆了家乡过新年、喝春酒、喝会酒、酿春酒等事情,写出了家乡美、风俗美,写出了浓浓的家乡味,表达了作者怀旧、思乡的深情。

这种深情寄托在春酒上,体现在字里行间,只有"品",我们才能体会它的美。下一个环节我们品品作者的语言:

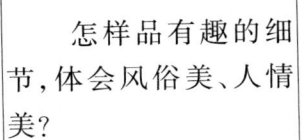

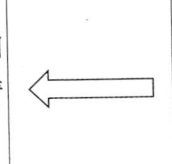

怎样品有趣的细节,体会风俗美、人情美?	←	大声朗读课文,划出你最喜欢的句子。然后根据句子的不同特点进行赏析。教师提示:有趣的细节包括:最能抒情的,修辞最好的,用词最准的,描写最细腻的,最能表现人物性格的……

格式:我喜欢的句子在第____页,第____段,第____行,(读句子)我喜欢的原因是:_____

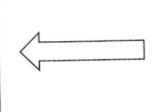

如何品析句子(有趣的细节)?	←	根据不同的句式,采用不同的赏析方法。比如最能抒情的,要说出抒的什么情;修辞最好的要说出使用了什么修辞,好在哪儿;用词最准的要说出哪些词用得准,表现了什么……

学生静心独立思考。

学生回答预设:

一种情况:"家家户户轮流地邀喝春酒,我是母亲的代表,总是一马当先不请自到,肚子吃得鼓鼓的跟蜜蜂似的,手里还捧一大包回家。"表现了作者对故乡春酒的喜爱。

一种情况:"早已偷偷把手指头伸在杯子里好几回,已经不知舔过多少个指甲缝的八宝酒了。"这句话运用细节描写,作者对八宝酒的喜爱已经融入其中了。

一种情况:"母亲给我在小酒杯底里只倒一点点,我端着、闻着,走来走去,有一次一不小心,跨门槛时跌了一跤,杯子捏在手里,酒却全洒在衣襟上了。"这句话中"端、闻、走、跨、跌、捏、洒"等动词的准确应用,让我们感到作者得到一点八宝酒格外珍惜,舍不得喝,对八宝酒的喜爱到了摔倒了都舍不得丢掉酒杯的地步。

一种情况:"抱着小花猫时,它直舔,舔完了就呼呼地睡觉。原来我的小花猫也是个酒仙呢!"这句话用我的"馋"和小花猫的"醉"来衬托八宝酒的香甜,从而体现了我最喜欢喝春酒。

教师指导:"我不请自到,肚子吃得鼓鼓的跟蜜蜂似的,手里还捧一大包回家。""我是母亲的代表"(写出女儿在母亲心中的地位,极富爱心,母女情深。)"总是一马当先,不请自到"(母亲的代表,当然名正言顺,想怎么吃就怎么吃,彻底抛开了初一至初五的那些"拘束"。说明民风淳朴。)"肚子吃得鼓鼓的跟蜜蜂似的"(吃得跟"小猪似的"不好吗?为什么要说"蜜蜂似的"呢?左邻右舍,一家一家地吃,蜜蜂似的快活地飞来飞去。写出"我"的憨态可掬。)"手里还捧一大包回家。"(吃得填满了肚子,伸长了脖子,这还不算,还得尽量多带一些回去,典型的"多吃多占"。真有那么馋吗?看看下文"可是说实在的,我家吃的东西多……已经不稀罕了"。看来"多吃多占"的主要原因是"气氛之热闹",小孩子不就是爱凑热闹吗?一句话活现出当年的童心童真。这句话运用了比喻的修辞,设喻奇特,表现了作者对故乡春酒的喜爱。

教师小结:以上是对作者自己小时候喝春酒的几个细节描写,通过以上描写,一个喜爱喝春酒的活泼可爱的小女孩的形象跃然纸上,作者怀念的仅仅是家乡的春酒吗?

学生再次体会:不是的,作者怀念的是春酒中蕴含的浓浓的家乡味。

教师过渡:有人说,母亲是记忆中最深刻、最温柔的怀念,从来不需要想起,永远也不会忘记。文中关于母亲的细节有哪些呢?

学生回答预设:

一种情况:"补气、健脾、明目的呦!"母亲总是得意地说。母亲的自豪之情溢于言表。

一种情况:"母亲得意地说了一遍又一遍,高兴得两颊红红的,跟喝过酒似的。其实母亲是滴酒不沾唇的。""得意"这个词是母亲兴奋、自豪的外露。"一遍又一遍"语言的重复,说明母亲热情、无私、朴实、富有耐心,"高兴得两颊红红的,跟喝过酒似的"得到表扬后的害羞、兴奋、自豪之情溢于言表。母亲做八宝酒就是为了让别人能够品尝到其中的浓香,就很开心、荣幸和满足了,一个典型的贤妻良母!

一种情况:"不仅是酒,母亲终年勤勤快快的,做这做那,做出新鲜别致的东西,总是分给别人吃,自己却很少吃。人家问她每种材料要放多少,她总是笑眯眯地说:'大约摸差不多就是了,我也没有一定分量的。'但她还是一样一样仔细地告诉别人。"两个"总是"与"还"极言母亲善始善终,心地无私。"笑眯眯"说明母亲善良淳朴、诚心热情。帮助别人,快乐自己,母亲的品质犹如春酒那样芳醇。

教师过渡:俗话说:美不美家乡水,亲不亲家乡人。乡情是记忆中最醇厚、最温馨的怀念。文中还有哪些关于风俗人情的细节?

学生回答预设:

一种情况:"花匠阿标叔也巴结地把煤气灯玻璃罩擦得亮晶晶的,呼呼呼地点燃了,挂在花厅正中,让大家吃酒时划拳吆喝,格外的兴高采烈。"表现了阿标叔勤劳的品质。

教师指导:赏析这句话应该抓住"亮晶晶""呼呼"这些叠词,"亮晶晶"凸现了阿标叔的勤快,乐意为酒会增添欢乐的气氛。叠词"呼"连用,最能表现出"吃十二碟"的喜洋洋的氛围。三字连读应短促有力。给别人带来快乐,自己也快乐,多么淳朴的乡亲!点燃的是煤气灯,也点燃了暖暖的人心,还点燃了大家对这种热闹氛围和融洽关系的热爱。

教师小结:从上面这个细节我们能看到阿标叔的热情好客,乐于助人,勤快淳朴的特点。在作者的家乡,是只有阿标叔具有这样的特点吗?

一种情况:"凡是村子里有人急需钱用,要起个会,凑齐十二人,正月里,会首总要请那十一位喝春酒表示酬谢,地点一定借我家的大花厅。"主动帮助别人,大家互帮互助,和睦相处,多么淳朴的民风呀!陶渊明梦想而不得,只能把它寄托在桃花源里,而他心中的桃花源就在作者的故乡!多么令人向往的风土人情啊!

教师小结:文中朴实无华的美句,俯拾皆是,细细品味,味同甘醇。请你选择最喜欢的句子和朗读方式读有趣的细节,感受风俗美人情美。

| 怎样朗读好散文呢？ | 散文是心灵的体现，是真情流露。在朗读时感情要真实，根据不同的内容和表达的需要注意轻重、缓急、快慢的变化。对不同语体风格要区别处理。 |

教师点拨：
叙述性语言：声音明朗轻柔，娓娓动听。
描写性语言：生动、形象、自然、贴切。
抒情性语言：自然亲切、由衷而发。
议论性语言：要深沉含蓄、力透纸背。
学生独立静心读，体会。
小组内互相读，互相点评改进。
每组找一名同学全班分享。
教师小结：这么美的风俗，这么美的人情，使我突然想用一首诗来抒发一下自己的感情：

春酒——寄琦君

有一种酒，一点点，就能醉你到白头，这种酒叫（春酒）；
有一种情，一丝丝，就能牵动你的心，这种情叫（乡情）；
有一个人，虽离去，但叫你永远难忘，这个人是（母亲）；
有一些事，虽遥远，却又那么的清晰，这些事是（童年记忆）……
大家齐读这首诗，让我们向琦君致敬。
教师：大家还有什么问题没有解决吗？
学生质疑预设：作者如法炮制的八宝酒，为什么没有地道的家乡味呢？作者这样说想表达什么情感？

（讨论回答）

教师小结：一方水土养一方人，在作者心里，家乡的水是最甜的，家乡的酒是最香的，离开了家乡，再好的酒也没有味道。在这心灵深处的自我追问中，那种深深的失落感油然而生，至此也让我们读懂了作者那浓浓的乡情。

同学们,你们还小,有一天当你们长大了,离开了自己的家乡,这种思乡之情便会萦绕着你!到时候你们可以吟诵着思乡的诗句来度过你们的时光!

教师:你知道哪些"思乡"的诗词名句?

学生回答预设:

举头望明月,低头思故乡。

独在异乡为异客,每逢佳节倍思亲。遥知兄弟登高处,遍插茱萸少一人。

少小离家老大回,乡音无改鬓毛衰。儿童相见不相识,笑问客从何处来。

但愿人长久,千里共婵娟。

日暮乡关何处是,烟波江上使人愁。

仍怜故乡水,万里送行舟。

乡书何处达,归雁洛阳边。

教师:让我们共同欣赏几首有关乡愁的诗。

乡色酒　舒兰

三十年前 你从柳树梢头望我 我正年少 你圆 人也圆

三十年后 我从椰树梢头望你 你是一杯乡色酒

你满 乡愁也满

乡愁　余光中

小时候 乡愁是一张小小的邮票 我在这头 母亲在那头

长大后 乡愁是一张窄窄的船票 我在这头 新娘在那头

而现在 乡愁是一湾浅浅的海峡 我在这头 大陆在那头

教师:从上面的两首诗中选一首最喜欢的背下来。老师最喜欢余光中的《乡愁》,我们一起读一读。老师也仿照余光中的《乡愁》格式,结合这篇课文的内容写了一首诗,大家看看:

乡愁——春酒

小时候,过年是一杯甜甜的春酒,酒中浸润着我童年的幸福与欢笑;

长大后,回忆是一杯醉人的春酒,酒中盛满了梦里江南和母亲不老的容颜;

而现在,乡愁是一杯浓浓的春酒,在梦里踩着满院花香找寻家乡的味道……

教师小结:作者借一杯春酒,将看不到摸不着的乡愁表达得淋漓尽致,醉了作者,也醉了今天的我们。学习作者的这种写法,写写你对乡愁的独特感受吧!

学生独立静心作答。

小组交流。

指名全班分享。

课堂总结

教师:琦君说过:"人和花草树木一样,都有自己的根。"社戏里"我"对吃过的罗汉豆念念不忘,汪曾祺对故乡端午节的鸭蛋念念不忘,而琦君魂牵梦萦的是母亲酿的八宝酒。

我们呢?

也许有一天,我们会背上行囊去远方寻找自己的世界,到那时,我们会发现清澈的小溪曾流淌着儿时的欢笑,故乡天空中翻飞的风筝曾荡漾着我们的梦想……

父爱天高,母恩难报,最难忘思乡情。到那时票难买、车难乘,但家是一定要回的。这是五千年中华文化积淀下来的中国人最深厚的情感基础。正是这种特有的情感,才让我们中华民族一代一代繁衍壮大,成为伟大的民族。

教师:以上是老师对这节课的总结,对于每一位同学的收获可能都是不同的。下面请同学们总结一下这节课的收获。提示:内容方面,学习方法方面,情感方面,同学互助方面……

学生自己小结。

小组交流。

全班分享。

教师提示注意:把握文章的中心,首先要概括事件,然后是品味语言,有时还要结合文章背景,多角度地思考才能准确把握散文中心,即作者情感。

【板书设计】

春　酒
琦君

过新年

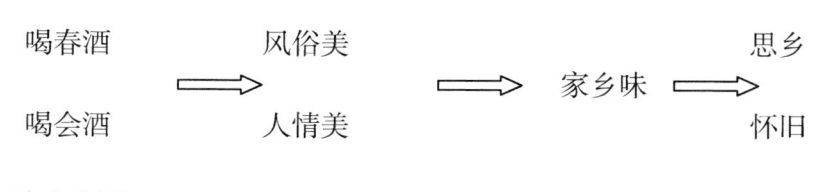

喝春酒　　　　风俗美　　　　　　　　　　　思乡

　　　　　⇒　　　　　　⇒　家乡味　⇒

喝会酒　　　　人情美　　　　　　　　　　　怀旧

酿八宝酒

【智慧训练】

阅读下文,回答文后问题。

暖暖的柿子
青秋

（1）可能是家里孩子多的原因吧,从小,我就跟着姥姥过,以为姥姥家是自己的家,姥姥就是最亲近的人。

（2）等到大一点,才知道我还有另外的一个家,家里有父亲母亲,还有姐姐妹妹。但也就是从那时起,我知道,自己和姐姐妹妹有些不一样。

（3）于是,就经常有人当了母亲的面问我,你是谁的孩子呀？我就不假思索地大声说,我是姥姥的孩子。又问,长大了孝敬谁哪？我就看一眼母亲,更大声地说,孝敬姥姥!

（4）人家就立即对母亲说,看看,不养在身边的孩子不亲吧？而母亲则淡淡地说,只要是自己的孩子,放在哪里都亲。

（5）真正知道自己和姐妹们不一样,是从开始吃柿子算起的。家里有一棵大的柿子树,每一年都要结很多的柿子,而每一年吃柿子的时候,母亲总要叫我回去,专门挑出最大的柿子,递到我手中。

（6）这还不算,每一年的深秋,当大多数柿子已摘完,只剩最高的树梢处,还挂着几只红透了的柿子时,我知道,我最快乐的时候来了。霜后,那些柿子熟得只剩下一层薄薄的皮裹着,只需用嘴咬开一个小口,柿汁就会蜜甜地流进嘴里。

（7）往往,那些柿子会在姐妹们眼馋的注视中,被母亲小心地摘下来,然

(8)这样的情景,一直延续到我到外面上学。甚至在我参加了工作后,母亲还是把柿子一直留在树上,直到我回家。

(9)尽管这样,我却没觉得有什么特别,认为这是母亲对于我从小不在家,所做的一些补偿,有些勉强的敷衍。因而,我一直心安理得。

(10)而今年,却因为刚结了婚,身心有了彻底的栖息之处,所以,就趁着一阵阵的秋风,只顾享受这无限的爽秋。偶尔,有家乡的影子在眼前浮现,但也如一丝轻云,一掠而过。

(11)正在这时,却忽然接到了父亲的电话。父亲说,你怎么没回来呢?我就问,家里有什么事吗?他说,家里没什么事,就是你妈,她认定这些日子你和往年一样,要回来吃柿子,所以就整天围着柿树,拿了竹竿驱赶鸟雀,给你守着树梢上面最红的柿子呢!

(12)刚听到这里,我赶紧放下了电话,就生怕,让父亲听出声音里的变化。

(13)那一刻,我仿佛看见秋风舞处,母亲正站在柿树下,用心地呵护树上的柿子。而那些通红通红的柿子,就如同独自走在漆黑的夜里,忽然看到的一处灯光,虽然离得很远,可心里一下子就暖了上来。

1. 本文写"我"与姐妹们有些不一样,根据文章内容,填写表格。

人物	成长环境	待遇
"我"	①	③
姐妹们	②	眼馋地注视着

2. 结合上下文,谈谈你对第(12)段"我"的心理的理解。
3. 成熟的柿子明明是甜的,为什么本文的题目却说是"暖暖的柿子"?

附 参考答案

1. ①在姥姥家长大 ②在母亲身边长大 ③总能吃到最大、红透了的柿子
2. "我"的心理是:被母亲"拿了竹竿驱赶鸟雀,守着树梢上面最红的柿子"的行动所感动;同时不愿意让父亲听到"我"哽咽的声音。 3. 答题示例一:①文章写的成熟的柿子是甜的。②但是更重要的是通过写母亲年年给"我"吃最大、最红的柿子,哪怕是"我"结婚后还再为"我"守住最红的柿子。③表现母亲对不在身边长大的女儿一直的关爱。答案要点示例二:①文章通

过写母亲年年给"我"吃最大、最红的柿子,表现母亲对不在身边长大的女儿一直的关爱。②这种关爱温暖了"我"的心。③尤其是在"我"成家之后,母亲的执着不变的特殊关爱更感动"我"。④"暖暖的柿子"这个题目更能表现被母亲的关爱而深深感动的主题。

(编写 姜海燕)

整体感知文章的主要内容,把握文章中心

鼎湖山听泉

【内涵释义】

整体感知文章,就是着眼于全文,通过自己的主观认知,综合运用学过的各种语文知识,对文章进行全面而仔细的通读、理解,经过反复研究,把握文章的主要内容,基本上能够达到对全文有一个整体的了解。

【引领读悟】

以谢大光的《鼎湖山听泉》为例,落实本点。

学习准备

学生能从整体上感受课文的语言,对课文内容有一个大致的了解。阅读后可以归纳、整理、概括、提炼,能用简洁的语言概括文章的内容,把比较多的内容综合起来,对几种事物、几个部分、几个阶段具有一定的综合关照能力。会抓住关键词理解文章内容。

导入新课

教师:这是什么?(教师边出示投影边问)

学生答问预设:石鼎。

教师:这个石鼎据说是世界上最大的。它有什么功能?

学生答问预设:是古代用来祭祀的。

教师:"鼎"怎么写?请同学们和老师一起一边数笔画一边写,注意笔顺。(老师和学生边读边写)今天我们要讲的并不是这个鼎,而是一个风景区:鼎湖山。

教师:鼎湖山在哪儿?看看课文。

学生:在肇庆。

教师:它古时候并不叫肇庆,而叫"端州",古端州可不简单。它出产一样东西,叫端砚。文房四宝知道吗?

教师投影简介"宣纸""湖笔""徽墨""端砚":中国独有的文书工具,即笔、墨、纸、砚。文房四宝之名,起源于南北朝时期。自宋朝以来"文房四宝"则特指湖笔(浙江省湖州)、徽墨(安徽省徽州)、宣纸(安徽省宣州)、端砚(广东省肇庆,古称端州)。

教师:不过,作者可不是讲这个端砚,而是讲在鼎湖山听泉。

叙述目标

教师:《鼎湖山听泉》是一篇优美的写景散文,学习这篇文章我们需要达到的学习目标是:第一,通过朗读课文分析重点词语概括鼎湖山泉水的特点。第二,通过小组合作探究明确文中的其他事物与泉水的关系。第三,通过分析课文能说出文章结尾"在这泉水的交响之中,仿佛能够听到岁月的流逝,历史的变迁,生命在诞生、成长、繁衍、死亡,新陈代谢的声部,由弱到强,渐渐展开,升腾而成为主旋律"的内涵。第四,通过朗读感受本文的语言美。我们要用到的学习方法有朗读法和讨论法。

阅读渐进引领

第一步:学生读文本,整体感知文章或语段,说出自己对文中感人情境的初步理解。

教师:我们已经预习了课文,同学们已有初步的感受。下面就请同学们朗读自己最喜欢的词、句或段落,感受其中的语言美、意境美。

学生朗读自己喜欢的语句。

教师:下面请同学们分享一下各自的感受。

学生答问预设:

第1种情况:"泉声极清朗,闻声如见山泉活脱脱迸跳的姿影,引人顿生雀跃之心,身不由己,循声而去,不觉渐高渐幽,已入山中。"这句话写出泉声的清脆、悦耳,以及泉声带给人雀跃、愉悦的心情。"不觉渐高渐幽"又写出了山的幽静。

第2种情况:"极清朗"的"极"写出清朗的程度,就是特别清朗,清朗到了极限。

第3种情况:这句话写出泉声的清朗,"活脱脱""迸跳"是作者听到清朗的泉声之后想象出来的山泉的样子。

第4种情况:这里感觉是把泉水当成人去写。

第5种情况:这种清朗的泉声又带给人很快乐、很愉悦的心情。

教师:以上三位同学把这句话分析得非常透彻。

第6种情况:我喜欢的是"站在亭前望去,满眼确是一片浓碧"。这句话写出鼎湖山浓碧的特点,尤其是"满"这个词,极写绿得浓郁,树木葱茏的感觉。"远近高低,树木枝缠藤绕,密不分株,沉甸甸的湿绿",这里的"枝缠藤绕,密不分株"还是在写鼎湖山绿色的浓郁,植物的茂密。"沉甸甸"则写出这些植物富含水分,非常湿润。所以,这个"湿绿"也在写植物的水分非常大。

第7种情况:我喜欢这句"犹如大海的波浪,一层一层,直向山顶推去"。这里写出绿的宏大,有排山倒海之势。尤其是"推"这个字,感觉树木特别茂密,而且能让人想象出随着山势的增高树木也随之增高的那种层次感。

第8种情况:我画的是这句"就连脚下盘旋曲折的石径,也印满苔痕,点点鲜绿。踩着潮润柔滑的石阶,小心翼翼,拾级而上。越向高处,树越密,绿意越浓,泉影越不可寻,而泉声越发悦耳"。这句话写出鼎湖山绿意浓厚,处处湿润的特点,尤其是石阶上都印满苔痕可以看出特别湿润。这句话还写出越往上走,树木越茂密。前面已经提到树木茂密,这里又说越往上越密,可以想见上面得有多浓密。也正因为上面树木过于浓密所以遮挡了山泉的身影,于是就见不到泉的影子,但是可以听到清脆的泉声。这真是特别神奇!

教师:是呀,这一段极写鼎湖山绿意如何浓厚、湿润。

第9种情况:我喜欢这一句"深夜听泉,别有一番滋味。泉声浸着月光,听来格外清晰。白日里浑然一片的泉鸣,此时却能分出许多层次:那柔曼如提琴者,是草丛中淌过的小溪;那清脆如弹拨者,是石缝间漏下的滴泉;那厚重如倍司轰响者,应为万道细流汇于空谷;那雄浑如铜管齐鸣者,定是激流直下陡壁,飞瀑落下深潭"。这句用了排比的修辞方法,写出泉水因流过之处不同而发出不同的声音。

第10种情况:我喜欢这句"至于泉水绕过树根,清流拍打着卵石,则轻重缓急,远近高低,各自发出不同的音响。这万般泉声,被一支看不见的指挥棒编织到一起,汇成一曲奇妙的交响乐。在这泉水的交响之中,仿佛能够听到岁月的流逝,历史的变迁,生命在诞生、成长、繁衍、死亡,新陈代谢的声部,由弱到强,渐渐展开,升腾而成为主旋律"。这句话把山泉发出的不同的声音比作交响乐,非常形象。

第二步:进入问题解决。

教师:我发现同学们喜欢的文字很多都是关于泉水的。那么,鼎湖山的泉水到底有什么特点呢？请同学们速读全文概括鼎湖山泉水的特点。

| 请同学们速读全文概括鼎湖山泉水的特点。 | ← | 同学们在阅读的过程中可以先圈画出描写泉水的语句并用恰当的词语概括，如果表述的是同一个意思，要进行归纳。 |

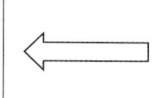

学生答问预设：我找的是第一段"泠泠淙淙的泉声就扑面而来，泉声极清朗"这句话是写泉水的，而且有直接描写泉水的词"清朗"，所以，我总结的鼎湖山泉水的特点是"清朗"；"泉水在林木疏朗处闪过亮亮的一泓，再向前寻，已不可得。"这里可以看出泉水很神秘，有时看得见有时看不见。

教师提问预设：为什么有时看得见有时看不见？

学生答问预设：

第1种情况：因为山间林密。

第2种情况：我认为泉水不是神秘的而是可爱的，因为作者由泉水的若隐若现想到了自己可爱的爱女，所以，我认为泉水是可爱的。

教师：好，两位同学观察都非常细致，有自己独特的看法。其他同学有什么不同的发现？

第3种情况：我找的是第三段"泉声则是孩子如铃的笑语。""如铃的笑语"可以看出泉声特别清脆。这里把泉声比作孩子的笑语，孩子的笑语尤其是小女孩的笑语就是特别清脆。

第4种情况：还有第四段"怅惘间，忽闻云中传来钟声，顿时，山鸣谷应，悠悠扬扬。安详厚重的钟声和欢快清亮的泉声，在雨后宁静的暮色中，相互应答着，像是老人扶杖立于门前，召唤着嬉戏往返的孩子"这里把钟声比作老人，把泉声比作孩子，可以看出泉声非常清亮、悦耳。

第5种情况："那柔曼如提琴者，是草丛中淌过的小溪；那清脆如弹拨者，是石缝间漏下的滴泉；那厚重如倍司轰响者，应为万道细流汇于空谷；那雄浑如铜管齐鸣者，定是激流直下陡壁，飞瀑落下深潭。"我觉得他在讲晚上的泉声有很多的层次和特点，有清脆的还有厚重的。

第三步：教师指导点拨。

教师：也就是说它的声音是多种多样的，有轻有重、有粗有细的。那么，大家想一下为什么声音有轻有重、有粗有细？

> 泉水的声音为什么有轻有重、有粗有细？

> 同学们要认真读文本,圈画文中对泉水进行描写的语句并合理想象泉水所流经之处以及泉水所呈现的状态,同时要联系我们的生活实际。

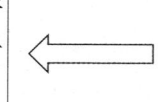

第四步:学生静心独立思考,读出认识、读出感受,个体准备答案。

教师预设:学生可能会想到声音的不同,各种各样。不会想到泉水存在的形式多种多样。

给学生五分钟的时间,安排学生静心独立思考。指导学生做好圈点批注,写好认识和感受,做好回答问题的准备。

学生准备答案。

第五步:教师指定学生个体展示答案,教师视情况适当指导点拨重点和相关注意。

学生答问预设:

第1种情况:我认为是泉水经过的地方不一样,第一种是从草丛流过,声音比较小,甚至可能有的时候都没有声音;第二种应该是小瀑布,水流很细的那种,虽然比之前的声音大,但声音也不是特别大。

第2种情况:第三种应该是那种特别大的飞瀑,声音特别大还特别雄浑。

教师:鼎湖山的泉水有时变作小溪,有时成为滴泉,有时又是以激流和飞瀑的形式出现。虽然内容是一样的,都是山泉,但它因流经地不同而形成了不同的姿态,所以,可以这样说,鼎湖山的泉水姿态万千。

第3种情况:我找到的是"这万般泉声,被一支看不见的指挥棒编织到一起,汇成一曲奇妙的交响乐"。我觉得这句话说明泉声的悠扬。因为把泉水比作交响乐,交响乐就是悠扬的,所以,泉声也是悠扬的。

教师:同学们总结得不错,鼎湖山的泉水是清脆的,是悠扬的,是姿态万千的,再看看文章中还有哪里也是写泉水的,我们还没有注意到的。请同学们再思考一下。

学生答问预设:"进山方知泉水非止一脉,前后左右,草丛石缝,几乎无处不涌,无处不鸣。"我们组认为这句说明泉水流经的面积广。

教师:这句话还能看出泉水有什么特点？

学生答问预设:

第1种情况:从两个"无处"说明泉水到处都有,无处不在。

第2种情况:这句话还可以看出泉水特别丰富。

教师:如果用来形容水,还是用"丰沛"这个词更好。

教师:同学们,以上我们概括了泉水的特点,它丰沛、清脆、悠扬,姿态万千。我们要注意在概括景物特点的时候要先圈画出描写景物的语句并用恰当的词语概括,如果表述的是同一个意思,要进行归纳。那么,这篇文章除了写泉水还写到其他什么景物?这些景物又与鼎湖山的泉水有什么关系呢?

学生答问预设:补山亭、鼎湖山、庆云寺、菩提树。

| 下面请同学们跳读课文找出这些与泉水似乎无关的内容,并思考他们与泉水的关系。 | ← | 找到这些内容之后,首先概括他们的特点,再思考这个特点与泉水的关系。 |

第六步:小组讨论归纳答案。

教师:下面请同学们跳读课文圈画除泉水之外的内容,概括其他景物的特点。再思考他们与泉水的关系。一组重点讨论"鼎湖山"。二组重点讨论"庆云寺"。三组重点讨论"补山亭"。四组重点讨论"菩提树"。下面为了帮助大家了解请同学们先了解一下相关资料。

鼎湖山:是岭南四大名山之一,于肇庆城区东北18公里,位于北纬23°10&acute,东经112°31&acute。因地球上北回归线穿过的地方大都是沙漠或干草原,所以鼎湖山又被中外学者誉为"北回归线上的绿宝石"。1956年,鼎湖山成为我国第一个自然保护区。1979年又成为我国第一批加入联合国教科文组织"人与生物圈"计划的保护区,建立了"人与生物圈"研究中心,成为国际性的学术交流和研究基地。

鼎湖山面积1133公顷,最高处的鸡笼山顶高1000.3米,从山麓到山顶依次分布着沟谷雨林、常绿阔叶林、亚热带季风常绿阔叶林、针叶林、灌木丛等森林类型,而保存较好的南亚热带森林典型的地带性常绿阔叶林是有四百多年历史的原始次森林。鼎湖山因其特殊的研究价值闻名海内外,被誉为华南生物种类的"基因储存库"和"活的自然博物馆"。

这里有野生高等植物1856种,其中,珍稀濒危的国家重点保护植物23

种;以鼎湖山为原生地的植物有30种。鼎湖山多样的生态和丰富的植物为动物提供了充足的食源和良好的栖息环境。因此这里的动物种类和数量也很多,有鸟类178种,兽类38种,其中国家保护动物15种,1998年12月,经中南林学院森林旅游研究中心测定,鼎湖山的负离子含量最高达到105600个/立方厘米,为目前国内所测定的最高的负离子含量区。

庆云寺:鼎湖山自唐代以来就是著名的佛教圣地和旅游胜地。公元678年,禅宗六祖惠能的弟子智常禅师在鼎湖山西南之顶老鼎创建白云寺,此后,高僧云集,周围建起三十六招提,前来朝拜、游览的香客、游人越来越多。明崇祯年间,即公元1633年,山主梁少川在莲花峰建起莲花庵,第二年又迎来高僧栖壑和尚入山奉为主持,重建山门,改莲花庵为庆云寺,到了清代,庆云寺规模越来越大,成为岭南四大名刹之首。

第七步:指定组代表展示本组归纳的答案。

教师:大家讨论完毕,现在请一组代表为大家阐释鼎湖山与泉水的关系。

第一组:通过阅读有关鼎湖山的材料我们知道鼎湖山是我国的第一个自然保护区,有非常丰富的动植物资源,树木种类特别丰富。这是因为鼎湖山的泉水特别丰沛。有了丰沛的泉水鼎湖山的树木才能很好地成活,才能繁衍出更多的种类。从第三段"山径之幽曲,竹木之青翠"。第四段"满眼确是一片浓碧。远近高低,树木枝缠藤绕,密不分株,沉甸甸的湿绿,犹如大海的波浪,一层一层,直向山顶推去"。说明树色碧绿、数量众多。"沉甸甸、湿绿"说明植物的水分特别大,这也是因为泉水的丰沛所致。

教师小结:通过一组同学的分析我们知道鼎湖山的植物特别丰富,到处是浓郁的绿,到处是湿润的绿,这浓郁的、湿润的绿都是泉水所赐。也可以说,没有泉水就没有这一切。下面再请二组同学为我们讲讲庆云寺与泉水的关系。

第二组:"钟声来自半山上的庆云寺。寺院依山而造,嵌于千峰碧翠之中。由补山亭登四百余阶,即可达。庆云寺是岭南著名的佛教第十七福地,始建于明崇祯年间,已有三百多年历史。"从这里可以看出它的特点是依山而造,历史悠久。

有寺庙就有僧人,有僧人就要生活,就要建在有水的地方。所以,建寺时他们一定是看上了这里丰沛的泉水。因为鼎湖山的泉水特别丰沛,所以,开始建寺的僧人选了这个风水宝地。泉水滋养了一代又一代的僧人。由于泉水的丰沛,才使得庆云寺的规模不断扩大。

教师:二组同学结合课文内容,联系了生活实际,又有恰当的联想,这属于合理的推测。下面请三组同学说一说补山亭与泉水的关系。

第三组:我们注意到文中主要写补山亭中的对联"到此已无尘半点,上来更有碧千寻"。这句话的意思是说山下还有尘土,到亭子所在的位置就没有尘土了,再往上走就会看到更浓郁的、更葱茏的绿色。作者写这个对联是为了解释作者当时的感受。而作者之所以有这样的感受是因为这里的山泉丰沛,所以使得山中特别干净,空气特别清新。

我们组还有一种意见认为补山亭的楹联与泉水没什么关系,只是可能与当地的自然环境有关。雨水比较充沛所以就空气清新。

教师:这样的质疑精神是值得大家学习的。是的,有时我们也没有必要牵强地把景物与泉水联系上。这里其实作者就是借这个对联抒发一下自己当时的感觉,或者说是印证一下自己的感觉。而这种感觉也是鼎湖山的树木、环境给他的,树木、环境与泉水当然也有着必然的联系。下面请四组同学说说菩提树与泉水的关系。

第四组:"花丛中,两棵高大的古树,枝繁叶茂,绿阴如盖,根部护以石栏,显得与众不同。原来,这是两百多年前,引自锡兰国(今名斯里兰卡)的两棵菩提树。"能看出菩提树树龄很大,而且是从锡兰国迁过来的,并且生长得枝繁叶茂。我们认为菩提树之所以能够在科技不发达的古代从那么遥远的地方迁来不仅成活还生长得枝繁叶茂,是因为鼎湖山的泉水特别丰沛。

教师:是的,经过以上分析我们发现正是因为鼎湖山泉水的丰沛,才使得鼎湖山树木种类丰富、绿意浓郁。也正是泉水的经久不息才使得庆云寺有了悠久的历史并使远迁的菩提得以成活。

| 以上这些内容所表现的共同点是什么? | ← | 阅读文中第八段,用文中的词语进行概括。 |

学生答问预设:充满生机。

教师:所以正印证了文中第八段的最后一句"孕育生机,滋润万木,泉水就是鼎湖山的灵魂"。也就是说没有泉水就没有鼎湖山的枝繁叶茂,就没有庆云寺的悠久历史,远迁的菩提也不会成活。总之,没有泉水就没有生机。

教师：以上我们梳理了文章中那些与主题看似无关的内容。这些看似无关的内容我们要特别关注，要加以分析，弄清它与叙事主体之间的关系，这样才能理解作者的写作意图。我们经常说"卒章显志"，要注意文章结尾的议论句。那么，下面请大家默读第八段，找出能表现作者感悟的句子，思考它的内涵。如果有议论的表达方式要关注。

结合全文分析"在这泉水的交响之中，仿佛能够听到岁月的流逝，历史的变迁，生命在诞生、成长、繁衍、死亡，新陈代谢的声部，由弱到强，渐渐展开，升腾而成为主旋律"的内涵。	←	思考这样的句子内涵，我们要联系上下文，尤其要联系前文，看作者是基于什么发表的议论，还要结合整篇文章，理清作者的思路。

学生答问预设：

第1种情况："仿佛能够听到岁月的流逝，历史的变迁"，这里是指庆云寺悠久的历史。"生命在诞生、成长、繁衍、死亡，新陈代谢的声部，由弱到强，渐渐展开"，是指树木由诞生到繁衍到死亡的过程。

第2种情况："仿佛能够听到岁月的流逝，历史的变迁"，是指朝代的更替。"生命在诞生、成长、繁衍、死亡，新陈代谢的声部，由弱到强，渐渐展开"，是指鼎湖山中所有植物的繁衍和死亡的过程。

第3种情况："生命在诞生、成长、繁衍、死亡，新陈代谢的声部，由弱到强，渐渐展开"，应该还是指鼎湖山中所有动物的繁衍和死亡的过程。

第4种情况："生命在诞生、成长、繁衍、死亡，新陈代谢的声部，由弱到强，渐渐展开"，也有可能指人的繁衍和死亡的过程。

教师：同学们回答得非常好，层层深入，由树木想到植物，由植物想到动物，由动物想到人。我们在思考问题时就应该这样发散自己的思维，让它不断发散、延伸。我们想问题才会更全面。当然，这段话也可以看作是作者在夜晚与鼎湖山、与山泉、与自己、与生命的对话。

教师：泉水伴随着鼎湖山树木的诞生、成长、繁衍、死亡，伴随着庆云寺的建设、繁盛、衰败又兴盛。永远不变的是汩汩流淌的泉水，永远不变的是勃勃生机，永远不变的是生命的轮回。

教师归纳方法：文章的结尾作者往往要用议论的表达方式表述自己的感悟，所以，"卒章显志"大家要铭记，而且作者的感悟往往会在所述景物的基础上上升到一个哲学的层面，往往是对生命、对人生的感悟。如《目送》作者就是在一次次目送儿子、父亲离开后有了对亲子关系的思考。《紫藤萝瀑布》也是由对紫藤萝的描写上升到了对人生的思索。

教师：第八段有生动形象的描写，有发人深省的感悟，请同学们带着自己的感受大声朗读第八段。

第八步：教师评价，确认答案，升华强化和提出相关注意。

教师：我们在以上的学习中理解了文章主旨，感受了语言美，而且经过大家的分析，我们知道鼎湖山泉水丰沛，泉声悦耳动听，姿态万千，孕育了勃勃生机。那么，以后我们再看到这样的文章需要注意什么呢？第一，读文章由题目入手，找到叙述主体的特点。第二，在文中画出关于叙述主体的描写性语句并进行概括。第三，找到文中似乎与叙述主体无关的内容，思考作者的用意。第四，关注文章结尾，找出表达作者感悟的句子，思考作者的写作意图。如果有议论句尤其要注意。

教师：为了检验同学们是否真正读懂文章，请大家再次阅读全文并针对文章内容提出问题。

读文本后，学生设计问题预设：

第1种情况：鼎湖山的泉水有什么特点？

第2种情况：结合文章内容谈谈鼎湖山泉水的特点。

第3种情况：文中提到的庆云寺、菩提树与泉水有什么关系？

课堂总结

本文作者用优美的文字描绘了自己在鼎湖山听到的独特的泉声，抒发了自己别样的感受。有对泉声的赞叹，也有对生命的慨叹。正是这丰沛悦耳的泉水孕育了鼎湖山的生机盎然。读这样的文章，我们不仅要朗诵优美的文字还要透过文字找到特点。尤其要关注作者的感悟，探究文章结尾处的议论句，弄懂作者的写作意图，并且我们也要学会赏析优美的文字，感受用字的巧妙。

【板书设计】

鼎湖山听泉
谢大光

树木种类丰富，满眼浓碧
庆云寺历史悠久，枝繁叶茂 ｝ 生机 ← 孕育 ← 丰沛　悦耳　姿态万千
远迁菩提成活数百年

【智慧训练】

桐花声里燕子飞
郑小琼

①院子里有数棵梧桐树、榆树、槐树，以及几株苦楝树，春天来了一段时间了，那些榆、槐、楝早已舒展开已绷了一个冬天的愁容，只有临近水井那几株梧桐树还没有一点儿绿意。春风又吹过了几天，那些树早已盛装了，这时梧桐树才像一个姗姗来迟的女子一样，慢慢从闺房里探出头来。牙瓣儿的楝花已洒满了整个院子，淡嫩淡嫩地铺着，你拿起扫帚开始清扫它们，等你清扫干净的时候，在不经意的抬头间，你发现井台边那几株梧桐树已露出了花骨朵儿了。又下了一场春雨，几个暖暖的春风天，那些桐花便一簇簇一束束的开了。

②村子里人忙着到庄稼地里去了，给隔冬的小麦锄草，或是准备牵牛耕田，浸种下泥，没有一个人有空闲去注意井边那几株桐树开花了。它们站在井台边，默不作声，寂寞地开着，老去，落下。<u>幸好去年相识的几只燕子飞回了，它们落在那桐树上喃喃说个不停，出了一趟远门，见了一些世面，燕子们有很多路上有趣的事儿同这位老友说。</u>

③六岁那年，一个不小心，我的腿让开水烫伤，疼痛难忍。惊动正在梧桐树下洗衣的母亲，她飞快地跑了过来，顺手从树枝上捋了一把桐花，放在手中揉搓，从那嫩嫩的花瓣儿搓出一些汁来，母亲把它敷在我伤口上，那尖酸的疼痛渐渐淡了下去。如今隔母亲在千里之外，离屋后梧桐也有千里之遥，再深的疼痛也没有母亲与梧桐了，只能自己贴上那没有一点人情味的创可贴了。

④在故乡，无论谁家，只要生了个女儿，便总会在屋前屋后栽种数棵梧

桐，以求女儿成凤凰时，将有梧桐栖，或者女儿们长大以后，用梧桐木做嫁妆。母亲说，我家井边的那几棵便是生我之时种的，它们在家里院落里开开落落有二十多年了。一直没有引来凤凰栖，却引数只燕子在上面筑巢安家。母亲一直说，燕子是奔波命，年来年去，南来北往的奔波着，我何尝不是一只奔波的燕子，但是人在异乡，也没有梧桐可栖。前些时候收到母亲的来信，说我的年龄不小，家里的那几株梧桐树也有那么大了，是不是该砍了做嫁妆了。我没有回答母亲，只是在电话中问她梧桐树上的燕子们可好。

⑤昨夜又是一场春雨，想来在昨夜风雨中，故乡井边那几棵梧桐树又有多少桐花让风雨抖落下来，它们该顺着那涓涓细雨汇成的流水，入河，入江，入海，消融在世界的尽头。那在风雨中的燕子是否安好？

1. 细读全文，说说"我"和燕子有何相似之处，为何作者说"我何尝不是一只奔波的燕子"？

2. 画横线的句子写出了一幅怎样的情景？表达了作者怎样的情感？

3. 最后一段文字用了怎样的表现手法？文章这样结尾有何表达效果？

附　参考答案

1. 燕子每年都要迁徙一次，"我"家的梧桐树成了它们归来的家；"我"长年奔波在外，故乡的家是"我"能够停歇的地方。

2. 写出了燕子迁徙归来后在梧桐树上兴奋和鸣的情景。表达作者对这些活泼燕子的喜爱之情。

3. 运用了想象的表现手法。作者运用想象，再加上深情的询问，表达了对燕子的关切，也含蓄地表达了对故乡的思念，同时也起到了言有尽而意无穷的效果。

（编写　翟新平）

整体感知文章的主要内容,把握文章中心

向沙漠进军

【内涵释义】

整体感知文章的主要内容,是在阅读时要清楚地知道文章"写了什么""怎样写""为什么这样写"。整体感知说明文所说明的主要内容,要知道文章说明的是什么事物(或事理),从哪几个方面进行说明的,按照什么顺序,运用了什么方法进行说明的。说明文的中心就是一篇说明文的主要说明内容,把握说明文中心就是对文章有一个整体清晰的认识。

【引领读悟】

以《向沙漠进军》为例落实本点。

学习准备

学生认真预习,熟读全文,解决生字词问题。学生具备阅读一般说明文的基本能力,了解说明内容、说明方法、说明顺序等说明文的相关知识。具备基本的口头表达能力,能够积极地表达自己对问题的见解。

教师对文章内容进行解读,有自己的思考与理解,能引导学生在课上更好地整体感知课文内容,把握文章的中心。准备好学生课堂学习的方法指导,结合学生的实际问题,给予方法指导并能引导学生展开思维,帮助学生形成自己的学习能力。

导入新课

教师:(PPT播放沙漠对人类生活影响的图片)环境污染这个问题越来越引起人们的关注。面对严重危害人类生存的沙漠,人类难道就束手无策了吗?答案显然是否定的,不信,让我们一起来学习我国著名科学家、气象学家、地理学家竺可桢,经过多年考察研究,根据大量的事实和科学原理写成的题为《向沙漠进军》的文章。

>>> 整体感知文章的主要内容,把握文章中心

叙述目标

教师:本节课我们的学习目标是:首先,通过阅读文本划分文章结构,理解文本的主要内容,并学习用一段话来表述文章的写作思路的方法。其次,通过细读文本,在文中画出运用说明方法的语句结合具体语境来理解说明方法的作用。最后,通过整体感知文章内容,结合全文内容来理解文章的中心。

阅读渐进引领

第一步:初读课文,整体感知文章或语段。

教师:我们明确了本节课的学习目标,下面就请同学们快速默读课文,结合课文内容解释题目中"进军"一词是什么意思?我们应该首先明确"进军"的字典义,然后再结合题目的语境理解"进军"一词在题目中的具体含义。

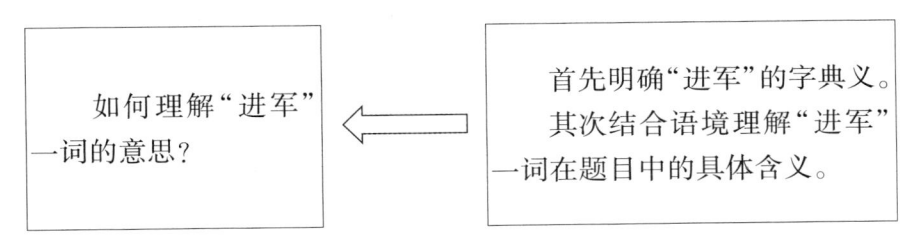

如何理解"进军"一词的意思?	⇐	首先明确"进军"的字典义。其次结合语境理解"进军"一词在题目中的具体含义。

学生:"进军"就是向某个目标前进。用在沙漠前面应该是治理,征服的意思。

第二步:进入问题解决,悟读质疑。

教师:说得不错,从题目来看本文主要说明治理沙漠的相关内容,那你看到这个题目可以提出哪些问题呢?我们可以从"写了什么""怎么写的""为什么写"这几个角度提问。

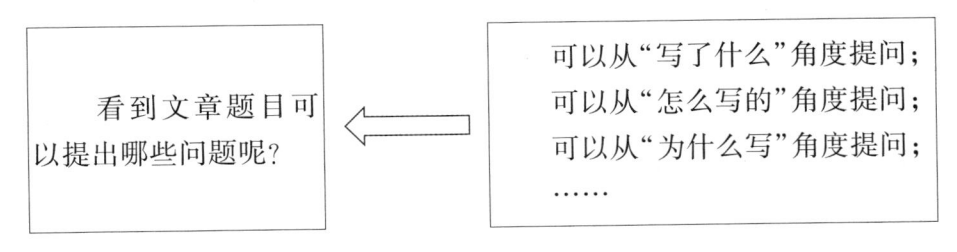

看到文章题目可以提出哪些问题呢?	⇐	可以从"写了什么"角度提问;可以从"怎么写的"角度提问;可以从"为什么写"角度提问;……

学生回答预设:

第一种情况:我提的问题是作者围绕着"向沙漠进军"会说明哪些内容?

第二种情况:我提的问题是为什么要治理沙漠?怎样治理沙漠?治理

沙漠的结果怎么样?

第三种情况:我提的问题是作者用什么方法来说明"向沙漠进军"这一内容?

第四种情况:我提的问题是作者用什么顺序来说明"向沙漠进军"这一内容?

教师:老师把同学们的问题归纳成为三个问题:第一,本文围绕着"向沙漠进军"说明了哪些内容?第二,作者运用什么说明方法,对这一内容进行说明的?第三,作者在说明这一内容时,运用什么说明顺序?下面请同学们快速默读课文,思考本文围绕着"向沙漠进军"说明了哪些内容?

第三步:教师指导点拨。

教师:我们要想概括本文围绕着"向沙漠进军"说明了哪些内容,首先需要划分文章的结构,然后再概括每部分的主要内容,最后用一段表明文章思路的话,概括全文的主要内容。下面请同学们先划分一下本文的段落结构。

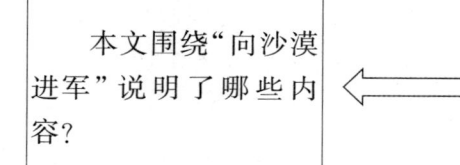

本文围绕"向沙漠进军"说明了哪些内容?	⬅	首先,划分结构。 其次,简要概括每部分的主要内容。 最后,用一段表明文章思路的话概括全文的主要内容。

学生回答预设:本文分为三部分。第一部分为第1段至第4段,说明沙漠对人类的危害。其中第1—3段指出了沙漠与人的关系,沙漠对人类危害的严重性,说明了向沙漠进军的必要性。第4段分析了沙漠危害人类的武器和方式。

第二部分为第5段至第8段,说明征服沙漠的方法。其中第5—6段说明抵御风沙和沙丘的具体办法。第7—8段介绍采取攻势的积极办法。

第三部分为第9段至第13段,说明沙漠是可以征服的,并向人们展示了征服沙漠、利用沙漠的美好前景。

教师:分析得很准确。谁能用一段表明作者思路的话概括一下本文围绕"向沙漠进军"说明了哪些内容呢?

> 整体感知文章的主要内容,把握文章中心

| 谁能用一段表明作者思路的话来概括一下本文围绕"向沙漠进军",说明了哪些内容呢? | ⬅ | 首先明确每部分说明的主要内容,然后用"首先说明了……然后说明了……接着说明了……最后说明了……"的格式说一段表明思路的话来概括本文的主要内容。 |

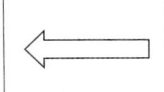

学生回答预设:本文首先说明了沙漠的危害,然后说明了征服沙漠的方法,最后说明了人类能够征服沙漠,利用沙漠中的资源。

教师:这位同学说出了本文的主要说明内容,但是请同学们注意还应该关注每个部分之间的联系,这样才能更清楚地把作者的思路表达清晰。谁能再说一下?

学生回答预设:本文围绕着"向沙漠进军"首先说明了沙漠对人类危害的严重性和危害人类的武器和方式,然后针对沙漠危害人类的武器和方式说明了人类征服沙漠的主要方法,接着说明了沙漠是可以征服的,并向人类展示了征服沙漠的结果,最后说明了人类利用沙漠的美好前景。

教师:这位同学不但说出了本文写作内容的先后顺序,同时还把每部分之间的内部联系表达清楚了。这样作者的写作思路我们就清楚了。那么,我们根据作者的写作思路,思考一下,本文的说明顺序是什么呢?

学生回答预设:本文先说明了沙漠危害人类的严重性,接着介绍了沙漠危害人类的武器是风和沙,危害人类的方式是"游击战"和"阵地战",然后针对沙漠肆虐的方式和武器来介绍征服沙漠的方法,最后介绍征服的结果和利用沙漠的美好前景,运用的说明顺序是从现象到本质、从原因到结果的逻辑顺序。

第四步:学生静心独立思考,读出认识、读出感受。

教师:我们整体感知了本文的主要内容,在整理作者思路的过程中也理清了本文说明的逻辑顺序。课文用什么说明方法说明了"向沙漠进军"这一内容呢?这些说明方法又分别有什么作用呢?请同学们默读全文,圈画批注出作者所运用的说明方法,并结合具体语境分析各种说明方法的作用。

> 课文用什么说明方法说明了"向沙漠进军"这一内容呢？请在原文圈画批注出来，并且结合具体语境说明它的作用。

> 首先默读全文，圈画批注作者所运用的说明方法。其次从"用了什么方法，怎样地说明了说明对象的什么特点"这三个方面表述说明方法的作用。

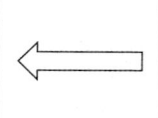

第五步：教师指定学生个体展示答案。

教师：下面请同学们展示自己的答案。

学生回答预设：

第一种情况："沙漠地区空气干燥，日光的照射特别强烈。那里日照时间又特别长，一年达到3000小时，而长江流域只有1500小时，华北地区也不过2500小时。"这句话运用了作比较和列数字的说明方法，突出说明了沙漠地区日照时间长的特点。

第二种情况："10厘米以下，水分含量逐渐增大，到40厘米的深处，水分含量达到2%以上，这就是湿沙层了。"这句话运用了列数字的说明方法，具体、准确地说明了湿沙层的位置和不同湿沙层水含量。

第三种情况：本文第二自然段和第三自然段运用举例子的方法，分别举"地中海沿岸地区逐渐变成荒漠"和"我国陕北榆林地区受到风沙侵袭"的例子，生动形象地说明了沙漠对人类的危害，使文章更有说服力。

第四种情况：在说明沙漠对人类危害时，指出"沙漠逞强施威，所用的武器是风和沙"；在说明风沙的两种主要进攻方式时，指出"一种可以称为'游击战'"，"一种可以称为'阵地战'"，这些都是运用了分类别的说明方法，这样分类进行说明，使文章的说明更加有条理。

第五种情况：文章把"风和沙"比成沙漠进攻人类的武器，把沙漠进攻人类的两种方式比作"阵地战"和"游击战"这些都运用了打比方的说明方法，更加生动形象地说明了沙漠向人类进攻的方式。

第六种情况："中国科学院力学研究所在托克逊地方试制了半径两米的风力车，可以供发电、汲水、磨面之用。""日光可以用来发电，取暖，煮水，做饭。沙漠湖水含盐，日光使水蒸发，可以取得蒸馏水和盐。把日光变为热能和电能的最良好的工具是半导体，估计将来有可能在沙漠里用便宜的半导体做屋顶，人住在里边冬天不冷，夏天不热。"这几句话都运用了举例子的说明方法,具体地说明了可以利用沙漠中的一些资源为人类造福。

教师:同学们准确地找出了本文所用的说明方法,并且分析也很到位。

第六步:小组讨论归纳答案。

教师:通过以上的分析,我们从整体上感知了本文说明的主要内容,明确了本文的说明顺序和所运用的说明方法及其作用,对本文说明的中心有了一个整体清晰的认识。下面请同学们结合课文内容,小组讨论一下作者为什么要写这篇文章呢?

请同学们结合课文内容小组讨论一下,作者为什么要写下这篇文章呢?	⬅	关注文章题目。 关注行文过程中含有作者感情倾向的语段。 关注文章的结尾。

第七步:指定小组代表展示本组归纳的答案。

教师:下面就请各组的代表来展示本组的答案。

学生回答预设:

第一种情况:从文章的题目上看,"进军"一词表明沙漠是我们人类的敌人,文章中还写到沙漠是最顽强的自然敌人之一,所以,作者写这篇文章是想告诉所有的读者,治理沙漠已经刻不容缓了,并帮助我们树立战胜沙漠的决心,让我们赶紧行动起来,一起想办法治理沙漠,征服沙漠,不让沙漠再危害人类。

第二种情况:在文章中除了说明治理沙漠的方法,还具体说明了沙漠地区是有充足的水源的,而且在第 10 自然段还写到"沙漠是可以征服的"。在党中央和毛主席的领导下,我们有计划地向沙漠展开攻势,已经取得了若干成绩,还举了新疆建设兵团在天山南北建立国有农场治理沙漠成功的例子,所以,从这些内容来看,作者写这篇文章是要告诉我们,人类已经有了成功征服沙漠的例子,从而帮助人们树立战胜沙漠的信心,呼吁人们一起行动起来向沙漠进军。

第三种情况:文章的 11、12 自然段说明了人们是如何利用沙漠里的资源为人类造福的。同时还在最后一段中写到"我们一定能逐步改造沙漠,使沙漠成为耕地和牧场,为人民服务",从这些内容上来看,我认为作者写这篇文章是告诉人们除了要积极治理沙漠之外,还应该积极探索、研究,好好利用沙漠里的资源为人类造福。

第八步,教师或学生评价,确认(或补充)答案,升华(强化)做这类题重点的、带规律性的、学习方法的、掌握要求(明确积累内容)和相关注意。

教师:同学们思考得不但全面而且有深度。老师很高兴你们能够一分为二地看问题。作者写这篇文章确实想告诉我们,沙漠是人类最顽强的自然敌人之一,它所到之处,森林全被摧毁,田园全被埋葬,城郭变成丘墟,但是我们也有许多成功治理沙漠的例子,所以,只要我们有决心、有信心,找对方法就一定能征服沙漠,但是同时作者也告诉我们任何事物都是有两面性的,我们还应该合理开发、利用沙漠中的资源,让它为人类造福。这就是竺可桢老先生写这篇文章的目的。

课堂总结: 本节课我们学习了从划分文章结构,概括每部分主要内容(说明什么),理清文章说明顺序,找出文章中所运用的说明方法并分析其作用(怎么说明的),明确作者的写作目的(为什么这么说明)这几方面,整体感知了文章的主要内容,把握了文章的中心的方法。在这个过程中我们注意在表达作者行文思路的时候,除了注意要有表示先后顺序的词语,例如:首先、然后、最后等之外,还要表达出每部分之间的内部关系,这样才能更准确地理清作者的思路,把握文章的说明顺序。同时,应该一分为二地看问题,这样思考问题才更全面。

【板书设计】

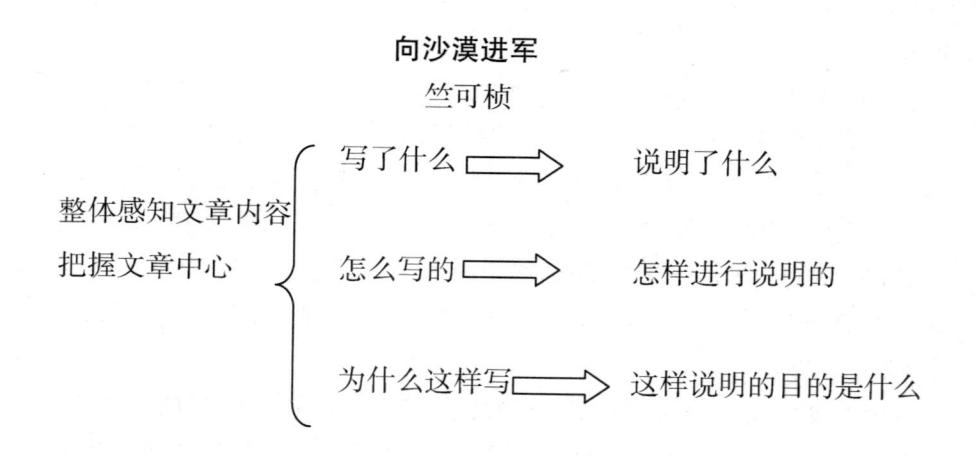

向沙漠进军
竺可桢

整体感知文章内容
把握文章中心
- 写了什么 ⟹ 说明了什么
- 怎么写的 ⟹ 怎样进行说明的
- 为什么这样写 ⟹ 这样说明的目的是什么

【智慧训练】

阅读《变害为宝话烟草》一文,回答1—3题。

变害为宝话烟草

陈夏洁

由于抽烟有害身体健康,污染环境,所以,世界各地讨伐烟草的运动正风起云涌。与此同时,科学界却另有一支异军突起的队伍,设法使烟草变害为宝。

医学界认为,烟草具有广泛的医用价值。美国已成功地培养出抗体烟草,从中提取抗癌抗病毒干扰素,对肺癌具有良好的治疗作用。瑞典科学家将人体基因注入烟草苗株,在收获的烟草中提取到血液蛋白质活化剂——TPA,它具有溶解血液凝块的神奇功效,是医治心脏病的良药。此外,烟草中还含有一种可以帮助制造黑色素的酶,可用于防止因阳光曝晒而诱发的皮肤癌。

生化学家认为,烟草是一种不可多得的高蛋白质源。早在40年代,科学家就开始以烟草蛋白作为食物的尝试,近来有了突破性的进展。美国加利福尼亚大学生物学教授威尔德曼,成功地提取到烟叶可食蛋白质,其结晶体的外观颇似味精,毫无烟臭味,蛋白质的纯度竟高达99.78%,使大豆、牛奶和鸡蛋等高蛋白食品望尘莫及。

营养学家也瞄准了烟草,认为烟草比起乳酪、牛奶和鸡蛋来,是一种更好的营养蛋白质。他们采用一种简易的工艺技术,便可滤除烟草中的尼古丁、毒素和其他有害人体健康的物质,得到纯蛋白粉。这种纯蛋白粉不含食物热能,可用在各类食品中,是一种很有价值的营养资源。

在美国加利福尼亚和波士顿,已有数家食品公司开始用烟草中提取的蛋白质晶体加工成各种食品。有的将烟草蛋白加水稀释,制成像鸡蛋清一样的溶液,有的加糖烘烤,制成美味的糕饼;有的适当加卤,制成既白又嫩,美味可口的豆腐;有的采用冰冻,制成松软的奶油冰激凌。

农药研究专家也打开了新视野,使烟毒改邪归正,把滤除出来的烟草毒素制成植物性杀虫剂,能毒杀100余种害虫,而对青蛙等益虫无害,是一种没有化学后遗症的新农药。

由此看来,人类不必以斩草除根的方式对待烟草,而应设法让它转业,变害为宝,造福人类。

1. 阅读短文,概括本文说明的主要内容。

2. 分析文章中画线句子运用了什么说明方法,它的作用是什么?
3. 本文主要运用了什么说明顺序?

附 参考答案

1. 作者首先总体说明科学界设法使烟草变害为宝。接着从医学、生化学、营养学、农药研究学等角度说明烟草的价值,为烟草正名。
2. 这句话运用了列数字和作比较的说明方法,具体、突出地说明了烟草是一种不可多得的高蛋白质源,而且蛋白质含量极其高。
3. 本文主要运用了从特点到用途的逻辑顺序。

(编写 李蕊)

整体感知文章的主要内容,把握文章中心

奇妙的克隆

【内涵释义】

整体感知是指读完一篇文章后对文章的整体领悟。对说明文进行整体感知就是阅读者着眼于全篇,综合运用学过的各种语文知识和语感,明确文章所说明的事物及其特点,理解文章所说明的事理及其意义,理清说明思路,把握写作意图,从而完成对文章的宏观把握。

【引领读悟】

以《奇妙的克隆》为例落实本点。

学习准备

熟读课文,读准字音,了解课文中出现的科学术语,如:"囊胚细胞""体细胞""高度分化"等的意思。

查阅生物书或其他资料,了解"葡萄""草莓""土豆"等一些低等生物靠自身一部分进行繁殖的情况。

知道什么是具体信息和概括信息、主要信息和次要信息。

导入新课

同学们,这节课,我们来学习一篇科技说明文《奇妙的克隆》。我国早在明代就有关于克隆的设想。大作家吴承恩在《西游记》中曾赋予孙悟空几种神力,其中有一种就是可以在紧要关头拔一把毫毛变出一大群猴子,猴毛变猴就是克隆。

教师过渡:同学们曾经见过哪些克隆的例子吗?

学生回答预设1:绿萝的茎折断后插在土里可以再长出新的一棵绿萝。

学生回答预设2:发芽的土豆切成几块种到地里就又长出几棵新的土豆秧子。

教师过渡:这些就是文学作品和我们身边的"克隆",那么,著名的遗传

学家谈家桢又是怎样向我们介绍"克隆"的呢？

请看我们本节课的学习目标。

叙述目标

教师：本节课，我们将通过筛选信息、比较、替换等方式来明确本文说明的对象，弄懂克隆的含义，理清多个克隆试验之间的关联，进而明确本文说明的中心，理解作者的写作意图。

阅读渐进引领

第一步：学生读文本，初步感知文章，明确积累内容。

教师：请同学们打开课文，先自己大声朗读，再同桌互读。画出自己最喜欢的句子和读不懂的内容。

学生齐读，同桌读，注意朗读的语气和停顿节奏。

学生说出自己喜欢的词语或句子，并阐明理由。

学生回答预设1：我喜欢"科技进步是一首悲喜交集的进行曲"。这句话是比喻的说法。

学生回答预设2：我喜欢"关于克隆的设想，我国明代的大作家吴承恩已有精彩的描述——孙悟空经常在紧要关头拔一把猴毛变出一大群猴子，猴毛变猴就是克隆猴"。读这句话的时候，我头脑中一下子就出现了"一把猴毛变出一大群猴子"的画面，对"克隆"的理解也加深了。

第二步：进入问题解决。

学生在小组内交流自己的困惑，以组为单位将问题分类整理，之后各组汇报问题分类情况。

学生提出问题预设1：题目说是"奇妙"的"克隆"，"克隆"究竟"奇妙"在何处？

学生提出问题预设2：这篇文章和我以前看的文章最大的不同之处就是每个部分之前都有一个小标题，这些小标题有什么作用？

学生提出问题预设3：课文的第二、第三部分都是关于克隆的研究，为什么要分成两部分写？

学生提出问题预设4：课文第四部分的标题是"克隆技术造福人类"，但是在这部分里又说"科技进步是一首悲喜交集的进行曲"，这样说不矛盾吗？

教师：（抛出问题）同学们提出的问题很多，这些零散的问题都可以归结到一个主问题上来。那就是：这篇文章向我们进行说明的中心内容是什么？为了回答这个主问题，我们先来探讨几个分问题：这篇课文向我们介绍的是什么？克隆到底是什么？第二、三部分为什么要分开写？第四部分的标题和内容相符吗？

第三步：教师指导点拨。

教师抛出分问题一：接下来，我们就来研讨第一个问题：这篇课文向我们介绍的是什么？

学生回答预设：这篇文章向我们介绍的是"奇妙的克隆"。题目已经说得很清楚了。

教师追问：什么是克隆？同学们知道吗？

学生回答预设：一个细胞经过20分钟左右就可一分为二；一根葡萄枝切成十段就可能变成十株葡萄；仙人掌切成几块，每块落地就生根；一株草莓依靠它沿地"爬走"的匍匐茎，一年内就能长出数百株草莓苗……凡此种种，都是生物靠自身的一分为二或自身的一小部分的扩大来繁衍后代的，这就是无性繁殖。无性繁殖的英文名称叫"Clone"，音译为"克隆"。

教师点拨、引导：克隆是什么？通过作者的介绍，我们知道了，克隆是生物繁衍后代的一种方法，是针对生物而言。在第一部分里，作者都列举了哪些种类的生物克隆？

学生回答预设1：细菌、葡萄、仙人掌、草莓。

学生回答预设2：还有动物。

学生回答预设3：有微生物、植物、动物。

教师适当点拨并过渡：就分类而言，前两个同学的回答分类不准且不全面。第三个同学的回答准确而全面。既然生物的克隆包括微生物、植物、动物，那么，请问同学们：这三类生物克隆的方式是否完全相同？请从课文中提取相关信息回答。

学生回答预设1：没有区别，都是无性繁殖。

学生回答预设2：微生物克隆最容易，植物次之，动物克隆比较麻烦。

学生回答预设3：课文第二段交代：动物克隆需要借助"外科手术"和"特殊方法"，而微生物"细菌经过二十分钟左右就可一分为二"，植物"仙人掌切成几块，每块落地就生根"。可见，微生物和植物克隆相对来说比较简单。

教师过渡：那么就有一个新的问题需要大家深入思考：

| 本文所说明的中心是否针对微生物、植物、动物这三类生物？ | ← | 先阅读第一部分所举的例子并理清安排顺序，再结合文章其他部分所举例子综合考虑。 |

学生静心独立思考。

学生个体展示答案，全班交流。

学生回答预设1：虽然文中提及了三类生物，但是作者说明的中心是动物的克隆。

学生回答预设2：在课文第一部分里作者虽然提及了细菌和其他植物，但都没有具体展开。但是在第二段，全段以假设的方式举例，详细说明动物克隆的情况。所以，作者说明的中心是动物的克隆。

学生回答预设3：第三段举的例子也是动物的克隆。

学生回答预设4：课文第二部分、第三部分都是关于动物克隆的试验。

学生回答预设5：课文第四部分的标题是"克隆技术造福人类"，其中，所举的都是通过人工技术手段克隆动物或克隆人体器官来造福人类的事例。

学生回答预设6：课文中大量的事例都是在说明怎样通过人工技术手段来克隆动物。所以，本文的说明重点应该是动物克隆。具体说就是，人工操作的动物无性繁殖的生物技术。

教师针对预设具体指导：阅读说明文首先必须要知道说明的对象是什么，即作者在给读者介绍什么。如何快速准确把握住说明对象，从刚才同学们的学习过程可得知，既要关注文章题目，又要仔细阅读文章中所举的例子，尤其要仔细考量这些例子的共同指向，这样才能找准说明的重点。

教师抛出分问题二：接下来，我们来研讨第二个问题：克隆到底是什么？我们需要仔细研读第一部分，看看这一部分在写什么。通过第一部分的小标题，我们很容易就知道这部分就是要告诉我们"什么是克隆"。我想请同学们在不改变原意、不使用疑问词的情况下重新为第一部分命制小标题。

学生回答预设1：介绍克隆。

学生回答预设2：克隆的含义。

学生回答预设3：生物的克隆。

学生回答预设4：克隆的定义。

教师略做点拨:第一个答案范围过于宽泛,整篇文章都是在介绍克隆,只是角度不同而已。第三个答案虽然对克隆一词进行了限制,但是克隆本来就只对生物体而言,非生物不存在克隆的问题,所以此限制属于无效。第二和第四个答案比较准确地反映了这一部分的主要内容。下面我们进行深入研讨:

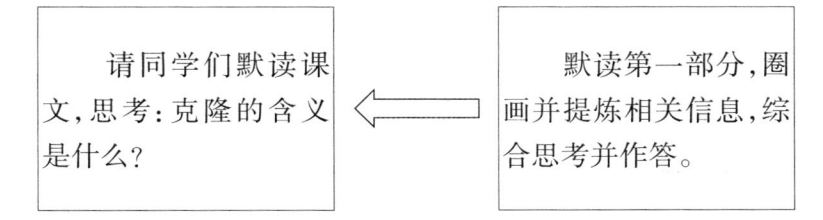

| 请同学们默读课文,思考:克隆的含义是什么? | ⬅ | 默读第一部分,圈画并提炼相关信息,综合思考并作答。 |

学生静心独立思考,在书上圈画,再以组为单位交流。

学生个体展示答案,全班交流。

学生回答预设1:一个细菌经过20分钟左右就可一分为二;一根葡萄枝切成十段就可能变成十株葡萄;仙人掌切成几块,每块落地就生根;一株草莓依靠它沿地"爬走"的匍匐茎,一年内就能长出数百株草莓苗……

学生回答预设2:凡此种种,都是生物靠自身的一分为二或自身的一小部分的扩大来繁衍后代,这就是无性繁殖。无性繁殖的英文名称叫"Clone",音译为"克隆"。

学生回答预设3:凡此种种,都是生物靠自身的一分为二或自身的一小部分的扩大来繁衍后代,这就是无性繁殖,无性繁殖为"克隆"。

教师针对预设具体点拨、引导:

第一位同学所选择的文字叙述得很具体,是列举的一个一个的例子。这显然不是"含义"而是"现象",属于文段中的具体信息。

第二个同学所选择的文字相对于第一个同学所选的文字而言更具有概括性,属于概括信息。

解释一个概念的含义应选择概括信息而非具体信息,因为具体信息是为了使读者更好理解概括信息而出现的。

第三个同学的答案和第二个同学所选择的概括信息基本相同,但是又比第二个同学的简练,字数少。第三个同学的答案相比第二个答案删去了"无性繁殖的英文名称叫'Clone',音译为'克隆'"。这样取舍,有没有道理?

学生回答预设1:我觉得删和不删没有多大区别。

学生回答预设2：是应该删去，但是说不好为什么。

学生回答预设3：我觉得应该删。因为删去的句子包含两个要点，一是克隆的英文名称，一是克隆这一读音的由来。而我们要回答的问题是"克隆的含义"，这两个要点与这个问题关系不大，所以可以删去。

教师强调：当主要信息和次要信息并存的时候，不要被次要信息干扰，才能抓住本质。

至此，我们认为克隆的含义可以这样表述：凡此种种，都是生物靠自身的一分为二或自身的一小部分的扩大来繁衍后代，这就是无性繁殖。无性繁殖为克隆。

请同学们深入思考：

| 作为对"克隆"含义的解释，"凡此种种，都是生物……无性繁殖，无性繁殖为克隆"一句话还有没有可商榷之处？ | ← | 从具体信息和概括信息如何取舍、句子成分是否完整、语句表达是否通顺等方面加以考虑。 |

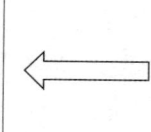

学生静心独立思考。

学生个体展示答案，全班交流。

学生回答预设1：我觉得那个"凡此种种"可以除掉，因为它是连接上文的。尤其这里边的代词"此"，指代上面说的例子，就是我们刚才最早删掉的那些具体的信息。

学生回答预设2：和"凡此种种"相对应的谓语"都是"也应该删掉。

学生回答预设3：把"无性繁殖为'克隆'"中的"为"改成"就是"，这样表达比较通顺。

学生回答预设4：这一句中出现两个"无性繁殖"，显得啰嗦，删去一个。

教师点拨过渡：按照同学们的建议，"克隆"的含义应表述为：生物靠自身的一分为二或自身的一小部分的扩大来繁衍后代的无性繁殖方式就叫克隆。

教师强调重点：通过区分概括信息和具体信息、主要信息和次要信息，我们准确地抓住了"克隆"的本质，理解了"克隆"的含义。这就是课文第一部分向我们介绍的重点。

教师抛出分问题三:针对课文的第二、三两部分,很多同学都有一个疑问:都是介绍克隆试验,为什么第二、三两部分要分开写呢?下面请大家阅读文章关于克隆试验的所有内容,即第二、三两部分,筛选出关于克隆试验的时间、对象、国家、结果、步骤等相关信息。

学生静心独立思考,按要求圈画相关信息。先组内交流,再全班展示。

学生回答预设1:第一个试验的时间是1979年,试验对象是鲫鱼,试验国家是中国,试验结果是克隆鲫鱼成功。试验步骤是:培养囊胚期细胞—吸出囊胚细胞核—除去卵细胞核—把囊胚细胞核放进核卵。

学生回答预设2:第二个试验的时间是1960—1962年,试验对象是爪蟾,试验国家是英国,试验结果是克隆爪蟾成功。试验步骤是:照射卵细胞破坏细胞核—取出的肠、肝、肾细胞核—把取出的肠、肝、肾细胞核放进破坏了细胞核的卵细胞。

学生回答预设3:第三个试验的时间是1978年,试验对象是黑斑蛙,试验国家是中国,试验结果是克隆黑斑蛙成功。试验步骤是:将红细胞核移入去核卵。

学生回答预设4:第四个试验的时间是黑斑蛙克隆成功之后,试验对象是两种不同的鱼——鲤鱼和鲫鱼,试验国家是中国,试验结果是克隆鲤鲫鱼成功。试验步骤是:鲤鱼胚胎细胞核取代鲫鱼卵细胞核。

学生回答预设5:第五个试验的时间是鱼类、两栖类克隆成功之后,试验对象是哺乳类里的鼠类,试验国家是美国和瑞士,试验结果是克隆鼠类成功。试验步骤是:取出灰鼠胚胎细胞核—用胚胎细胞核取代黑鼠受精卵细胞核—人工培养—植入子宫。

学生回答预设6:第六个试验的时间是1996年,试验对象是哺乳类里的羊类,试验国家是英国,试验结果是克隆羊类成功,克隆羊"多莉"问世。试验步骤是:给苏格兰黑面羊注射激素促使排卵、取出卵细胞核、取出芬多习特母羊乳腺细胞核、送入苏格兰黑面羊的去核卵中、脉冲刺激、植入子宫。

教师指导点拨:提取关于试验的基本信息,相对来说比较简单。我们从冗长的文字叙述中筛选这些基本信息的目的是用来观察比较,深入思考。各种不同的克隆试验的步骤,表面上看应该是不一样的。但是,当我们仔细观察,就会有新的发现。

引领读悟:通常阅读　>>>

> 纵向比较所有关于克隆试验的基本信息,思考:克隆试验共有的技术环节有哪些?

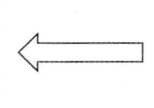

⇐

> 回看之前提炼出的相关信息,逐一比较,圈画重点,综合思考并作答。

学生静心独立思考。

学生展示答案,进行全班交流。

学生回答预设1:我觉得第一步是先提取生物体的体细胞或者胚胎细胞中的细胞核,第二步是除去这个生物体卵细胞的细胞核,最后把第一步提取出来的那个细胞核移入去核卵中。

学生回答预设2:这些共有的技术环节如果我们再给它高度提炼,就会发现,克隆实验的核心技术必有的一步就是"换核"。

教师强调重点,进行方法点拨:阅读说明文,一定要对文中所举的例子仔细研读,通过提取信息的方式来把握事例的要点。如果文中所举例子较多,要通过不同方式的比较找出异同,这样才能明白事例说明的目的。以上的学习过程,我们就是通过"纵比"找相同点。

教师将思考引向深入:刚才的纵比,我们比较的只是"试验步骤"这一项,而且进行比较的只是相同点。请同学们继续对"克隆试验"的其他基本信息进行纵向比较,发现不同点,用以反映三十多年间克隆试验的开展情况。

学生独立思考,个体准备答案。

教师指定学生个体展示答案。

学生回答预设1:从1960年到1996年,中国和外国,从鱼类到两栖类最后到哺乳类的克隆试验都成功了。关注了试验时间、试验对象、试验国家还有结果。

学生回答预设2:克隆动物的级别越来越高。

学生回答预设3:克隆试验的难度越来越大,开始只是在同一种动物之间进行,后来可以在同一种动物的不同品种之间进行。

学生回答预设4:克隆试验开展初期或者前期,大多是从胚胎细胞中提取细胞核,后来发展到可以提取大型哺乳动物的体细胞核。

教师点拨引导:通过对克隆试验不同点的纵比,我们了解了克隆试验的开展情况。在把握这些情况的基础上,同学们对于"第二、三两个部分为什么不放在一起写"的疑惑也应该有了一些新的想法。

> 假若把六个试验放到一部分来写,这部分的标题应该确定为什么才能准确反映六个试验的内在关联?

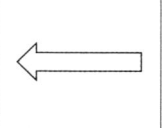

⟵

> 把六个试验进行多方面的比较,提取关于试验的重要信息,发现关联和区别,选择恰当的词语和句式加以概括。

学生回答预设1:克隆试验的开展情况。我觉得第二、三部分都是关于克隆的试验。

学生回答预设2:克隆鲫鱼出世前后。我觉得克隆羊多莉的出现是在克隆鲫鱼出世之后,所以,可以这样确定标题。

学生回答预设3:克隆试验的发展。这样确定标题更能把试验的过程由简单到复杂表现出来。

学生回答预设4:克隆技术的发展过程。"技术"和"发展"这两个词更搭配,而且也能反映出克隆试验由易到难的开展过程。

学生回答预设5:克隆技术的发展及飞跃。从克隆鲫鱼成功到克隆羊多利的出现都反映出克隆技术的发展进步。但是,原文把绵羊多利的克隆过程单作为一个部分与其他试验分开来写,就说明绵羊多利的克隆试验一定有它的独特之处,而且是之前克隆试验不具备的。通过筛选信息,我在文章第三部分发现这样一些非常有用的信息——"克隆羊"的诞生……证明动物细胞与植物细胞一样,也具有全能性。也就是说,动物的体细胞也有发育成完整个体的潜在能力。这些是之前的试验不能证明的,这正是克隆技术发展过程中的一个飞跃。

教师针对预设具体指导:前两个同学的回答并没有深入到每个克隆试验的具体内容中去,缺乏对每个克隆试验基本信息的比较思考。第三、四个同学的回答是在对每个克隆试验基本信息进行纵比之后得出的结论,有一定深度;从表达的角度看,第四个同学的回答更通顺。最后一个同学,不仅对每个克隆试验基本信息进行纵比,而且关注了其中一个试验和其他所有试验的比较,即"点"和"面"的比较,所以考虑得更全面。

教师强调重点,点拨思考方式:"比较"是一种重要的思维方式,不仅有"纵比",还有"横比";不仅有比"异",还有比"同";不仅有"点""面"之比,还可进行"点""点"之比,或"分类"比较。在实际阅读思考中,要根据文本的具体内容和不同的问题灵活选择"比较"的思考方式。到目前为止,针对本点的学习,我们已经在运用"纵比""比异""比同""点面之比"等思维方式解决问题。

教师引导:分析到此处,之前同学们头脑中的疑惑应该解决了。既然都是关于克隆试验的内容,为什么第二、三两部分要分开写呢?

学生回答预设:因为前五个试验和最后一个试验分别处于克隆试验发展的不同阶段,前五个试验是介绍克隆试验开展初期到克隆技术渐趋成熟的情况,最后一个试验——绵羊多利的克隆则是克隆技术发展过程的一个质的飞跃的阶段,有里程碑作用。所以,前五个试验作为一个部分,最后一个试验另起一部分。

教师抛出分问题四:不论是哪一种科学试验都是为了解决现实生活中的实际问题,克隆技术同样也可以造福人类。那么,"克隆技术造福人类"作为第四部分的小标题是否妥当?请同学们认真阅读课文最后一部分,思考:

| 课文最后一部分的小标题是"克隆技术造福人类",你认为这个标题能否清晰地表明作者所要表达的意思? | ← | 筛选关于"克隆技术造福人类"和表明作者认识及态度的有关信息,体会文字背后的隐含意思,综合思考并作答。 |

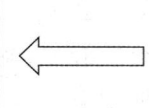

小组讨论归纳答案,说一说,写一写。

教师指定组代表展示本组归纳的答案。

学生回答预设1:我认为这一部分的小标题可以清晰地表明作者要表达的意思。克隆技术可以有效地繁殖高附加值的牲畜,产生杂种优势特别强的动物;克隆技术可以挽救濒临灭绝的珍稀动物;克隆动物对于研究癌生物学、研究免疫学、研究人的寿命有着很大的作用。所以,我认为,作者通过这部分文字就是要告诉我们,克隆技术是怎么造福人类的。

学生回答预设2:我也认为这一部分的小标题可以清晰地表明作者要表达的意思。克隆人体器官可以为人类自身提供"配件",所以,我也认为这一部分就是告诉读者克隆技术可以造福人类。

学生回答预设3:我觉得,这一部分的小标题不能完整地表明作者要表达的意思。这一部分有一句话"科技进步是一首悲喜交集的进行曲",刚才几位同学说的都是克隆技术带来的"喜"。但是,文中还说"科技越发展,对社会的渗透越广泛深入,就越有可能引起许多有关的伦理、道德和法律等问题"。可见,克隆技术的进步也会给人类社会带来很多麻烦。所以,我认为,课文最后一段文字是要告诉我们,克隆技术的进步是一把双刃剑,既可以造福人类,也可以给人类带来困扰。

学生回答预设4:这部分文字里的另外一句话也应该引起我们的重视。这句话就是"许多生物学家,特别是那些从事无性繁殖研究的科学家,将会严肃地考虑它(克隆)的含义,展开科学讨论,并用以教育世界人民"。我觉得这句话的暗含之意是:开展克隆研究的科学家应该认识到这项研究的真正意义和存在的问题,然后要展开科学的讨论,共同规避克隆试验引发的各种社会问题,使得克隆技术能够更好地为人类服务而不会引发任何争议。这些意思在本部分的小标题里没有反映出来。

学生回答预设5:我同意刚才同学的发言,所以我觉得文章的第四部分的意思是:克隆技术能够为人类造福,但同时也会引发许多社会问题。从事克隆研究的科学家在运用这项技术为人类服务的过程中,要积极努力地想办法,避免这项新技术给人类社会带来的危害。

教师点拨过渡:后面两位同学筛选信息非常全面,而且读出了文字背后的内容,了解到了作者所要表达的意思。根据上面的分析,你觉得这一部分的小标题还可以怎样表述?

学生回答预设1:克隆技术的发展前景。

学生回答预设2:克隆技术的应用前景。

学生回答预设3:怎样让克隆技术更好地造福人类。

教师将思考方向引向主问题:综合以上的研读过程和研讨结果,请认真思考:这篇文章说明的中心是什么?

第四步:学生静心独立思考主问题。

学生回顾对几个分问题进行分析的过程,梳理分问题与主问题之间的关联,形成口头或笔头答案。

第五步:教师指定学生个体展示答案。

学生回答预设1:这篇课文介绍了克隆的含义、克隆技术的发展、克隆技术的飞跃、克隆技术的应用前景。

学生回答预设2：这篇课文从不同方面介绍了克隆技术：先介绍克隆的含义，使读者明白克隆技术的本质。再按照从易到难的顺序介绍克隆试验的开展情况，表明克隆技术在不断进步。然后，单起一章，重点介绍具有里程碑意义的一次试验——绵羊多利克隆成功，使读者明确这项技术应用的领域进一步扩大，在为人类造福的进程中又前进了一大步。最后，列举了克隆技术造福人类的例子，并展望克隆技术发展的美好前景，同时，表达自己对克隆引发社会问题的担忧，希望从事相关研究的科学家能够主动规避新技术带来的弊端。

学生回答预设3：这篇文章从常见的植物克隆讲起，向我们逐一介绍了人工操作的动物无性繁殖技术的本质特点、发展和飞跃、价值和意义。同时，也表达了作者强烈的社会责任感。

教师针对预设适当点拨：同学们的回答有的概括，有的具体，但都准确地把握住了本文的说明中心。请同学们以小组为单位交流：你们是通过怎样的方法来整体感知这篇课文，从而把握说明中心的？

第六步：小组讨论归纳答案。

学生以小组为单位交流，形成口头或笔头答案。

第七步：指定组代表展示本组归纳的答案。

学生回答预设1：最开始的时候，我对说明对象认识的不准确。后来通过仔细阅读文中所举的例子，终于明白了本文介绍的是"动物无性繁殖的技术手段"。

学生回答预设2：关注文章的题目，可以初步知道文章的说明对象和重点。再用文中的具体例子验证就行了。

学生回答预设3：如果不理清文章的说明顺序就不能准确把握说明中心，在理解第二、三两部分关系的时候，我就出现了这样的问题。后来通过"比较异同"的思考，问题就迎刃而解了。

学生回答预设4：我觉得筛选信息很重要，通过筛选我很快就知道了克隆的本质，这为我把握说明中心打下了基础。

学生回答预设5：筛选信息很重要，如果信息提炼得不准确不全面，在比较思考的时候就会出现偏差。

学生回答预设6：还应该仔细揣摩，读出文字背后的隐含信息，这样才能把握住作者的意图。

第八步：教师强调重点。

说明文中表示含义、特点、发展脉络等的文字属于重要信息,是整体感知的基础,切不可忽视。筛选提炼这些信息时,要注意区分概括信息和具体信息,辨别主要信息和次要信息。提取事例的基本信息要注意准而全,还要善于体会隐含信息。整体感知文章需要通盘考虑,千万不能断章取义。

课堂总结

本节课,我们以《奇妙的克隆》为例,通过筛选信息、比较、替换等方法对文章进行了整体感知,明确了文章说明的中心,知道了克隆技术的发展脉络及现实意义,了解了作者对这项新技术的态度。整体感知文章的主要内容,把握说明中心的方法因文而异。总的来说,需要关注文章的题目,考虑文章题目和文章各个段落之间的关联,需要对文中的概括信息精准提炼,需要对文中的事例反复比较研读等等。只有这样,才能准确理解文意,真正把握中心。

【板书设计】

整体感知文章的主要内容,把握文章中心
奇妙的克隆
关注标题和事例,找准说明对象和重点。
筛选信息并比较,明确说明内容和思路。
整体回顾再统观,把握说明中心和意图。

【智慧训练】

阅读《泥土的清香自哪儿来》,完成下列各题。

①雨后,我们常能闻到泥土的清香味儿。这些清香从哪儿来呢?据专家研究,它来自土中一种叫"放线菌"的细菌。

②土壤是种类繁多的细菌的乐园。在显微镜下,你会观察到这样一类与众不同的细菌:别的细菌多是圆形、椭圆形的,而它们看起来却是丝状的。那些丝状细菌有的像一棵树,树上有时还长着"果实";有的像一根草,仿佛还开着花,煞是好看。这类细菌生物学上统称为放线菌。

③放线菌是一种单细胞生物,所以你看到它长得像一棵树也好,一根草也罢,其实都只是一个细胞。那些奇形怪状的丝,是它的菌丝。菌丝覆盖了很大的空间,这对于寻找食物大有好处。放线菌能释放出一种化学物质,正是这种物质,让我们能闻到一股泥土的清香。

④为何雨后泥土的清香让人感受更明显呢?

⑤因为放线菌是一种生命力很强的细菌,它们一般喜欢在温暖、湿润的环境下生存。当土壤干旱的时候,它的菌丝就会在头部长出孢子。放线菌渐渐枯死后,留下的这些孢子只要遇到合适的条件,就会发芽,长成一个个放线菌。

⑥下雨时,雨水冲开了土壤,这些晴天时埋在土中的孢子长成的放线菌随着空气中的小液滴四下弥漫。当它们被吸入鼻孔,我们就能感觉到一股泥土的清香。土地干旱越久,就有越多的放线菌孢子存在,所以雨后泥土的清香在久旱之后尤其明显。

⑦放线菌的作用当然不只是让人闻到清香,它也是生产抗生素的宝库。时至今天,人类已经发现了5000多种抗生素,其中就有4000多种是从放线菌中提炼出来的。链霉素就是从土壤中一种叫"灰色链线菌"的放线菌中提炼出来的。四环素、氯霉素、庆大霉素等抗生素也都是从放线菌中提炼出来的。

⑧放线菌的作用还不止于此,我们平常烹饪时调味用的味精,也是通过它们制造的。如今,它们还是科学家研究生物发育、细胞分化的便利材料。

(有删改)

1. 这篇文章说明的主要内容是什么?
2. 文章第②段划线句子有何表达效果?
3. 文章介绍了放线菌的哪些作用?
4. 下列说法不正确的一项是(　　)

A:文章第一段运用设问的方法,既呼应文章题目,又引起读者阅读的兴趣,同时自然引出本文要说明的"放线菌"。

B:放线菌不管它长得像一棵树,还是像一根草,其实都只是一个细胞。

C:放线菌虽然在土壤干旱时会枯死,但过后都会发芽,长成一个个放线菌。

D:"它们一般喜欢在温暖、湿润的环境下生存"一句中"一般"一词体现了说明文语言的严谨性,不能删去。

5. 概括"雨后泥土的清香让人感受更明显"的原因。
6. 文章以"泥土的清香自哪儿来"为题有什么作用?

附　参考答案

1. 泥土散发清香的原因和放线菌的作用。

2. 运用了打比方的说明方法,生动形象地说明了放线菌菌丝的形状特点。

3. 散发清香,生产抗生素,制造味精,是研究生物发育、细胞分化的便利材料。

4. C

5. 答案示例:因为放线菌是一种生命力很强的细菌,它们一般喜欢在温暖、湿润的环境下生存。下雨时,雨水冲开了土壤,这些晴天时埋在土中的孢子长成的放线菌随着潮湿空气中的小液滴四下弥漫。当它们被吸入鼻孔,我们就能感觉到一股泥土的清香。

6. 答案示例:既点明了文章要说明的内容,又能引起读者的思考及阅读的兴趣,让读者带着问题去阅读文章内容,从中寻觅答案。

(编写　金玉荣)

整体感知文章的主要内容,把握文章中心

事物的正确答案不止一个

【内涵释义】这项阅读要求,就议论文而言,要能区分观点和材料(道理、事实、数据、图表等)并通过自己的思考,发现观点和材料之间的联系并做出判断,同时,理清文章的论证思路。这样就完成了"整体感知文章的主要内容,把握文章中心"的学习目标。

【引领读悟】以《事物的正确答案不止一个》为例,落实本点。

学习准备

具备阅读议论文的基本能力,对文本能提出自己的思考和疑问。掌握议论文三要素、论证思路等基本的议论文阅读知识。有基本的口头表达和书面表达能力。对问题能提出自己的见解。

导入新课

教师:同学们,我们看黑板上的这条曲线"～～～～",看到这条曲线,你想到了什么?

学生回答预设:

学生1:我想到了连绵的山峰。

学生2:我想到了起伏的波浪。

学生3:我想到了飞舞的龙……

教师:一条简单的曲线,大家竟然想到了这么多答案,同学们真聪明。由此可见,事物的正确答案并不是唯一的,这是为什么呢?带着这个疑问我们一起来学习《事物的正确答案不止一个》。

叙述目标

这节课的目标是:首先,通过初读课文,归纳作者观点,并思考中心论点与分论点的关系,从而了解创造性思维形成的步骤;然后,通过细读全文,区分文章的观点和材料,辨析二者的关系,理解如何才能做到拥有创造性思

维。通过对文章主旨的理解,培养勇于创新的精神,锻炼自己的创造性思维。

阅读渐进引领

第一步:学生读文本,整体感知文章。

一、文题背景

教师:许多人在生活、学习过程中因受传统思想的束缚容易形成思维定式,学得比较死不善于活用。还有一些人认为搞发明创造都是天才人物的事,不相信自己能有所发明创造,导致创造性思维被自我压制,最终丧失。本文正是针对这种情况写的。

二、师生一起梳理文意,整体感知、形成解释

教师:同学们打开书,就会看到作者用几个图形,向我们提出了一个问题。"从下面四种图形中,找出一个性质与其他三个不同的来"。对于上面的问题,你是怎么回答的呢?

学生:思考,讨论,各抒己见。

教师:其实,作者已经给我们做出了解答。请看他的分析是否与你一致。找同学读一下。

学生读第二段。

教师:作者的这番说明,想暗示我们什么呢?

学生思考。

学生回答预设:由此生发开去,说明这个选择题的答案不是唯一的,暗点文章的标题。

教师:非常好!下面就请同学们默读文章,进行逐段批注,揣摩作者的写作意图,从而了解文章主旨。

学生:默读批注—小组交流—完善答案。

第二步:进入问题解决。

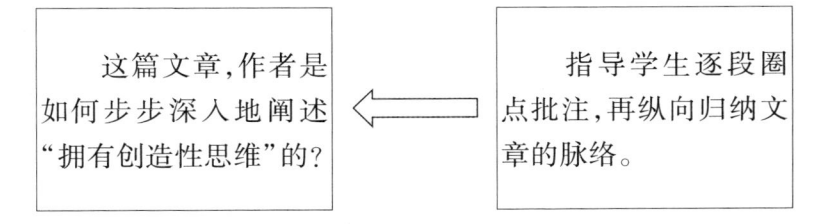

| 这篇文章,作者是如何步步深入地阐述"拥有创造性思维"的? | ⇐ | 指导学生逐段圈点批注,再纵向归纳文章的脉络。 |

教师:下面请每个小组的代表,展示一下你们对每段文本的解读。

学生回答预设1:

第一段,阐述了从不同的角度出发可以发现多个不同的切入点和突破口,它绝不是一个简单的数学问题,也不是只有一个标准答案。

学生回答预设2:第二段作者对所举例子进行分析之后,说明生活中解决问题的办法并非仅有一个,而是多种多样的。这句话旨在激发人们发挥创造性思维,成为一个有创造力的人,不放弃探求的人。

学生回答预设3:第三段先以设问的方式引起读者的注意和思考,引出下文所要论述的内容。接着用"6分钟""6个月""6年"连用,三个排比短语,说明知识组合,形成新创意的时间可能会很长,但是迟早会出现。孜孜不倦地汲取新知识是创造性的一个前提和素材。

学生回答预设4:第四段进一步指出,创造性的关键在于如何运用知识,创造性思维是指不断探求新事物、运用知识的态度和意识并持之以恒地进行各种尝试。

学生回答预设5:接下来的两段列举约翰·古登贝尔克和罗兰·布歇内尔的事例,证明了创造性思维必须有探求新事物并为此而活用知识的态度和意识,在此基础上持之以恒地进行各种尝试。

学生回答预设6:下一段,用两个科学家的创举,进一步引发对创造性思维的思考,提出两个问题;两个设问句的运用,不仅起到了过渡和衔接的作用,而且使文章结构严谨,层次清晰。

学生回答预设7:这段阐明,认为不具有创造力的人,其实,不是自己没有创造力,而是一种被动的自我压制,埋没了自己的创造意识。

学生回答预设8:本段"大"与"小"构成鲜明的对比,突出强调留意自己细小想法的重要性。拥有创造力的人总是留意自己细小的想法,并不断地寻找突破口,坚信自己有创造力。阐述了创造性思维所必需的要素。

学生回答预设9:这一段,告诉人们要坚信自己具有创造力,保持好奇心,积累知识,探索新思路,成为一个有创造力的人。"这些"指代经常保持好奇心,不断积累知识,不满足于一个答案,而去探求新思路,去运用所获得的知识;一旦产生小的灵感,相信它的价值,并锲而不舍地把它发展下去。这句话作者旨在鼓励读者成为有创造力的人。它归纳了发挥创造力的几个关键。

第三步:教师指导点拨。

> 整体感知文章的主要内容,把握文章中心

| 作者通过这篇文章,最终想要告诉读者什么道理呢? | ⬅ | 由浅入深,了解文章的最终写作目的,更深入理解文章主旨。 |

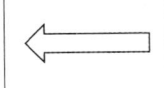

教师:前面我们把文章细细梳理了一遍,整体感知了文章的主要内容,了解到创造性思维形成的步骤。现在我们再读课文,深入思考这样几个问题。(大屏幕显示问题)

1. 第一小组:这篇文章向人们提出了什么样的希望和要求?
2. 第二小组:作者为什么提出这样的希望和要求?
3. 第三小组:为了实现这样的希望和要求,作者又提出了哪些具体的方式方法?

教师:任何一篇文章,都有明确的写作目的。阅读议论文,不仅仅是为了获取知识并学习论述性文章的写法,还要深入了解作者通过这样的文章最终想告诉我们如何做人做事的道理。

第四步:学生静心独立思考,读出认识、读出感受。

教师:下面,请同学们再读课文,深入思考,说出自己的理解。

学生小组分工合作阅读、讨论并有人记录。

教师巡视并适时个别指导。

第五步:教师指定学生个体展示答案。

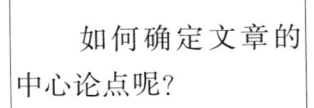

| 如何确定文章的中心论点呢? | ⬅ | 中心论点不一定是社会性的共识,可能是作者个性的思考和主张。 |

教师:现在我们来讨论第一个问题:这篇文章向人们提出了什么样的希望和要求?请第一小组的同学来谈谈。

学生回答预设1:"做一个有创造性的人。"

教师:不错。我认为这就是文章的论点。谁有不同意见?

学生回答预设2:题目"事物的正确答案不止一个"为什么不是论点呢?

教师:这个问题问得好。为什么说它不是论点呢?因为这个结论是对

95

一种现象的总结,它本身具有事实性。这就像我们平常所说的"生命在于运动"这类的话,这是对很多人喜欢锻炼身体而保持健康这一现象的总结,这是社会性的共识,它们都不是某人个性的思考及主张。因为作者立论所"指"带有他个人的意愿、希望、要求。所以,我认为"做一个有创造性的人",是本文的论述要旨,是文章的论点。

学生回答预设3:老师,作者提出"事物的正确答案不止一个",不也是希望人们明白这个道理吗?不也是一种期许吗?

教师:不错,但是,明白了这种期许干什么呢?明白了道理是为了最终的行动呀!

此外,我们还可以站在全文整体立场去判断。上一节不是讲过一个完整的立论思维轨迹,"是什么→为什么→怎么办"吗?我们就像解代数方程一样,把"事物的正确答案不止一个"代入"是什么"之中,再看"为什么"的内容应该怎么说,"怎么办"应该怎么说。那就应该是这样的:"事物的正确答案不止一个""是因为看问题的角度不同""所以,我们要对事物作多方考察,仔细观察,不要固执一隅之见"。那么,同学们看课文后边讲了什么?

学生回答预设4:做一个有创造性的人。

教师:"事物的正确答案不止一个"与"做一个有创造性的人"两者有内在联系,"事物的正确答案不止一个"虽不是本文的论述要旨,但它是本文话题的根据、缘由。本文是由此而起的。作者立论希望人们"做一个有创造性的人",它与这个缘由、引子的关系是什么?这正是我们后边要讨论的。

教师:大家明白了本文的论点,老师还要加上"努力"二字——"努力做一个有创造性的人","努力"二字更强烈地表达了作者的意愿。谁能说说"努力"二字的含义是什么?

学生回答预设4:不是被动地做事,而是尽力去做事。

教师:这叫主动性,要人们发挥自己更大的主观能动性尽力去做事。同学们能不能在文中找出体现"努力"的句子呢?

学生回答预设6:"孜孜不倦地汲取知识","必须有探求新事物,并为此而活用知识的态度和意识","持之以恒地进行各种尝试"。

学生回答预设7:"留意自己细小的想法","坚信"自己会成功。

教师:读课文要体会文中这些关键词——"孜孜不倦""持之以恒"等等,有一种主观精神蕴含在内。

第六步:讨论归纳展示答案,体悟科学精神。

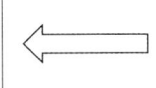

>>> 整体感知文章的主要内容，把握文章中心

| 为什么要"努力做一个有创造性的人"？ | ← | 结合生活实例讨论明确，"有创造力"，是个人和社会生存发展的需要。 |

教师：下边我们就来讨论"为什么"要"努力做一个有创造性的人"。请看(1)—(4)段。让我们思考这样一个问题：

面对四个图形，问哪一个与其他三个不同，答案有四个且是对的。由此类推，生活中会不会也有这样的事情呢？请同学们结合具体事例谈谈吧。

学生回答预设1：这太普遍了。去科技馆参观，可以坐城铁，可以坐公交，也可以打车去。

教师：我现在假设一种情况，看看同学们怎么解决。我打车去科技馆，到达目的地后，发现没带钱，没法付车钱，怎么办？

学生回答预设2：给家里打电话呀，让他们送钱过来。

教师：那太浪费时间了，出租车司机不愿意等的。

学生回答预设3：到了科技馆可以向朋友借钱付费，或者手机付费呀。这不就可以了吗？

教师：对呀，生活中遇到困难，会有多种解决办法，只要开动脑筋，总会解决的。

教师：老师假设的情况与课文中哪些论述有些相关呀？

学生回答预设4：生活并不像数学那样有比较固定的答案，一旦有了特殊情况，习惯的做法就"不灵"了，必须面对现实，能够想出第二种、第三种办法来。

教师：所以，面对复杂的现实生活，我们必须有灵活的头脑、多向思维的能力，不能死心眼儿。"事物的正确答案不止一个"，我们要应付事物的各种情况变化，必须多知道一些答案，"努力做一个有创造性的人"，适应生存发展的需要。

教师：如果缺乏创造性会怎么样？

学生回答预设：遭遇失败。

第七步：指定组代表展示本组归纳的答案。

> 通过前面的分析，同学们能否归纳一下，做一个"有创造性的人"，需要哪些要素呢？

> 找到解决问题的关键语段，根据问题，准确提取信息。

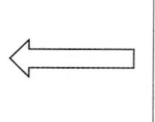

教师：同学们想一想，一个"有创造性的人"的基本素质是什么？

学生回答预设1：有"创造性的思维"。

教师："创造性的思维"是一个人创造性能力的基本构成"元素"。可是，"创造性的思维"怎样才能养成呢？同学们细读课文(6)—(13)段，根据对课文的理解，总结"怎么办"的做法。

学生回答预设2："孜孜不倦地汲取知识"。

学生回答预设3："有探求新事物，并为此而活用知识的态度和意识"。

学生回答预设4："持之以恒地进行各种尝试"。

学生回答预设5："认为自己有创造力"。

学生回答预设6："留意自己细小的想法"。

教师：我们能不能再精确简练地概括一下上面的内容？既要表达作者的意思，又要成为我们简明的行为原则。如老师把第一点概括为"汲取知识"。

学生回答预设7：活用意识。

学生回答预设8：持恒尝试。

学生回答预设9：留意生活。

学生回答预设10：自认有创造力。

教师：好，让我们再用两个字把上述五点内容扼要概括成一个"行为链"。

教师：我先示范一下，然后同学们接着续写："汲取"→""→""→""→""。

学生回答预设11："汲取"→"活用"→"持恒"→"留意"→"自信"。

教师：同学们看，我们排列的"行为链"是一个连贯的有逻辑的行为方式："汲取"东西，有准备→有了东西不能闲置，要"活用"→"活用"时不能三天打鱼两天晒网，要有"恒心"→有"恒心"，坚持不懈，还要有"细心"→有"恒心""细心"，还要有"自信"心。

最后，请同学们看第14段，这一部分说的"积累""锲而不舍"等内容，与前边内容有何关联?

学生回答预设12:是对前边内容的总结,前后基本一致。

教师:是的,这些内容同前边的内容一样,可以删掉。但这句话要保留——"如果大家……成为一个有创造性的人。"这是一种因果假设,证明前边的说法能有好的结果。这是从"实用"角度进行预测,证明这个"行为链"的合理性。

第八步:教师强化做这类题重点的、带规律性的学习方法,掌握要求和相关注意等。

| "努力做一个有创造力的人",有什么现实意义吗? | ← | 由课内到课外,灵活运用已经学会的思考问题的方式。注意辨析问题的细小差别,从而发现不同的问题会有不同的思考和答案,对本文论点的理解会更深刻。 |

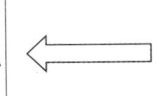

教师:方才我们讨论了"事物的正确答案不止一个"这个问题。下面我们看一个有意思的问题:

在一次鼓励创新的报告会上,有位学者出了一道题:

四个图形符号中,哪一个与其他三个类型不同?

学生回答预设1:这还用答吗?课文不都说了吗?

教师:四个答案都是正确的吗?

学生回答预设2:是的。

教师:那么,我们再仔细看看这个问题与课文所提问题有何不同?

学生回答预设3:这道题多了"类型"两个字。

教师:好呀,"类型"是什么意思?和分类有关的,我们常挂在嘴边说的一句话,有谁知道?

学生回答预设4:老师,是"物以类聚,人以群分"吧!

教师:好,那请你举个例子解释"物以类聚"。

学生回答预设5:比如咱们班同学以性别分有男生、女生;以体态分有胖的、瘦的,有不胖不瘦的。

教师:你把人当成物了。但类分得还是对的。以同学的分类看,性别是一个参照点,体态也是一个参照点,就是说有相同性质的归作一类。那么,请问,马、驴、骡、牛以"蹄"为参照点,四种家畜哪一种和其他三种类型不同?

学生6:牛和马、驴、骡类型不同。

教师:理由是什么?

学生回答预设7:这不需要什么理由呀,从字形上就可以看出来呀。马、驴、骡都有"马"字旁,说明它们三个肯定沾亲带故。牛没有"马"字旁,肯定跟其他三个不同了(生笑)。

学生回答预设8:我认为从蹄子上看,牛是偶蹄目,马、驴、骡是奇蹄目。所以,牛与其他三种不同。

教师:那么,骡和牛、马、驴可以不可以算不同类型?

学生回答预设9:不可以。牛、马、驴蹄子不同,不能算一类。

教师:但是,如果以"繁殖力"为参照点,骡和牛、马、驴就可以算作不同类型了。因为骡没有繁殖能力,其他都有。我们回过头来再看四个图形,以"类型"为条件设问,前面这道题的四种答案中,只有一种是正确的,也就是无规则图形和圆、等腰三角形、半圆是不同类型。无规则图形自成一类,其他三个图形都是有规则的,是对称图形,属一类。

综上所讲,我们既要看到由于看问题的角度不同,事物的正确答案不止一个,同时也要看到在一个特定的角度下,正确答案就不会是多种多样了。我们要培养这种辩证思维。

课堂总结

同学们,生活中事物的答案是丰富多彩的,解决问题的方法和途径是多种多样的。创新是人类文明最美丽的花朵,创新是民族进步的灵魂,创新也是个人成功的最佳途径,创新是从观念到行动的革命,创新需要有境界、有气魄、有胆量。我真诚祝愿同学们今后的日子里,学会学习,学会生活,学会做人,更要学会创造,早日成为祖国栋梁之材。

【板书设计】

事物的正确答案不止一个
罗迦·费·因格

提出问题：数学问题——生活问题：事物的正确答案不止一个——是什么
分析问题：必须要素

　　　　　区分根据 ＞ 为什么

解决问题：任何人都拥有创造力，关键要具备三个要素——如何做

【智慧训练】

阅读下面的文字，完成文后问题。

①但凡才志超群、成大事者，所禀赋的气质都有异于常人。此气质不同于那种小家子气，而是一种大气。究其来源，虽有先天的因素，但主要还是后天长期善养浩然正气使然。

②大气不是装出来的，而是从一个人的言谈、文字、举止和为人处事的细节上自然流露出来的，反映了一个人的胸襟和气质。

③这种人目标远大，有吞吐四海之志。如身为雇工的陈胜，年轻时与耕田的伙伴们谈论志向，就说过这样一句话："燕雀安知鸿鹄之志？"后来，为了推翻秦朝暴政，他号召并发动农民斩木为兵，揭竿起义，喊出了"王侯将相宁有种乎"这充满英雄气概的口号，成为中国历史上第一位农民起义领袖。

④这种人信念坚定，虽九死其犹未悔。如_____

⑤这种人能屈能伸，是大丈夫就该如此。如越王勾践曾大败于吴，屈服求和，给吴王夫差驾车养马，忍受种种屈辱。勾践被放回国后，卧薪尝胆，发愤图强，终于打败吴王。

⑥这种人不卑不亢，有傲骨自是风流。如孙中山早年留学归国，闻湖广总督张之洞办洋务兴实业，欲与一见，便投名刺曰："学者孙文求见之洞兄。"张之洞见来人口气挺大，心中不悦，便在名刺上写一上联："持三字帖，见一品官，儒生妄敢称兄弟。"孙中山旋即对出下联："行千里路，读万卷书，布衣亦可傲王侯。"张之洞看后暗自吃惊，立即下令开中门迎接。

⑦这种人处变不惊，泰山崩于前而面不改色。如诸葛亮在蜀军失守街

亭后,与两千余人退避于西城。此时,魏国的司马懿引十五万士兵逼近西城,将士们大失神色。而诸葛亮表现得非常淡定,命人打开城门,然后身披鹤氅,头戴纶巾,让两个小书童拿着一把琴,于城上凭栏而坐,焚香操琴,演了一出"空城计",使司马懿惊慌退兵。

⑧这种人临危不惧,为大义舍身而泰然自若。如谭嗣同在变法失败后,拒绝了别人请他逃走的劝告,他说:"各国变法,无不从流血而成,今中国未闻有因变法而流血者,此国之所以不昌也。有之,请自嗣同始!"在狱中,他题壁写下这样的诗句:"我自横刀向天笑,去留肝胆两昆仑。"表现了一位革命者以身殉法、视死如归的凛然大气。

⑨凡此种种英豪俊杰,皆先有大气,而后能有大才干、大作为。因此,他们的人生不同凡响。

⑩故知,大器人生,必先大气。

1. 请给本文拟写一个题目。

2. 请为第④段的横线处补写一则故事,使本段论证更加完整。(不少于60字)

3. 阅读文章,请简要分析作者是怎样最终得出中心论点的?

附　参考答案

1. 示例:大器人生,必先大气。

2. 示例:如玄奘西行,不惜冒险私渡关隘,独闯八百里荒漠。他忍饥挨饿、夜卧寒冰面对各种困难和挑战也决不退缩,经行数万里,终于抵达印度求得真经。

3. 要点:首先,指出成大事者皆有大气的精神;接着对"大气"进行阐释,提出"大气"是一个人胸襟和气质的反映;然后,举出古今英雄豪杰的事例证明他们之所以能够取得成功就是因为拥有远大目标、坚定信念等可贵品质和气度。最后得出想要拥有非凡成就,就一定要有大气人生(大器人生,必先大气)的中心论点。

(编写　吴海燕)

整体感知文章的主要内容,把握文章中心

事物的正确答案不止一个

【内涵释义】

阅读文章,首先要整体感知文章的主体内容,这里所说的"整体感知"就是通过初步阅读对文章的基本内容和面貌有一个大致的了解(也就是我们所说的"字不离词,词不离句,句不离段,段不离篇"),然后在此基础上把握文章的中心。对于议论文而言,"整体感知文章的主要内容,把握文章中心"指的是在通读全文的基础上,了解文章结构,能发现观点和材料间的关系,从而理清作者思路,准确判断或概括文章的中心论点。

【引领读悟】

以罗迦·费·因格的《事物的正确答案不止一个》为例,落实本点。

学习准备

关于本考点的学习准备:

1. 熟悉基本概念:议论文结构,中心论点,论据和论证方法。

2. 翻阅2007年北京中考语文试题,对议论文阅读中的下列题目进行初步思考:

(1)作者是从哪两方面论述"创新不言败"的?(《创新不言败》)

(2)本文的中心论点是什么?(《微公益》)

(3)选文的中心论点是_____。(《小议"慎独"》)

关于《事物的正确答案不止一个》的阅读准备:

能比较熟练地朗读课文,先自己尝试着整体感知文章的主要内容,把握文章中心。

导入新课

教师:同学们,老师这里有两幅有趣的图画,同学看一看,然后告诉大家你看到了什么?

(多媒体课件播放两幅图:一幅为帆船和桥合二为一的图,一幅为人脸和杯子合二为一的图)

教师:同学们,是不是觉得这两幅图都很有趣啊?

学生回答预设:有趣。

教师:那么,你们从这两幅图里看到了什么呢?下面请同学们积极举手来说说你看到的。

学生回答预设1:近处看到了帆船,远处却是座长桥,帆船的白帆变成了桥洞。

学生回答预设2:第二幅图如果看中间的就是一个杯子,看两边就是两个人脸。

教师:同学们都看出来这两幅图的奥妙了,那么,同学们想想,为什么会这样呢?

学生回答预设:因为从不同的角度看事物,得到的答案就不一样了。

教师:这位同学说得很对,其实,在很多时候,我们只要调整一下思维方式,换一个思考角度,跳出习惯的思维模式,就会"山重水复疑无路,柳暗花明又一村",得到异乎寻常的答案。今天我们就以《事物的正确答案不止一个》这篇文章为例,来重点学习议论文如何"整体感知文章的主要内容,把握文章中心",从而能够顺利地解答课前我们思考的阅读题。(教师板书课题)

叙述目标

教师:这节课,我们以《事物的正确答案不止一个》这篇文章为例,通过跳读、圈画等方法来整体感知文章的主要内容,了解文章结构,能发现观点和材料间的关系;通过交流、研讨等方法来理清作者思路,准确判断或概括文章的中心论点。

阅读渐进引领

第一步:初读文章,整体感知文章内容。

教师:请同学们利用5分钟左右的时间,默读文章,利用已经掌握的找中心论点的方法,在文中圈画出中心论点,然后阐述理由。

>>> 整体感知文章的主要内容,把握文章中心

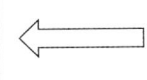

| 本文的中心论点是什么？ | ⇐ | 先明确中心论点的概念及其表达、句式的特点。运用圈点读书法默读文章。 |

学生回答预设1:我认为"不满足于一个答案,不放弃探求,这一点非常重要"是本文的中心论点。因为,论点经常出现在文章的开头,而且这句话前面还有一个标志词"因此"。

学生回答预设2:我认为"事物的正确答案不止一个"这个标题本身就是本文的中心论点。例如,我们学过的《应有格物致知精神》一文就是这样的,而且,我认为全文也是围绕着这一点进行论证的。

学生回答预设3:我认为"任何人都拥有创造力,首先要坚信这一点"才是本文的中心论点。首先,它位于结尾的位置,总结全文;其次,我在阅读时发现全文大部分篇幅都是在围绕着"创造力"来进行论述的。

教师:同学们能够各抒己见,且清晰地阐述理由,非常好。但一篇议论文只能有一个中心论点,下面我们就一起来研讨如何准确地找出文章的中心论点。

第二步:进入问题解决,悟读质疑。

教师:同学们,我们先来梳理一下找中心论点常用的几种方法。

投影出示:

1. 分清论题和论点。例如:九年级上册《谈读书》和《应有格物致知精神》,前者是议论的问题,后者是议论的观点。所以,阅读议论文,要纵观全文,弄清作者是对什么问题展开议论的,然后再看作者所谈问题的看法是什么。

2. 注意论点的位置。有时文章标题就是论点,例如《应有格物致知精神》;论点有时在文章的开头,例如《谈骨气》一文;有时在文章的结尾,就是所谓的归纳全文,篇末点题,揭示论述中心的写法。这种写法大多有"所以、总而言之、总之、因此"等表总结性的词语。有时在文章的中间。当然,也有少数议论文没有明确表明论点的语句,需自己概括。

3. 要注意论点的表述形式。论点的表述形式往往是一个表示肯定或否定的判断句式,它必须是明确的表态性的句子。

4. 可以通过论据来反推论点。论点和论据的关系是"被证明"和"证

明"的关系。分析论据,看它证明的是什么问题,这问题理所当然就是论点。

教师:了解了这些方法后我们来进行小组交流,看看对你查找中心论点是否起到了一些帮助呢?

第三步:教师指导点拨。

教师:同学们,通过刚才的研讨我们发现,虽然这些找中心论点的"窍门儿"看似很实用,也很便捷,但是,它并不足以让我们胸有成竹地做出准确的判断。要想找准中心论点,就一定要梳理论证结构,找准材料与观点间的联系,进一步理清全文的论证思路,这样才能从根本上解决问题。下面,我们就以这篇文章为例,一起来通过感知主要内容来把握文章的中心。

首先,我们先来梳理一下本文的论证结构。

| 请划分本文的论证结构。 | ← | 议论文的整体结构大体分为三部分:1. 提出问题(引论),文章开头部分,引出文章要论述的中心问题。2. 分析问题(本论),是议论文的主体部分,即运用充分论据证明中心论点的部分。3. 解决问题(结论),即在分析问题的基础上得出的结论部分。 |

学生回答预设:

引论:1—3自然段;本论:4—12自然段;结论:13自然段。

教师:我们先来一起研讨一下文章的引论部分。作者开篇便为我们呈现了四幅图,你能说说它的作用吗?

学生回答情况预设1:我认为这样能够激发读者的阅读兴趣。

学生回答情况预设2:我认为这样做更是为了引出"不满足于一个答案,不放弃探求,这一点非常重要"这一观点的。

教师:"不满足于一个答案,不放弃探求,这一点非常重要",为什么?

学生回答情况预设:我们小组认为如果一个人他把正确答案看成是唯一的话,那么,他就会停止思维,停止前进,而不去发现其他更好的答案啦。

教师:说得好。那么,寻求第二种答案的途径又是什么呢?我们来研讨本论部分。

>>> 整体感知文章的主要内容,把握文章中心

学生回答情况预设:途径就是要有创造性思维。我们觉得富有创造性思维的人,不仅要孜孜不倦地学习,而且要充满好奇心,积累更多的知识,然后运用所学的知识去解答生活中遇到的实际问题,而且还要相信自己,不满足于一个答案,要更加深入地去探索,而且要相信自己的答案,并锲而不舍地发展它。

教师:你说得很好,那我们就来具体分析一下作者是如何论证"创造性思维的必备要素"的。

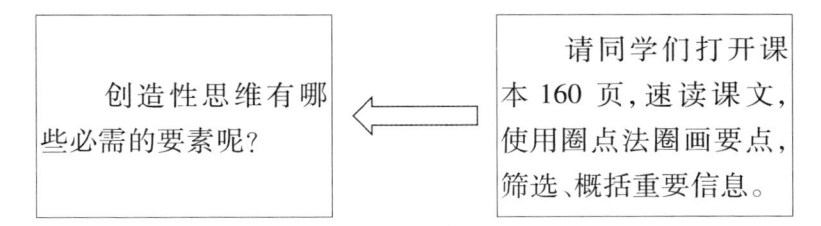

创造性思维有哪些必需的要素呢?	←	请同学们打开课本160页,速读课文,使用圈点法圈画要点,筛选、概括重要信息。

学生回答预设:作者认为创造性思维的必备要素有三点——第一,必须精通各种知识;第二,必须有探求新事物,并为此而活用知识的态度和意识;第三,持之以恒地进行各种尝试。

教师:作者为了证明这些观点,他是怎样来说服我们的呢?

学生回答预设1:举例子。

学生回答预设2:我给他补充,是举了约翰·古登贝尔克发明印刷机、排版术的事例和罗兰·布歇内尔发明交互式乒乓球游戏的事例。

教师:这些例子和他的观点之间有什么联系吗?

学生回答预设:这两个事例都很好地证明了精通各种知识,探究新事物的意识和具有持之以恒的精神。他们很好地证明了观点。

这三个必须要素之间能不能调换位置?为什么?	←	思考三者内在的逻辑关系,分组讨论。(先找出每段的观点句,然后根据上文内容找出对应关系。)

学生回答预设:不能。这三个要素是一个由学到用再到做的循序渐进的过程。

教师:大家说得很正确。这部分除了举例论证,还引用了别人的话,属于道理论证。对于创造性思维具备的要素,作者用了举例论证和道理论证

107

的方法来证明他的观点。这些观点分别是我们先要精通知识,再活用知识,并且持之以恒。

教师:清楚了创造性思维的要素,接下来,作者又提出了什么问题呢?

学生回答预设:创造思维是否任何人都具备呢?是否存在富有创造力和缺乏创造力的区别呢?

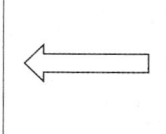

| 创造思维是否任何人都具备呢?是否存在富有创造力和缺乏创造力的区别呢? | ⬅ | 默读相应章节,圈画相关语句。小组研讨交流。(先标清句号,然后圈画划关键词理解句意,最后梳理句间关系,从而发现作者观点。) |

学生回答预设1:任何人都有创造力,创造的意识在自己的思想里。即使是伟大的科学家、发明家也并非是轻而易举地获得灵感。非凡的灵感,往往产生于这样的过程:关注极其普通,甚至一闪念的想法,并对它反复推敲,逐渐充实而形成的。

学生回答预设2:区别一个人是否拥有创造力,主要根据之一是拥有创造力的人留意自己的细小的想法。

教师:同学们回答得很正确。接下来,我们看文章的结论部分,它强调了什么?

学生回答预设:结论强调了任何人都具有创造力,与开头相呼应。

教师:同学们,在我们刚才的研讨中,大家有没有关注到文章的第4、6和9自然段呢?

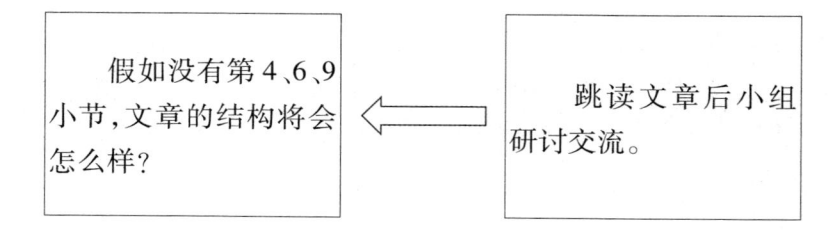

| 假如没有第4、6、9小节,文章的结构将会怎么样? | ⬅ | 跳读文章后小组研讨交流。 |

学生回答预设1:正因为有了第4、6、9小节,文章结构严谨,过渡自然。

学生回答预设2:这些设问句的作用主要是提醒读者注意,引导读者思考,突出某些内容,使文势有变化,波澜起伏。另外,用在文中的设问句,还在结构上起承接、过渡的作用,使文章结构紧密,条理清楚。

第四步:学生独立思考,个体准备答案。

教师:接下来,我们能不能在刚才研讨的基础上理出这篇文章的论证思路呢?

| 你能够用一段完整的话表述这篇文章的论证思路吗? | ← | 根据论证结构,现将每部分内容进行概括,然后才有"首先……然后……最后……"的句式进行表述。 |

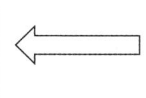

学生根据提示独立思考,在文章相应处做出圈点批注,个体准备答案。

第五步:教师指定学生个体展示答案。

教师:请同学们每组选派代表进行展示。

学生回答预设1:文章首先介绍了"事物的正确答案不止一个",然后从"创造性思维的要素"和"怎样具有创造力"两个方面进行论述,最后重申观点。

学生回答预设2:课文先强调了"不满足于一个答案,不放弃探求,这一点非常重要",然后围绕这一点层层论述,从"创造性思维要有哪些必需的要素",到"任何人都具有创造性思维",到"拥有创造力的人要具备的条件",最后再次明确了"事物的正确答案不止一个"这一观点。

学生回答预设3:这篇课文先提出"事物的正确答案不止一个"这个观点,然后说明"创造性思维又有些必需的要素",最后说明"区分一个人是否拥有创造力的主要根据"。

第六步:小组讨论归纳答案。

学生以小组为单位,交流,整理,形成规范表述。

第七步:指定组代表展示本组归纳的答案。

教师点拨帮助学生完成。

学生回答预设:这篇课文先提出"事物的正确答案不止一个"这个中心论点,然后说明"创造性思维又有些必需的要素",接着说明区分"一个人是否拥有创造力的主要根据",最后总结全文,与文章开头"事物的正确答案并非只有一个"的道理相呼应,使文章结构完整,浑然一体。

第八步:教师或学生评价、确认(或)补充答案,强化做这类题型重点的、带规律性的学习方法、掌握要求和相关注意(提醒防止出现的问题)等。

教师:对于议论文而言,"整体感知文章的主要内容,把握文章中心"指的是在通读全文的基础上,了解文章结构,能发现观点和材料间的关系,从而理清作者思路,准确判断或概括文章的中心论点。我们通过对本文论证思路的探讨,把握了文章的主要内容,准确判断了文章的中心论点。

课堂总结:

同学们,这节课我们以《事物的正确答案不止一个》这篇文章为例,一起学习了议论文如何进行"整体感知文章的主要内容,把握文章中心"。通过探究,我们知道了把握文章的中心是建立在整体感知文章内容的基础上的,也就是要了解文章结构,能发现观点和材料间的关系,从而理清作者思路,这样才能准确判断或概括文章的中心论点。望大家万万不可断章取义,以为有"捷径"而投机取巧。

【板书设计】

中心论点:　　　**事物的正确答案不止一个**
　　　　　　　　　　罗迦·费因格

引论:不满足于一个答案,不放弃探求,这一点非常重要。

　　　　　　　　　　⇩

本论:创造性思维要素 ⟹ 如何具有创造力

　　　　　　　　　　⇩

结论:　　　　　　总结全文

【智慧训练】阅读《谈人格》,完成后面的练习。

谈人格

①一般说来,人有三项资本,或曰三种魅力:一是外貌,这主要来自先天;二是知识技能,这要靠后天的学习;三是人格,这是一种独立于"貌"和"能"之外关于思想和世界观的修炼。这其中哪一个更重要呢?雷锋是大家学习的好榜样,论"貌",他个子不高,只有一米五多;论"能",他只是一个普通的汽车兵,但他无私奉献的精神和助人为乐的品德,超过了外貌之美和才智之强,成为了中华民族乃至全人类的精神财富。可见,在实现人生价值的

过程中,美貌和才能固然重要,但完美的人格才是更重要的。

②当我们歌颂英雄,赞叹那些开国元勋的惊人业绩时,我们常常是被他们的人格魅力所感染。毛泽东转战陕北,拄一根柳木棍子,在胡宗南大军的鼻子底下来去的那种从容;周恩来日理万机,面对内挤外压却无私无怨的那种大度;彭德怀在庐山一人独谏万言,拍案力争的那种骨气,都远远超出他们所为之事的意义,而特别爆发出一种人格的冲击波和辐射力。随着时间的推移,这种人格魅力比他们显赫的业绩更加受到人们的推崇。

③其实,一个人也只有具备了高尚完美的人格,才能成就一番伟大事业而青史留名。岳飞虽被奸臣所逼却仍精忠报国的忠诚;司马迁虽身负大辱却为民族修史记事的坚韧;荆轲明知赴死却不违一诺的诚信;布鲁诺宁愿被教会处以火刑,也不改捍卫科学真理的无畏;马克思虽然一生多次被各国资产阶级政府驱逐,但决不放弃对伟大理想追求的执著,他们的这种高尚人格正是从事惊天伟业的基础。一部中国历史,不,整个世界历史,就是这样在人类前进、创新和牺牲精神的鼓舞下书写而成的。而体现着这种精神的,正是那些跨越时空在人格方面光芒四射的人物。

④不可否认,当一个人只靠貌美出众时,他(她)可能成为一个名人;当一个人业有所成时,他可能是一位功臣。然而,只有当一个人在人格上达到一定的高度时,他才会是一个高尚的人。当然,如果他又能貌压群英,才出于众,他便是一个难得的伟人。但无论怎样,最基本的还是要先从修炼人格做起,只要躬行实践,日积月累,人人都可以通过思想和世界观的修炼,成为一个在德行上合格的人。

阅读本文后,准确找出本文的中心论点是什么?

附 参考答案

在实现人生价值的过程中,美貌和才能固然重要,但完美的人格才是更重要的。

(编写 李刚)

理解文章段落之间的关系,理清文章思路

我的老师

【内涵释义】

段落是文章中最基本的单位。内容上它具有一个相对完整的意思。段是由句子或句群组成的,在文章中用于体现作者的思路发展或全篇文章的层次。有的段落只有一个句子,称为独句段,独句段一般是文章的开头段、结尾段、过渡段等特殊的段落。多数段落包括不止一个句子或句群,叫多句段。段落,是文章思想内容在表达时由于转折、强调、间歇等情况所造成的文字停顿,人们习惯称它为"自然段"。

思路是指思考的条理脉络。在理解文章段落之间关系的基础上,可以进一步找出文章线索,理清文章思路。

【引领读悟】

以《我的老师》为例落实本点。

学习准备

了解散文的相关知识:

散文是一种常见的文学体裁。由于它取材广泛,摇曳多姿,艺术表现形式丰富多样,如同五彩斑斓的风景画,让人喜爱,让人陶醉。散文,如同小说、诗歌、戏剧一样,是作者用凝练、生动、优美的文学语言所写成的文章。一般来说,散文可以分为两大类。一类以写人、记事来反映作者的生活感受并抒发感情的,叫叙事散文;一类以状物、写景来抒发作者感受的,或议论,或抒情,叫抒情散文。散文不要求有完整的故事情节和具体的人物形象,写法灵活,形式自由,可采用多种表达方式。散文的特点是"形散而神不散"。阅读散文时,要发现并抓住文章的线索,把那些看来似乎并不相关的材料贯穿起来,找出材料之间的内在联系,从而理解文章的中心思想。

关于《我的老师》一文的阅读准备:

能扫除字词障碍,比较熟练地朗读全文。

导入新课

教师:同学们,在你们七年的学习生涯中,你们一定遇到过曾给你留下深刻印象或是深远影响的老师,也许是因为他讲的课总是那么生动有趣,也许是因为他曾给予过你一份学习之外的真诚帮助。举我自己的例子来说,我初中遇到的语文老师就对我产生了深远的影响,直到现在,我怀着一颗感恩的心也成了一位语文老师。不过,今天的主角并不是我的老师,而是魏巍先生的老师。我们不如就先从魏巍先生说起。《我的老师》一文是作者于1956年9月29日为《教师报》所写的回忆性散文。课题中的"我"即作者本人,"老师"则是作者小学时的教师蔡芸芝先生。那接下来我们就一起来看看,作者是如何叙写这位难忘的蔡老师的。

这节课,我们以《我的老师》一文的阅读为例,进行具体学习。请看我们本节课的学习目标。

叙述目标

教师:这节课,我们将以《我的老师》一文为依托,通过朗读、概括课文事件,理解文章段落之间的关系,学习围绕中心、以事写人的写作方法;通过比较、分析等方法,找出本文线索,理清文章思路,体味师生之间的美好情谊。

阅读渐进引领

第一步:学生读文本,整体感知文章内容。

教师:本文共记叙了哪些人物?其中主要人物是谁?

学生回答预设:记叙了蔡老师、"我"、母亲、小学同学。

教师:请同学们默读课文,概括出各段段意,初步感知文章内容。

| 本文共记叙了几件难忘的事情? | ← | 默读课文,概括出各段段意,在书中做出批注即可,再试着归纳七件事情,从而对文章进行整体感知。同时,整理出自己的问题、困惑。 |

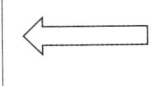

学生回答预设1:本文共记叙了有关蔡老师的五件事,包括蔡老师假装发怒、蔡老师教我们跳舞、蔡老师带我们观察蜜蜂、蔡老师教我们读诗、我们看蔡老师写字。

学生回答预设2:还有一件事是老师排除"我"和同学之间的小纠纷。

学生回答预设3：第14自然段，还有一件事——"我"梦里寻师。

教师点拨提升：

同学们概括得很好，但要注意概括的时候要抓住段落里的中心句、关键词进行概括。在几个自然段讲述同一件事情的时候，要学会归纳总结。通过归纳总结，我们可以看出文章可以分为三部分，第1至2自然段为第一部分，写最使"我"难忘的是蔡芸芝先生，以及蔡老师给"我"的总印象。第3至14自然段是第二部分，写"我"与蔡老师之间的七件事。第15自然段是第三部分，写"我"与蔡老师分别了。所以，同学们在概括段意的基础上，还可以试着理解文章段落之间的关系，划分部分，概括部分大意，这样就能很好地理清文章思路。

课文以"最使我难忘的，是我小学时候的女教师蔡芸芝先生"一句开头，展开了对蔡老师的回忆。第二部分文章列举了蔡老师的五件小事，写出老师爱学生，学生爱老师的真挚感情。在此基础上，作者写了"我"依恋蔡老师的两件事。蔡老师成为孩子们生活中少不了的人。第三部分是别后的思念，深情的语句抒发了"我"思念老师之情，与开头相呼应。

第二步：进入问题解决。

教师：下面，请同学们结合刚才的学习内容和文本，针对"理解文章段落之间的关系，理清文章思路"这一问题提出自己的疑惑。

学生在小组内交流自己的困惑，以组为单位将问题分类整理，之后各组汇报问题分类情况。

学生提出问题分类预设：

第一类：这篇文章为什么要写这七件小事？不写别的事？

第二类：这七件小事是怎样写的？

第三类：本文的线索是什么？

教师针对这几类问题，梳理出主问题指导点拨方法。

接下来，我们以"理解文章段落之间的关系，理清文章思路"为主问题，结合《我的老师》一文进行阅读方法的探讨。

对于"如何理解文章段落之间的关系，理清文章思路"这一主问题，我们可以分步骤去研究，我们先来研究分问题一：这篇文章为什么要写这七件小事？

第三步：教师指导点拨。

教师针对分问题一指导点拨方法：

教师抛出分问题一:这篇文章为什么要写这七件小事?

> 快速浏览课文,思考这篇文章为什么要写这七件小事?

> 重点引导学生如何边快速浏览课文,边圈点批注相关语句。并思考各事情之间的联系和区别。

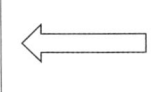

学生静心独立思考,再以组为单位进行讨论。

学生个体展示答案,全班交流。

学生回答预设1:围绕"老师爱孩子,孩子更爱老师"这一中心,从课内到课外,从平时到假期,从学校到家庭,从各个方面选取典型具体的材料来表现人物,突出"最难忘"。

学生回答预设2:前面五件事写蔡老师对学生的关心、教育、爱护和影响,是从"面"上写;后两件事则是对于"我"来说印象最深的,也最能表现老师对学生的爱和学生对老师的思念、依恋之情,是从"点"上写,所以详写。

教师针对分问题一指导点拨方法:

作者围绕中心精心选材,值得我们学习。在儿童时代,那些零碎的、具体的、直观的材料往往会让儿童们终身难忘。本文就选取了这样的符合儿童记忆特点的材料构文,材料选择很是典型。这七件小事,后两件详写,前五件略写。所选事例丰富多彩,而内容绝无雷同之感,更能表现出师生感情的步步加深。

教师引导学生继续思考:课文中所记的七件小事,显示了蔡老师的美好的心灵,抒发了作者热爱、感激老师的情怀。请问,这七件小事的次序可不可以打乱?如可以,请试一试。如不可以,能否谈谈理由?

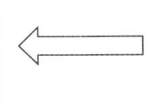

> 这七件小事的次序可不可以打乱?如可以,请试一试。如不可以,能否谈谈理由?

> 学生快速浏览课文,思考各段落之间的关系,一定要紧密联系文章主题进行思考,并试着写出理由。

学生精心独立思考、朗读体会。

教师指定学生个体展示答案。

学生回答预设1:我认为这七件小事的次序不可以打乱。这七件小事的次序安排,我觉得作者是经过精心考虑的。从课内到课外,从校内到校外,从平时到假期,全面展示了蔡老师热爱学生的美好心灵,表现了学生对老师的依恋之情。

学生回答预设2:随着作者回忆的轨迹,顺着作者记叙的思路,可以看出师生感情一步步加深,一步步上升。可见,次序安排是不可以随便调换的。

教师针对问题一指导点拨方法:

全文紧扣"我"而选材,蔡老师固然是"我们"的老师,课文中的每一个事例也都写到她对"我们"的教育以及"我们"对她的热爱,但每件事都只是从"我们"起笔,简单带过,而又都落笔在"我"身上,详细地写蔡老师对"我"的教育和"我"对老师的热爱与怀念,其落脚点正如题目所写,是"我的老师"的"我"。

教师针对分问题二指导点拨方法:

教师抛出分问题二:再读课文,思考文章中这七件小事是怎样写的?可以看出蔡老师是一个什么样的老师?

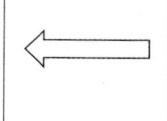

这七件小事是怎样写的?可以看出蔡老师是一个什么样的老师?	←	学生快速浏览课文,试着在书中圈点批注出表现蔡老师性格特点的关键词,再进行概括。

学生静心独立思考、朗读体会。

教师指定学生个体展示答案。

学生回答预设1:这七件事,前五件略写,后两件详写。

学生回答预设2:"她从来不打骂我们,仅仅有一次,她的教鞭好像要落下来,我用石板一迎,教鞭轻轻地敲在石板边上,大伙笑了,她也笑了。她并没有存心要打的意思。"从这里可以看出蔡老师温柔,热爱学生。

学生回答预设3:"她教我们跳舞,让我们观察蜜蜂吃蜂蜜,用歌唱的音调教我们读诗。"从这里可以看出蔡老师热情、慈爱。

学生回答预设4:蔡老师排除"我"和"小反对派"的小纠纷,可以看出蔡老师公正、伟大。

教师小结:

从同学们的发言中,可以总结出蔡老师是个美丽、温柔、热情、公正、热爱学生的老师,热爱学生最重要、最突出。

教师针对问题二指导点拨方法:

本文共记叙了七件事,前五件事写得概括,后两件事写得具体。前面写蔡老师的五件事,从面上概括体现老师爱学生,学生爱老师的中心,这五件事是依据作者感情步步加深的顺序排列的,感情的分量一件比一件重,对"我"的影响一件比一件深,由表及里,层层递进,逐渐把文章推向高潮。后面写孩子爱老师的两件事,披露了孩子内心里对老师的深情,也烘托和反衬了蔡老师对学生的爱。第六件事详写,对孩子来说,不知父亲死活,又遭同学奚落,这是难以承受的打击。老师的支持、鼓励,使"我"感受到温暖,对老师的感情也上升到新的高度:"在一个孩子的眼睛里,他的老师是多么慈爱,多么公平,多么伟大的人啊。"而详写第七件事"梦中寻师",使孩子对老师的爱达到更高的境界。

教师针对分问题三指导点拨方法:

教师抛出分问题三:通过分析课文,我们可以得出,蔡老师是个美丽、温柔、热情、公正、热爱学生的老师。蔡老师对学生们真挚的情感,我想你们已经有所体会,面对这样一位老师,学生们在情感上又是怎样回应蔡老师的呢?那接下来我们再具体看看"我"对蔡老师又是怎样的一种情感。让我们一起走进作者心灵,理清作者感情线索。

默读课文,简要分析面对这样一位老师,学生们在情感上又是怎样回应蔡老师的呢?	←	默读课文,找出表达作者感情的句子,抓住关键词,关键句,仔细体会我对蔡老师的情感,在书上做出批注。

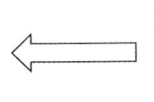

小组讨论,小组代表展示答案。

学生回答预设1:"她爱我们,并没有存心要打的意思。孩子们是多么善于观察这一点啊。"抒发作者对老师的理解、热爱之情。

学生回答预设2:"今天想来,她对我的接近文学和爱好文学,是有着多么有益的影响!"抒发了"我"对老师的感激之情。

学生回答预设3:"一个老师排除孩子世界里的一件小小的纠纷,是多么平常;可是回想起来,那时候我却觉得是给了我莫大的支持!在一个孩子的眼睛里,他的老师是多么慈爱,多么公平,多么伟大的人啊。"抒发了作者对老师的感激、赞美之情。

学生回答预设4:"蔡老师！我不知道你当时是不是察觉,一个孩子站在那里,对你是多么的依恋！"至于暑假,对于一个喜欢他的老师的孩子来说,"又是多么漫长！"直抒胸臆,抒发了"我"对老师的依恋、热爱之情。

学生回答预设5:"我是多么想念我的蔡老师啊！至今回想起来,我还觉得这是我记忆中的珍宝之一。一个孩子的纯真的心,就是那些在热恋中的人们也难比啊！什么时候,我能再见一见我的蔡老师呢?"这几句运用比喻修辞,抒发了"我"对老师的思念之情。

教师针对分问题三指导点拨方法:

同学们刚才找出了表达作者感情的部分词语,仅从这些词语,还不能体现作者对老师的一往情深,这些词语确实可以表达一定的思想感情,但是,如果离开一定的语言环境,离开具体的描述语句,就无从体现"我"热爱蔡老师、感激蔡老师,对蔡老师充满了依恋、思念之情。在体会我对蔡老师思想感情的时候要注意抒情和议论相结合的写作特点,以及用最朴素自然的文字抒发真情实感的语言特点。

第四步:学生个体思考。

教师引导学生继续思考:这七件事是如何贯串起来的?

贯穿全文的一条感情线索是什么？你能否列举事例,加以分析？	←	学生快速浏览课文,试着先梳理出"我"对蔡老师的情感,再结合实例,加以分析。

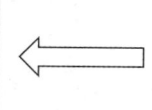

学生静心独立思考、朗读体会。

第五步:教师指定个体展示答案。

教师指名三个同学回答。

学生回答预设1:本文有一条感情线索是回忆、依恋、思念蔡老师。

学生回答预设2:回忆老师的温柔美丽,依恋:假装发怒、教我们跳舞、带我们观察蜜蜂、教我们读诗、看老师写字、老师排除小纠纷、我梦里寻师。思念:我和老师分别了。

学生回答预设3:记叙的七件事,始终贯穿着"爱"——老师爱学生,学生爱老师的强烈的思想感情。

第六步:小组讨论归纳答案。

学生以小组为单位,交流,形成口头或笔头答案。

第七步:指定组代表展示本组归纳的答案。

学生回答预设1:本文的感情线索是"回忆、依恋、思念我的蔡老师"。全文从头至尾,字里行间都充溢着对老师的一往情深。例如,作者所忆述的第一件事,老师对我的"假愠真爱"。"仅仅"一词是表示范围的,说明这是偶然性的、唯一的一次;"好像"道出了蔡老师形似真、实是假的情态;"一迎"这一动作生动地表明了师生之间的亲近、亲热关系:老师爱我们,我们爱老师,因而并不害怕老师。

学生回答预设2:"轻轻地敲""边上"蔡老师并非存心打"我",打的动作似重实轻,而且是"敲在石板边上"。慈母般的情怀可见一斑;大伙"笑了",她也"笑了"。轻轻虚打的动作逗得大伙会意地笑了,老师也发出了会意的、温柔的笑声。

学生回答预设3:还有第六件事。"不知道""值不值得"提它,解决同学间的纠纷,对蔡老师来说是微不足道的。但对幼小的心灵而言,所占的分量太大了。老师热爱学生,正确处理好学生间纠纷,医治学生心灵的创伤,使学生终身难忘。这种事情还不值得一提吗?

第八步:教师评价点拨。

本文合理的选材。以人物为中心,以深情为线索组织事例,寓情于事,以事传情。开篇第一句揭示全文之旨,点明了作者的情——"使我最难忘",叙写的人——蔡芸芝先生。紧接着围绕"老师爱孩子,孩子更爱老师"这一中心,从课内到课外,从平时到假期,从学校到家庭,从各个方面选取典型具体的材料来表现人物,突出"最难忘"。其材料安排由略到详(前五件事略,后两件事详),记叙节奏由快到慢,情感也越来越浓、越来越深。其次,全文紧扣"我"而选材,蔡老师固然是"我们"的老师,课文中的每一个事例也都写到她对"我们"的教育以及"我们"对她的热爱,但每件事都只是从"我们"起笔,简单带过,而又都落笔在"我"身上,详细地写蔡老师对"我"的教育和"我"对老师的热爱与怀念,其落脚点正如题目所写,是"我的老师"的"我"。此外,由于是儿时的回忆,作者以儿童的口吻记叙全文,用了类似"现在回想起来"等十三处回忆性语言提示回忆童年,仿佛又"对那时的儿童世界做了一番遨游"。从那时孩子的眼睛写老师,紧紧抓住了儿童特点进行选材。在儿童时代,那些零碎的、具体的、直观的材料往往会让儿童终身难忘。本文就选取了这样的符合儿童记忆特点的材料构成全文,如"扮女跳舞""排解纠纷"等等。

课堂总结

本文是一篇回忆性散文。作者回忆了儿童时代在老师身边的七件小事,抒发了对老师的热爱、感激之情,表现了蔡老师温柔、热爱学生、热爱教育事业的美好品德。要想理清文章思路,我们先要了解各段所写的主要内容,理解了文章各段落之间的关系,文章思路就十分清晰了。这篇课文共15个自然段,作者是循着"回忆—依恋—思念我的蔡老师"这条感情线索来抒写的。从这节课的学习中,我们学到了要围绕中心选取材料、安排详略的写法,同时,受到了"尊师"这一传统美德的熏陶。

【板书设计】

我的老师

魏巍

回忆

我　　　喜爱　　　蔡老师

依恋

思念

【智慧训练】

阅读短文,完成下列各题。

我的老师

苏叔阳

①春天又到了。

②柳枝染上了嫩绿,在春风里尽情飘摆,舒展着自己的腰身。迎春花举起金黄的小喇叭,向着春天吹奏着生命之歌。蓝天上,一架架风筝在同白云戏耍,引得无数的人仰望天穹,让自己的心也飞上云端。

③这时候,我就会情不自禁地想起我的刘老师,想起他放入天空的风筝。

④刘老师教我们历史课。他有一条强壮的右腿,而左腿从膝以下全部截去,靠一根被用得油亮的圆木棍支撑。有一次,他讲课讲到女娲造人的时候,笑着对我们说:"女娲用手捏泥人捏得累了,便用树枝沾起泥巴向地上甩,甩到地上的泥巴也变成人。由于女娲甩的力量太大了,有的人甩丢了腿

和胳膊。我就是那时候被她甩掉了一条腿的。"教室里自然腾起一片笑声，但笑过之后，每个学生的心头都泛起一股酸涩的感情，同时更增添了对刘老师的尊敬。

⑤他只靠着健壮的右腿和一根木棍，一天站上好几个小时，为我们讲课。写板书的时候，他用木棍撑地，右腿离地，身体急速地一转，便转向黑板。写完了粗壮的粉笔字，又以拐杖为圆心再转向讲台。一个年过半百的老师，一天不知道要这样跳跃旋转多少次。而他每次的一转，都引起学生们一次激动的心跳。

⑥他的课讲得极好。讲到历代的民族英雄，他慷慨陈词，使我们激动得落泪。讲到祖国近代史上受屈辱的岁月，他常常哽咽，使我们沉重地低下头去。后来，我考入大学历史系，和刘老师的影响有极大的关系。

⑦他喜欢在课堂上让学生们述说自己学习的心得。倘若有同学说得流畅、深刻，他便静静地伫立在教室一角，微仰着头，眯起眼睛，细细地听，仿佛在品味一首美妙的乐曲。然后，又好像从沉醉中醒来，长舒一口气，满意地在记分册上写下分数，大声地说："好！满分！"倘若有同学说得不好，他便瞪大眼睛，关切地瞧着同学，一边细声说："别紧张，想想，想想，再好好想想。"一边不住地点头，好像那每一次点头都能给学生一些鼓励。这情景，今天想起来，依旧那么清晰，那么亲切。

⑧然而，留给我印象最深的，还是刘老师每年春天放风筝的情景。

⑨当一天的功课做完，暮色还没有笼罩校园上空的时候，常常有成群的学生到操场上来看他放风筝。他的腿自然不便于奔跑，然而，他绝不肯失去亲手把风筝送入蓝天的欢乐。他总是让学生远远地擎着风筝，他喊声："起！"便不断扯动手中的线绳，那纸糊的燕子便抖起翅膀，翩翩起舞，直窜入云霄。他笑着，叫着，拄着拐杖，仰望白云，看那青黑的小燕在风中翱翔盘旋，脸上飘起得意十足的稚气，仿佛他的心也一齐跃上了蓝天。那时候，我常常站在他旁边，看着他的脸，我觉得他不是一位老人，而是一个同我一样的少年。年过五十的有残疾的老师，对生活有着那样纯朴、强烈的爱与追求，一个活泼泼的少年又该怎样呢？

⑩离开他已经近三十年了，但他仍在我的记忆里行走、微笑，用那双写了无数个粉笔字的手，放飞一架又一架理想的风筝。那些给了我数不清的幻梦的风筝永远陪伴着我的心，在祖国的蓝天上翱翔。

1. 选文写了刘老师几件事？有什么联系，能否调换位置？

引领读悟:通常阅读　>>>

2. 为什么刘老师放风筝的情景留给"我"的印象最深?

附　参考答案

1. 选文写了刘老师四件事:刘老师笑谈残腿;刘老师旋转着写板书;刘老师动情地讲课;刘老师赞赏、鼓励学生。这四件事顺序不可颠倒。这四件事层层递进,由学生心头泛起一股酸涩的感情,同时更增添了对刘老师的尊敬,到学生敬佩之情油然而生,到学生沉浸其中,时而激动,时而悲痛,最后,学生受到鼓舞,感到亲切。学生对刘老师的感情也是逐渐深入的。刘老师的乐观向上、身残志坚、热爱教育事业、热爱祖国、热爱学生,也是逐渐跃然纸上的。

2. (1)年过五十的有残疾的老师,在放风筝时表现出生命的力量(他童心未泯,充满朝气);(2)刘老师对生活有着纯朴、强烈的爱与追求,深深地感染了"我"。

（编写　陈丽芝）

理解文章段落之间的关系,理清文章思路

我的母亲

【内涵释义】

段落是文章思想内容在表达时由于转折、强调、间歇等情况所造成的文字停顿。人们习惯称它为"自然段"。段落有时被称为段落层次,也叫"意义段"或"结构段"。文章思路是作者行文时思考的线索、路径和脉络,始终贯穿在文章中,是作者谋篇布局的思维轨迹。理解文章段落之间的关系,理清文章思路就是在通读文章的基础上,理解各段内容,从而理解段落之间内容上的内在联系,梳理作者思维发展的轨迹,理解文章主旨。

【引领读悟】

以胡适的《我的母亲》为例,落实本点。

学习准备

会用概括段意的方法概括,主要有:摘句法(找现成的总起句、总结句、中心句、过渡句)、串连法(串连层意、句意、关键词)、根据文章中心"取主舍次"法、综合法、缩句法(句子不多,但较长的段落)等。

会用学过的方法划分段落层次(结构段落),主要有:整体分割法,通过表示时间的词、总起句、总结句、过渡句完成划分;重点突破法,先看课文重点写什么,找出重点段的起讫点,然后再照顾其前后写了什么,可分几段;相邻合并法,是把描写说明方面临近的自然段归并成结构段。

知道段落之间的关系常见的有:总分关系、并列关系、递进关系等。

导入新课

教师:母亲的笑容,是世界上最和煦的春风;母亲的皱纹,是艰辛岁月里风霜雪雨的刻痕;母亲的汗水和眼泪,是世界上最名贵的珍珠;母亲的画像,是勇敢和坚韧的象征。古往今来,有无数文人墨客抒写了他们所感受到的温情似水的母爱。胡适先生回顾自己所走过的道路,把深情的目光投向母

亲,用朴实的文字表达了对母亲深切的怀念。今天我们就来学习他的《我的母亲》一文,感受伟大而又温馨的母爱。同时,了解这位学者少年成长的历程,也许对你会有许多启迪。(板书:我的母亲　胡适)

叙述目标

通过读课文,圈点批注,并利用学过的方法概括自然段的主要内容;能通过研读具体段落,理解文章段落之间的关系,感受母亲对我的深远影响;通过划分文章段落层次,以及了解各层次之间的关系,感受作者在行文思路中对母亲的感激和深爱之情。

阅读渐进引领

第一步:学生读文本,整体感知文章或语段,明确积累内容。

教师:请同学们快速浏览课文,画出自己喜欢的句段,按自己的理解读一读。

学生自由读,画出自己最喜欢的句段,体会着读。

教师:好,哪位同学把自己喜欢的句段,有感情地读一读。

指定三名同学读自己喜欢的句段。

第二步:进入问题解决。

教师:读完文章,同学们对内容有哪些问题,请提出来。

学生自读课文,在书上标记出自己的问题。

小组讨论设计问题:有些简单问题,同学之间就会相互解答。组长记录有价值的,学生自己不能解决的问题。

教师归纳同学们提的问题。

学生提出问题预设1:母亲为什么要帮大哥打发债主?

学生提出问题预设2:大嫂、二嫂那样对母亲,可母亲却为什么只是哭?

学生提出问题预设3:文章第八段写大哥是个败家子,可为什么母亲却不骂他?

学生提出问题预设4:文章第七段中我随口回答:"娘(凉)什么!老子都不老子呀。"为什么母亲就痛打我?

学生提出问题预设5:文章第十二段为什么母亲要对五叔据理力争?

学生提出问题预设6:在本文中,为什么除了写母亲怎样训导之外,还用较多的笔墨写她与家人相处的情形?

学生提出问题预设7:文章第三段写我画画,为什么被先生见到会挨骂?

教师:同学们提的问题,有的是关于文章内容的,有的是关于文章主题的,不管什么问题,我们都要细读课文,了解每个自然段的主要内容。在初步了解文章内容的基础上,对文章的自然段进行合并,划分文章层次结构,理解文章段落之间的关系,从而理清文章思路,我们的问题就会迎刃而解。

同学们默读全文,思考每个自然段的主要内容是什么?(用简练的语言概括)	←	提示学生概括段意的方法:摘句法、串联法、取主舍次法、综合法、缩句法。 概括段意要做到全面、准确。

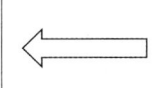

第三步:教师指导点拨。

教师:文章主要写的是我的母亲,我们在通过圈点画线、边注眉批,利用学过的方法概括自然段的主要内容时,可以按照"我的母亲怎么样"或"我的母亲做什么"的格式,适当加上"时间、地点"等要素进行概括。另外,同学们在完成任务的时候,一定要有时间概念,把控好时间,这篇文章三千字,用时六分钟。强调概括段意的要求:表达意思要正确、清楚、完整、简明扼要。

第四步:学生静心独立思考,个体准备答案。

给学生六分钟的时间静心独立思考,指导学生做好圈点批注,写好认识和感受,做好回答问题的准备。

学生准备答案。

第五步:教师指定学生个体展示答案,视情况适当指导点拨重点与相关注意。

教师:好吧,时间到了。下面请同学们展示答案第一段主要内容。

学生回答预设1:我小时候身体弱。

学生回答预设2:我小时候身体弱和装先生的事。

教师:同学们概括内容时一定要强调母亲对我的影响,以及我小时候的性格。

学生回答预设3:第一段交代了我性格的主要成因——来自自身原因和母亲的原因。

教师:概括得具体准确。看看第二段和第三段的内容是什么?

学生回答预设1:第二段写了自己爱学习的性格和儿时最活泼的游戏。

学生回答预设2:第三段主要写我两次失去发展的机会。

学生回答预设3:第三段主要写我没有学成音乐和绘画。

教师：这两种概括都可以，第四段是个特殊段落，说一说它的作用。

学生回答预设1：第四段是过渡句，作者笔锋一转，水到渠成得出：这九年的生活，除了读书看书之外，究竟给了我一点做人的训练，在这一点上，我的恩师便是我的慈母。

学生回答预设2：第五段写母亲叫我早起聆听教诲，催我上学。

学生回答预设3：第六段写我母亲管束我最严，她是慈母兼任严父。

学生回答预设4：第七段写我说了轻薄的话，母亲重重责罚我，以及为我舔眼翳。

学生回答预设5：第八段写大哥是败家子，新年避债，母亲只当没看见，然后给债主钱。

教师：这位同学不能全面、简洁、正确、规范地概括，句式杂糅不清，同学们明确这段主要写的是谁？

学生回答预设：我的母亲。

教师：我的母亲做了什么？

学生回答预设：我的母亲新年之际打发败家子大哥的债主，不骂大哥，不露出怒色。

教师：这位同学回答得很全面，下面几个段落各写了哪些内容？

学生回答预设1：第九段写大嫂、二嫂经常和母亲闹气。

学生回答预设2：第十段写母亲气量大，不和嫂子争吵。

学生回答预设3：第十一段写母亲的容忍换来家里的太平。

学生回答预设4：第十二段母亲听了五叔的牢骚话，据理力争，直至五叔认错。

学生回答预设5：第十三段写母亲对我的深远影响。

教师：同学们了解了每一段的主要内容，能不能概括出这篇文章的主要内容呢？同学们试着概括本文的主要内容。

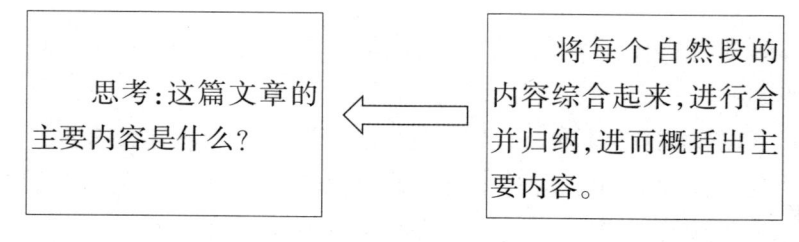

思考：这篇文章的主要内容是什么？	←	将每个自然段的内容综合起来，进行合并归纳，进而概括出主要内容。

教师点拨：

概括文章的主要内容,就是要搞清楚全文主要讲的是什么。在这里我们可以用段意合并法,把每段的段意连起来,就是文章的主要内容。应该明确概括文章主要内容并不只是机械地合并段意,要将各段内容在抓住重点的基础上,整体归纳。

学生自己准备答案。

学生展示答案。

学生回答预设:我性格的主要成因——来自自身原因和母亲的原因,自己爱学习的性格和儿时最活泼的游戏,我两次失去发展的机会,我没有学成音乐和绘画。这九年的生活,除了读书看书之外,究竟给了我一点做人的训练,在这一点上,我的恩师便是我的慈母,母亲叫我早起聆听教诲,催我上学;我母亲管束我最严,她是慈母兼任严父,我说了轻薄的话,母亲重重责罚我,以及为我舔眼翳;我的母亲新年之际打发败家子大哥的债主,不骂大哥,不露出怒色;写大嫂、二嫂经常和母亲闹气,母亲气量大,不和嫂子争吵;母亲的容忍换来家里的太平;母亲听了五叔的牢骚话,据理力争,直至五叔认错。写母亲对我的深远影响。

教师点拨:这个同学的确按照段意合并法完成的,但是不够简练。我们应该在了解段意的基础上,合并归纳,但并不等于各段大意的总和,概括时一定要注意区别重点段落与次要段落,做到有详有略,重点突出。

学生回答预设:作者对自己人生历程的一段回顾,写了自己童年至少年时代如何在母亲的严格要求和深情关爱下成长的几件事。

教师:同学们这次概括得很好,那么,我们先看看母亲给了我哪些影响?

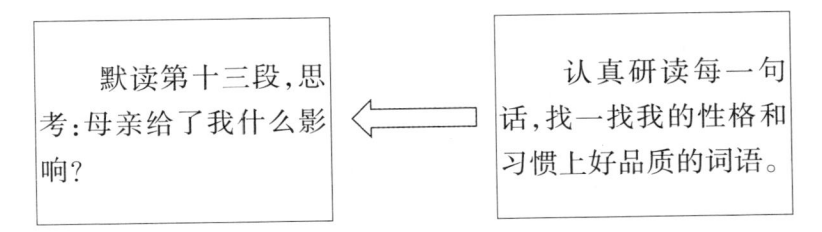

默读第十三段,思考:母亲给了我什么影响?	⬅	认真研读每一句话,找一找我的性格和习惯上好品质的词语。

教师指导点拨:认真研读每一句话,找一找我的性格和习惯上好品质的词语,那都是母亲对我的教育和影响。

教师个别指导。

学生回答预设1:母亲给了他一丝一毫的好脾气,一点点待人接物的和气,能宽恕人,体谅人。

学生回答预设2:没有人管束我。

教师:认真读原文,想想文章前两句"我在十四岁就离开她了"以及"没有人管束我"是什么意思?

学生回答预设:我从"我十四岁便离开她了,在这广漠的人海里独自混了二十多年,没有一个人管束过我。"说明我有独立生活的能力。

板书:好脾气、和气、宽恕人、体谅人、独立生活

教师:通过预习我们了解了胡适的成就,那么母亲是怎样培养胡适成为优秀的人呢?要想解决这个问题,我们一定要弄清母亲做了哪些事,使我能懂得待人接物。

认真、细致默读课文一至十二段,思考:文章主要写了母亲哪些事?	←	在概括自然段段意的基础上,按照母亲直接对我进行的教育和母亲与家人相处的事件分别概括出来。

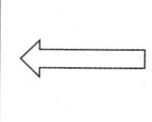

教师点拨:

虽然在初读的过程中就要求圈点画线、边注眉批、把握材料关键句,但因为第一次阅读时,对材料的把握不可能非常深入、细致,一定会有遗漏和未解决的部分,在第二次阅读时再来做这些工作就会比较全面。

学生个体展示答案,但答得不准确。

学生回答预设1:写我小时候身体弱,我也和小伙伴玩游戏。

学生回答预设2:写妈妈不准我和别的小朋友乱跑乱跳。

学生回答预设3:写妈妈管束我严,说错了话就狠狠地打我。

第六步:小组讨论归纳答案。

教师:认真读每段内容,在理解段意的基础上,对自然段进行合并,将意思相近的内容合并一起,并将重点提炼出来,用完整的语言标出来。下面请小组合作讨论归纳答案。一会儿,每组出一名代表展示本组归纳的答案,要求:表述全面、到位、准确、规范。

第七步:指定组代表展示本组归纳的答案。

教师:请组长代表展示本组归纳的答案,要求表述全面、到位、准确、规范。

小组代表展示答案。

学生回答预设：文章首先交代了自己性格的主要成因——来自自身的原因和母亲的原因，以及对童年往事的追念和惋惜之情。接着用过渡段，既总结了上文我的童年生活，又引出了下文母亲对我的教育。母亲对我的直接教育和间接影响，具体写了母亲早起对我教育，并且催我上学；母亲管束我最严，我说了轻薄的话，母亲重重责罚我，以及为我舔眼翳；母亲善待大哥；母亲气量大，不和嫂子争吵，母亲的容忍换来家里的太平；母亲听了五叔的牢骚话，据理力争，直至五叔认错。

教师：大家看这五件事既有母亲教育我、管束我，又有母亲与家人相处的事。在潜移默化中，我也学到了母亲的宽容、善良、容忍、温和和刚气。

作者写我的母亲，为什么要写我的童年生活，这看似与母亲无关的内容？

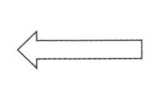

通过了解文章的主要内容（母亲对我的影响和爱），理解作者的情感（对母亲的感激和怀念），结合文章开头段的作用进行思考。

学生回答预设：看似无关，其实关系很大。写这枯燥无趣的童年，恰恰突出了下文母亲对我教育的重要和珍贵，为下文做铺垫。

教师：我们了解了每一自然段的主要内容，并且概括了母亲做的事情，我们来思考段落之间有怎样的关系？

学生回答预设：文章前三段写自己童年的身体、性格特点，同时也表达了对童年往事的追念和惋惜之情。写这枯燥无趣的童年，恰恰突出了下文母亲对我教育的重要和珍贵，为下文做铺垫。交代了这些内容之后，作者笔锋一转，但又水到渠成地把"母亲"推到了文章的中心："但这九年的生活，除了读书看书之外，究竟给了我一点做人的训练。在这一点上，我的恩师就是我的慈母。"这是文章的第一部分。文章五至十二段写母亲对我直接的教育和对我在做人方面耳濡目染、潜移默化的影响，这是文章的主体部分，写母亲对我"教之严""爱之慈"，写母亲在痛苦的生活处境中"当家"的艰难，写母亲"气量大，性子好"，仁慈、温和，但又不缺乏"刚气"，潜移默化对我影响。最后一段，写母亲对自己深远的影响。

第八步：教师评价，确认答案，升华强化和提出相关注意。

课堂总结

本文的行文思路就是作者先写了枯燥无趣的童年生活,进而引出给了我一点做人的训练的恩师就是我的慈母,以及母亲对我直接教育和间接影响的事例,最后一段,总写母亲对我的深远影响。字里行间体现了我对母亲的感激和怀念之情。

我们阅读文章时,一定要先了解每自然段的主要内容,并在此基础上划分结构层次,理解段落内容及段落间的关系,还要抓住关键句,包括中心句、过渡句、表达方式不同句,进而理清文章思路。

【板书设计】

我的母亲

胡适

理解每段意

再看段联系

抓住关键句

思路必清晰

【智慧训练】

阅读朱自清《冬天》,完成课后问题。

冬天

朱自清

　　说起冬天,忽然想到豆腐。是一"小洋锅"(铝锅)白水煮豆腐,热腾腾的。水滚着,像好些鱼眼睛。一小块一小块豆腐养在里面,嫩而滑,仿佛反穿的白狐大衣。锅在"洋炉子"上和炉子都熏得乌黑乌黑,越显出豆腐的白。这是晚上,屋子老了,虽点着"洋灯",也还是阴暗。围着桌子坐的是父亲跟我们哥儿三个。"洋炉子"太高了,父亲得常常站起来,微微地仰着脸,觑着眼睛,从氤氲的热气里伸进筷子,夹起豆腐,一一地放在我们的酱油碟里。我们有时也自己动手,但炉子实在太高了,总还是坐享其成的多。这并不是吃饭,只是玩儿。父亲说晚上冷,吃了大家暖和些。我们都喜欢这种白水豆腐,一上桌就眼巴巴望着那锅,等着那热气,等着热气里从父亲筷子上掉下来的豆腐。

　　又是冬天,记得是阴历十一月十六日晚上,跟S君P君在西湖里坐小划子。S君刚到杭州教书,事先来信说:"我们要游西湖,不管它是冬天。"那晚月色真好,现在想起来还像照在身上。本来前一晚上"月当头",也许十一月的月亮真有些特别吧。那时九点多了,湖上似乎只有我们一只划子。有点风,月光照着软软的水波,当间那一溜儿反光,像新砑的银子。湖上的山只剩了淡淡的影子。山下偶尔有一两星灯光。S君口占两句诗道:"数星灯光认渔村,淡墨轻描远黛痕。"我们都不大说话,只有均匀的桨声。我渐渐地快睡着了。P君"喂"了一下,才抬起眼皮,看见他在微笑。这已是十多年前的事了,S君还常常通着信,P君听说转变了好几次,前年是在一个特税局里收税了,以后便没有消息。

在台州过了一个冬天,一家四口子。台州是个山城,可以说在一个大谷里。只有一条二里长的大街。别的路上,白天简直不见人,晚上一片漆黑。偶尔人家窗户里透出一点灯光,还有走路的拿着火把,但那是少极了。我们住在山脚下。有的是山上松林里的风声,跟天上一只两只的鸟影。夏末到那里,春初便走,却好像老在过着冬天似的;可是即便真冬天也并不冷。我们住在楼上,书房临着大路;路上有人说话,可以清清楚楚地听见。但因为走的人太少了,间或有点说话的声音,听起来还只当远风送来的,想不到就在窗外。我们是外路人,除上学校去之外,常只在家里坐着。妻也惯了那寂寞,只和我们爷儿们守着。外边虽老是冬天,家里却老是春天。有一回我上街去,回来的时候,楼下厨房的大方窗开着,并排地挨着她们母子三个,三张脸都带着天真微笑地向着我。似乎台州空空的,只有我们四人;天地空空的,也只有我们四人。那时是民国十年,妻刚从家里出来,满自在。现在她死了快四年了,我却还老记得她那微笑的影子。

无论怎么冷,大风大雪,想到这些,我心上总是温暖的。

1. 作者描绘了哪些画面?

2. 这三幅画面,内容没有必然联系,作者为什么要如此安排?

3. 文章题为"冬天",写的却是自己与父亲兄弟、朋友、妻儿的往事,是不是文不对题?请结合内容和中心谈谈你的理解。(100—150字)

附 参考答案

1. 三幅画面分别是:冬天的晚上,父亲和我们哥三个围坐在洋炉前吃白水煮豆腐;冬天的晚上,朋友三人泛舟西湖;也是一个冬天,母子三人并排坐在厨房方窗前微笑着迎接我。

2. 这是一篇回忆性抒情散文,文章以朴实的语言,巧妙的构思,描绘了三幅生活画面:第一幅写的是儿时生活,生动地表现了父子之爱;第二幅写的是和友人冬夜泛舟西湖,表达的是朋友之谊;第三幅写的是家室之乐。这三幅画面各有韵味,各有情意,内容之间也没有必然联系,但是一条感情线使三者之间融为一体,来表达同一种内心深处的真挚而又温暖的情感。

  3. 不是。因为这三件事都发生在冬天,并且给作者留下深刻的印象。作者笔下的冬天是寒冷寂寞的,如"父亲说晚上冷",赏月时"湖上似乎只有我们一只划子",台州"白天简直不大见人,晚上一片漆黑";正是这些故事中的父子情、朋友情、夫妻情,使他感到"无论怎么冷,大风大雪,想到这些,我心上总是温暖的"。

(编写 马海英)

理解文章段落之间的关系,理清文章思路

晶莹的泪珠

【内涵释义】段落之间的关系包含部分段落与全文的关系以及段与段之间的联系。文章的思路是作者写文章的思维活动过程,不同文章的思路,遵循着不同的规律。以事为主的记叙文,要根据文中交代的时间、地点和事件发展的关系,来理清文章的脉络。以人为主的记叙文,可以从主要人物所做的事情入手把握线索,理清文章的思路。

【引领读悟】
以记叙文《晶莹的泪珠》为例,落实本点。

学习准备

熟读《晶莹的泪珠》。了解《中考说明》中的相关要求,做到心中有数:理解文章段落之间的关系,理清文章思路。网上查阅,整理段落间的关系、思路及理清思路的方法等相关内容。把所查到的内容和下面提示的内容作比较,加深印象。段落间的关系常见的有:并列关系、转折关系、总分关系、因果关系、递进关系等。文章(以记叙文为例)写作思路的主要形式有情节思路和情感思路。

导入新课

我们一起来看"理解文章段落之间的关系,理清文章思路"在试卷中是如何考查的。【2013年中考】15.《洞茶》文章写了作者与"洞茶"几十年一波三折的情缘。请参照所给语句,梳理文章的行文思路。这是对每个段落之间关系的考查。那如何准确回答呢?今天我们以记叙文《晶莹的泪珠》为例,来落实这一考点。

叙述目标

阅读《中考说明》,清楚从情节发生发展和人物情感心理变化方面理清行文思路,从而整体把握文章。讨论归纳总结答题思路。通过层次训练提

升阅读能力。

阅读渐进引领

第一步:学生读文本,整体感知文章。

请同学们看《晶莹的泪珠》一文。

1. 快速默读全文,划出你最喜欢的语句,并说明理由。

学生回答预设1:我喜欢"我抬起头来,猛然看见那双睫毛很长的眼睛里充满了泪水,像雨雾中正在涨溢的湖水,泪珠在眼眶里打着旋儿,晶莹透亮"。文中的我感受到女教师的真诚,写出了女教师听到我说休学后的急切心情。

学生回答预设2:我喜欢"我看见两滴晶莹的泪珠从她眼睫毛上滑落下来,缓缓流过一段,就在鼻翼两边挂住。我再次虔诚地向她鞠了一躬,然后转身走了"。我读到这里,全然进入了境界,被女教师爱学生的精神深深地打动了。

学生回答预设3:"当今,各种欲望膨胀成一种强大的浊流冲击着每一个人的心扉,我企望自己的泪泉,如女教师那饱含晶莹泪珠的泪泉一般,不至于堵塞,更不敢枯竭,那是滋养生命灵魂的泉源,也是滋润民族精神的泉源哦……"这一句,写出了作者的写作意图。

教师:同学们分析得很好。我们读书时,随文入境,设身处地地去分析体会人物的心情和作者的思想感情。

2. 整体感知文章主要内容。

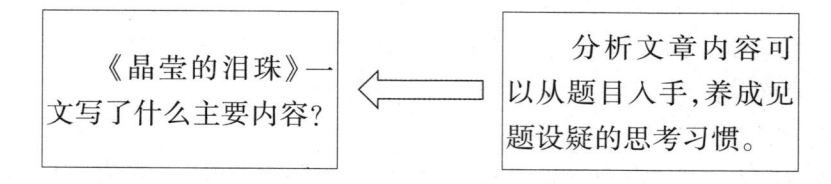

《晶莹的泪珠》一文写了什么主要内容? ← 分析文章内容可以从题目入手,养成见题设疑的思考习惯。

学生回答预设1:记录了作家陈忠实与他的老师的一件小事。

学生回答预设2:记录了作家陈忠实40年前与他的老师的一件小事。文中陈忠实回忆自己办理休学手续时,曾经与自己一个不知名的老师间的很短小很感人的一段经历。

学生回答预设3:记录了作家陈忠实40年前与他的老师的一件小事——女教师含泪劝他不要辍学的事。

学生回答预设4:记录了作者因家庭生活困窘不得不休学,在办理休学过程中得到了一位女教员的真诚关爱,这种关爱给了作者莫大的鼓励。

教师:评价几名同学的回答,互相借鉴,完善自己的认知。

3. 围绕"理解文章段落之间的关系,理清文章思路"这一主要内容,结合文本,提出需要解答的问题。

学生提问预设:如何划分本文层次?

学生提问预设:如何梳理本文的行文思路?

学生提问预设:结合第 20—24 段内容,体会作者写父亲在弥留之际对"我"所说的话有什么作用?

第二步:进入问题解决。

| 本文分为几部分,为什么? | ← | 理解文章段落间的关系,要抓住题目,寻找时间、地点的变换,情节发展,梳理内容。 |

学生:默读全文,感知主要内容。边读边结合要求做批注。

教师:找学生代表分析。

学生回答预设 1:全文分为两个部分,第一部分 1—22 段,叙述我办理休学证书的过程;第二部分 23—25 段,写这件事情对我的影响。

教师:谁来评价一下这位同学的分析?

学生回答预设 2:他划分层次有道理,概括段意简洁准确。

教师:刚才这位同学通过概括文章各部分的主要内容梳理的文章内容。同学们进一步梳理内容间的内在联系,抓住文中的一些标志性词语来理解文章段落之间的关系。刚才看到有同学把时间推移的词语标出来了,真好。谁来说说你是怎么划分的层次?

学生回答预设 3:分为三部分,第一部分 1—19 段,叙述我办理休学证书的过程;第二部分 20—24 段,叙述当年休学,回忆教师泪珠;第三部分 25 段,40 年后"我"的祈祷与企盼。

学生回答预设 4:"我手里捏着一张休学申请书朝教务处走去"到"一年后你怎么能保证复学呢?"(1—10 段)内容写出了女教师对休学要求的反应。

"于是我就信心十足地告诉她我父亲的精确计划"至"突然意识到因为

我的休学致使她心情不好"(11—12段),写女教师对精确计划的反应。

我便说:"老师,没关系,我年龄小。"她说:"白白耽误一年多可惜!"随之又换了一种口吻说:"我知道你的名字,也认得你。每个班前三名的学生我都认识。"我的心情忽然灰暗起来。我没有开口。(12段后)写对贻误一年做出的反应。

"她终于落笔填写了公函"到叮嘱道:"装好,别丢了。明年复学时拿着来找我。"(13—19段)女教师对明年复学的反应。

"5年后,父亲在弥留之际"至"父亲听后喃喃地说:……"

(1—19段)内容,人物:"我"和"女教师"。事件:办理休学手续。

(20—24段)人物:"我"和"父亲"。事件:叙述当年休学,回忆教师泪珠。

我今天把40年前的这一段经历写出来。(25段)写40年后"我"的祈祷与企盼。

教师:你们注意看,这位同学是以时间推移来梳理文章内容的。

接下来梳理本文的行文思路,这里我们侧重梳理本文的情感思路。

阅读第1—14段,你能用词语概括女教师在给"我"办休学证书过程中的心理变化吗?	⬅	在理解文章段落间关系的基础上,理清文章的思路。记叙文的思路侧重于情节思路和情感思路。

学生回答预设:

第一种:诧异—忧郁—可惜—担心

第二种:诧异—忧郁—惋惜—担心

你同意哪种说法?为什么?

学生回答预设:第二种。"惋惜",对人的不幸遭遇或事物的意外变化表示同情、可惜。"可惜"是值得惋惜。"惋惜"着重于对人的不幸遭遇等表示可惜,它常有爱怜感叹的意味,语气比"可惜"重。"可惜"着重于对人或事物的意外事故的同情。文中,女教师对作者休学一事感到惋惜。

担心:不放心;担忧:感到发愁,忧虑和不安。担忧比担心程度重。文中女教师叮嘱道:"装好,别丢了。明年复学时拿着来找我。"女教师的忧虑和不安跃然纸上。

教师:刚才针对呈现的不同答案进行了辨析。很好。接下来,谁能为同学们呈现你答这题时的整个思维过程。

学生回答预设:第一个词语"诧异",从"我要求休学一年时老师诧异地瞅了我一眼"直接看出女教师此时的心理。另外,从"就是你写的这些理由吗?""亲戚全都帮不上忙吗?"也分析得出女教师此时的心理。

第二个词语"忧郁",从11节"于是我就信心十足地告诉她我父亲的精确计划"和12节"你家里就再想不出办法了?"我看着那双充满忧郁的眼睛,突然意识到因为我的休学致使她心情不好,可以看出女教师内心的"忧郁"。

第三个词语"惋惜",从作者是班级前三名的学生,白白耽误一年多的时间很可惜,这些文字中感受到的。

"担忧"一词前面同学分析过,同意这种说法。

综合1至14段内容,从作者提出休学到休学成为事实,女教师的心理变化表现为诧异—忧郁—惋惜—担忧。

教师:分析得好!通过梳理文章的情感思路,让我们对作者写作意图的认识更深刻了。表示心理变化过程的词语,从原文中找答案;不能直接提取所要信息时,从文字传递的信息合并分析归纳。总之以文本为本,切忌片面主观臆断作答。

教师:继续出示思考题:结合第20—24段内容,体会作者写父亲在弥留之际对"我"所说的话有什么作用。快速读这几段文字。

学生默读一遍,加深对文本内容的理解。

第三步:教师指导点拨。

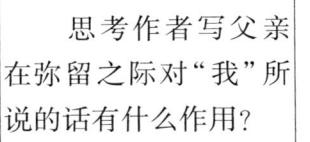

| 思考作者写父亲在弥留之际对"我"所说的话有什么作用? | ← | 思考问题,可以从不同角度去分析。要找准切入点,注意考虑问题要全面。 |

学生回答预设1:表明父亲的真实想法,当年精准计划失算了,对不起我。更突出女教师含泪劝我不要休学的重要。

学生回答预设2:首先表达父亲对当年决定的后悔。引发"我"对女教师的回忆,表现当时女教师劝"我"不要休学的意义。

教师点拨：阅读第20—24段，可以看出回答该题的关键语段是第23、24段。第23段交代父亲后悔的原因，同时，也体现出女教师劝"我"不要休学是多么重要；第24段则引出对女教师的回忆。所以，第一位同学回答不全，做题时还要看题目，读懂文章，联系上下文，从不同的角度考虑全面作答。

教师：这道题不仅帮助我们理清部分段落之间的关系，还让我们关注到段落与整体的关系，也就是说，不仅表达父亲对当年的决定的后悔这层意思，文章题目是"晶莹的泪珠"，女教师的事情父亲不知道啊，所以，自然引发"我"对女教师的回忆，才能进一步揭示出女教师的伟大！她的远见与卓识令人折服！

第四步：学生静心独立思考，读出认识、读出感受。

请大家围绕核心问题，如何"理解文章段落间的关系，理清文章思路"，独立思考和认识。前后桌四人为一组，分工合作：合作过程中记录员做好记录，养成记录的习惯，记住要把流动的语言变为凝固的语言，大胆交流，各抒己见。

学生：交流自己的思考、参与讨论并有人记录。

教师：巡视并适时参加各组的讨论，个别指导。

第五步：教师指定学生个体展示答案。

| 文章的写作思路大体分为几种，结合类型分析《晶莹的泪珠》一文。 | ⟵ | 以事为主的记叙文，要根据文中交代的时间、地点和事件发展的关系，情感的变化，来理清文章的脉络；以人为主的记叙文，可以从主要人物所做的事情入手把握线索，理清文章的思路。 |

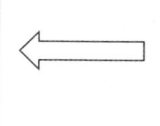

师生归纳：

1. 并列式

这种思维方式是平行关系扩展，段与段之间表现为横向关系，内容一般是谈几个方面的问题或一个问题的几个侧面。

2. 层进式

这种方式表现为上下文之间相互衔接、向前推进，思维形式是纵向延伸；事情发展有明显的阶段性。比如选文《晶莹的泪珠》。

3. 总分式

总分式实际包括总分、分总、总分总这三种形式。如《我的老师》开头就点题,然后回忆了与老师的交往,突出了蔡老师对作者的巨大影响和学生们对老师的依恋,最后写到与老师的分别,结束全文。采用这种总分总式的结构就显得思路很清晰。

第六步:小组讨论归纳答案。

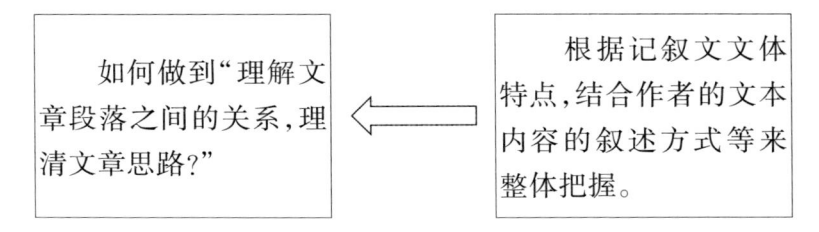

| 如何做到"理解文章段落之间的关系,理清文章思路?" | ← | 根据记叙文文体特点,结合作者的文本内容的叙述方式等来整体把握。 |

组内交流,互相启发,智慧资源共享。

小组代表展示

小组1:理清思路的途径较多,关键要注意到线索、过渡与照应、段落层次的划分。

小组2:还要看首尾段的安排以及重要字词句、标题的提示作用等等。

第七步:指定组代表展示本组归纳的答案。

"理解文章段落之间的关系,理清文章思路"可以从以下几个方面进行:①抓住题目。②寻找时间、地点变换,梳理内容。③品读结尾,探究中心。除此以外,揣摩文章的标题、首尾、关键句、表现手法等也有助于理清思路。大家可以自己在阅读过程中慢慢体会。

第八步:教师或学生评价,确认(或补充)答案,升华、强化做这类题重点的带规律性的方法、要求(明确积累内容)和注意事项(提示防止出现的问题)等。

教师:大家分析得不错,形成一种认识上的共鸣。是的,一个段与另一个段是不能随意拼凑在一起的,它们往往存在总分关系、并列关系或递进关系等逻辑联系。我们在阅读时应先辨明某段究竟和哪一段直接构成组合关系,再进一步辨别已构成组合关系的若干段又和哪些段构成更高层次的组合关系,这样最终把全文各段的层次关系明确下来,这就理清了全文的思路。

之前总结答题出现不全面的、不准确的还要在读懂上下功夫。所以,一个考点的突破,先要看《中考说明》的要求,然后以具体文章为例分析理解掌握,这个过程是思维呈现的过程,是依据文本内容有理有据分析的过程,当然离不开纠错改进完善的环节,最后还要适量做反馈练习,达到准确熟练的程度。

课堂总结

理清思路小口诀

谁时地因咋干果　　找到要点细比较
分层概括要准确　　题干提示很重要

【板书设计】

理解文章段落之间的关系,理清文章思路
——一般记叙文

　　一　抓住文章线索
　　二　理清记叙顺序
　　三　认准过渡照应
　　四　辨别段落层次

【智慧训练】

阅读《又临黄河岸》,回答问题。

不知为什么,每当我看到黄河,眼中常渗出热泪。

大约是少年时候的记忆老盘旋在我心里吧!那时,日寇的铁蹄践踏着中华大地,俯冲的敌机,飞落的炮弹,爬满火车顶的难民……我被大人们塞进闷死人的车厢,暗夜中逃过黄河。在渭水之滨的山村里,我捏紧小拳头,眼里闪着泪星儿,跟流亡的大学生们学唱那首悲愤的歌:"风在吼,马在叫,黄河在咆哮!……"

直到新中国成立后,我才第二次看见黄河。火车北上,欢腾地驶过新生的中原。当列车员告诉乘客们,火车就要跨过伟大的黄河的时候,我急忙把前额贴在车窗上,看浩荡的浊流沉着而有力地漫过大地。一瞬间,我的眼睛润湿了,我胸中涌出了那首崇高的歌:"啊,黄河,你是中华民族的摇篮!"

大前年的秋天,我去访问呼和浩特。好友邀我一道去登大青山。汽车盘旋而上,窗外掠过如花的红叶和挺秀的白桦林。一路上,好友给我说了好些抗日战争时期蒙、汉人民并肩战斗的故事,那昔日的厮杀声和马蹄声,犹在耳边。车停在山巅,他遥指苍莽的土默特平川,深情地说:"看,黄河!"可不,远处不就是我久违的黄河吗?像一根不见首尾的丝带,云中而来,雾中而去,千回万转,把我的无尽思绪缠入过去,引向未来。

去年夏天,我又临黄河岸。不是在北方,而是在四川的若尔盖大草原。

谁都知道,四川省属于长江流域。可粗心的人们不曾留意,这巴山蜀水,却也属黄河的版图。黄河,这万水之父,来自巴颜喀拉山,奔过青海高地,急转直下,轻轻地、轻轻地擦过川西北的边缘。

我来到若尔盖的辖曼牧场,一下车,就央告牧场的同志,快带我去看看黄河。于是备马置鞍,牧场的副场长求吉同志,热心地伴我同行。

马蹄溅溅,踩过一条小溪。前面是一大片数千亩的人工草场,种植着披碱草、燕麦和紫花苜蓿。求吉告诉我,眼下这寂静的草原,也曾有过一番沸腾的景象:为建设美好家园所激奋的牧民们,用拖拉机的队列翻起了亘古沉睡的处女地,播下优良草种,造就了这草原上的草原。正是由于近年来他们狠抓草原建设,牲畜才摆脱了靠天吃草、夏足冬欠的困窘,更快地繁衍起来。

看四处,牧草高及马胸,繁花美似彩毡。这是草原牧民用辛勤的汗水描绘出来的美景。肥美的牧草,让马儿走到这里,也只恋着埋头吃草,却把我们搁在马鞍上。我想着心中的黄河,于是扬起马鞭,马儿跃过沟渠,直奔一带浅山。

求吉先登上山头,他翻身下马,欢叫着对我招手:"快,快来看!"

啊,黄河,我又一次,又一次看到了你!

千里草原上,从天地相接的远方,迂回曲折,慢慢悠悠地走来了黄河。没有奔腾的激浪,没有啸叫的怒涛,安详、舒展而从容不迫。这里河面不过百十来米,两岸像刀削般整齐;那深沉的河水,呈现着淡淡的绿色,清晰地映出白云的影子。黄河,似乎在沉思,在暂时地歇息,在默默地积蓄力量,在期待着明天的奔腾……

是这样的吗?黄河!此时此地,你多像我们中华民族的今天。我们黄河的子孙们,经历了多少苦难和欢欣,黑暗和光明,失败和胜利……空前浩劫的十年,把我们民族的元气几乎耗尽,留下了贫穷、迷惑、创伤和艰辛。哀叹吗?不!那是弱者的声音。我们需要的是智慧的目光,是积淀的力量,是航机起飞前的滑行,是健将跳高前的一顿……正如这黄河的沉思、歇息、积蓄和期待!

沿着黄河岸,我和求吉并辔而行。黄河在草原上流,也在我的心上流着。这沉着而有力的洪流,冲去我胸中的痛苦和哀伤。我不由得昂奋而自豪了。啊,我们伟大的、多难却不败的中华民族呀,纵然是身负贫穷落后的重荷,纵然是一步一个艰辛,但却更加紧密地团结着,凝聚着无尽的力量,坚韧顽强地向着光明、富足,向着最美好的未来走去!

哦,我眼中又渗出了热泪。我心中颤动着昔日和今日的颂歌:啊,黄河,我们祖国的英雄儿女,像你一样的伟大坚强!伟大坚强!

文中写了作者的三次流泪,表达了不同的情感。阅读文章,填写表格。

	地点	流泪原因	内心情感
第一次	山村里	①	悲愤痛苦
第二次	火车上	想到祖国获得新生	②
第三次	黄河岸	③	④

附 参考答案

①想到国土遭到日寇践踏(人民颠沛流离)②兴奋激动③想到历经磨难的祖国正走向美好未来④昂奋自豪

(编写 赵洪浩)

理解文章段落之间的关系,理清文章思路

爸爸的花落了

【内涵释义】

文章段落之间的关系构成文章的结构。文章结构是作者对文中材料的安排和组织,是支撑文章的骨架,是作者写作思维的外在形式。作者在文章中表情达意、叙事说理都要通过结构、层次和段落表达出来。文章思路则是作者按照一定的条理表达思想的路线和途径。理清文章思路就是沿着作者的思想轨迹去"提各段之纲,挈各段之领"。因此,理解文章段落之间的关系,理清文章思路是正确解读文章的关键。

【引领读悟】

以林海音的《爸爸的花落了》一文为例落实本点。

学习准备

理清文章思路:记叙文的行文思路一般按照情节的发生发展或主人公的情感心理变化展开。

了解文章线索和写作顺序:文章线索是贯穿一篇文章始终即在文章的不同段落中都可见到的词、句子,在解读文章时可以依照线索来解读文章含义,了解文章主旨。只有把握好文章的线索,才能梳理文章思路,把握文章的主要内容。记叙文的写作顺序一般分为顺叙、倒叙、插叙三种。

概括事件内容:借助记叙文核心要素概括事件主要内容,即"人 + 事 + 果"。

导入新课

教师:人生在世,人们夸赞最多的是母爱,人们最不能忘怀的也是母爱。可是今天我们要为我们的父辈唱一首颂歌(课题板书),他们同样值得我们夸赞。现在我们就一同去认识一位可敬又可爱的父亲。

叙述目标

教师:通过整体阅读感知文章内容,概括文章主要事件,划分文章段落层次,理清文章思路;根据主要事件了解作者的成长经历,进一步体会父女之情。

阅读渐进引领

第一步:学生听读并配乐朗读课文,整体感知文章内容。

教师:请同学们边阅读课文边圈画重点词句,概括文章的主要内容。

> 说一说这篇文章的主要内容是什么?

> 概括文章主要内容:
> 1. 段意合并法。先概括每段的主要内容。再把每段大意综合起来,加以概括,就是整篇文章的主要内容。
> 2. 要素串联法。按照时间、地点、人物、事件(包括起因、经过、结果)六要素概括主要内容。

学生回答预设1:这篇文章讲述了英子的父亲由于生病,不能参加英子的毕业典礼,在毕业典礼上英子回忆与父亲之间的美好往事,想起父亲对自己的种种教诲,在父亲的陪伴下自己逐渐成长的故事。

学生回答预设2:这篇文章讲的是英子在毕业典礼上回忆往事,想起父亲对自己严格的要求、殷切的希望、温暖的关怀以及热忱的鼓励,明白自己要成为一个懂事的孩子,要成为弟弟妹妹们的榜样才不会辜负父亲的爱。

教师:同学们运用老师所提供的方法对文章内容的概括都比较全面准确。整体感知课文内容后,请同学们再读课文,从文章的内容和结构两个方面画出你不理解的地方或是提出你的问题。

小组成员互助:自己先画出不理解的地方或是提出问题,自行思考解决。自己不能解决的问题,小组内交流。

学生问题预设1:为什么"爸爸的花落了,我也不再是小孩子"了?

学生问题预设2:为什么"我们是多么喜欢长高了变成大人,我们又是多么怕呢"?他们怕的是什么?

学生问题预设3:"爸爸的花落了"还有什么含义?

学生问题预设 4：为什么常常有人让我做大人？

学生问题预设 5：为什么"我"会在毕业典礼上想起小时候爸爸打我的事？

学生问题预设 6：为什么爸爸打了我之后还给我送花夹袄和钱？

学生问题预设 7："我"才十二岁，为什么结尾说"我"已经是大人了？

第二步：进入问题解决。

教师：大家提的问题都很有价值，老师针对文章的题目和结尾处也提出了几个问题，大家先看看这些问题解决了，对我们解决其他问题是否会有帮助。

教师问题 1：英子在成长过程中经历了哪些事使她觉得自己不再是小孩子了？这些事对英子的成长有什么帮助？从英子的哪些变化中能看出她长大了？

教师问题 2："爸爸的花落了"是什么意思？

第三步：教师点拨。

教师：对于第一个问题，我们可以先从文章的结尾处英子的感慨分析，同学们能不能用一个词语概括"我也不再是小孩子了"这句话的含义？

学生回答预设：长大。

教师："长大"又是什么意思呢？

学生回答预设 1：长大意味着有责任感。

学生回答预设 2：长大意味着能为家长分担家庭负担。

学生回答预设 3：长大意味着身体长高，心理成熟。

学生回答预设 4：长大意味着能够独立，自己做事情。

教师：各位同学的解释都很好，老师认为所谓"长大"一是指年满 18 周岁，可称之为长大，超过 20 周岁为真正意义上的长大成人，还可以指生命的一个过程，也有"成熟"的含义。英子此时的年纪尚小，这里的长大是指英子在爸爸的教育下，又因为家里的一系列变故而迅速成熟起来。大家要明白结尾这句话的含义。

找一找文中写哪几件事来体现英子的成长？概括这些事件的主要内容。	←	概括方法：摘句法、六要素概括法（谁做了什么，有什么结果）等。语言要求准确简明，从统一角度进行概括。

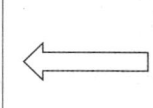

第四步：学生个体思考，自己准备答案。

学生精读文本，寻找事件并概括。

第五步：教师指定个体展示答案。

指定四个学生回答：

学生回答预设1：爸爸鼓励我独自参加毕业典礼。

学生回答预设2：爸爸打我，逼我去上学，并给我送来钱和衣服。

学生回答预设3：爸爸鼓励我独自去银行寄钱。

学生回答预设4：爸爸死后，我非常镇定。

教师：同学们把事件找得都很准确，概括也很准确。我们在阅读文章时不仅要关注事件本身，还要关注事件对人物产生的影响，下面请同学们再读课文，继续思考以下问题：

请根据文章内容概括出这些事件对英子的成长有哪些影响？	←	通过对人物描写感受人物的成长变化。

学生回答预设1：参加毕业典礼前我很害怕，在爸爸的鼓励下，我独自参加毕业典礼并作为学生代表发言。

学生回答预设2：我因为一次赖床晚起被爸爸责骂，在爸爸的教育下，上学再也没有迟到。

学生回答预设3：我独自到银行寄钱，心里很害怕，在爸爸的鼓励与叮嘱下独立完成了任务。

学生回答预设4：我在知道爸爸去世的消息前心里很慌，"好像怕赶不上什么事情似的"，得知爸爸去世后"从来没有这样的镇定，这样的安静"，心里发出"我再也不是小孩子了"的感慨。

教师:英子的成长并不是一帆风顺的,充满了困惑与挑战,但也正是这些困惑与挑战锻炼了她,让她逐步成长起来。这些事件对英子产生了很大的影响,同学们再认真思考一下,这些影响让英子发生了哪些变化呢?

学生回答预设1:成为学生代表让英子变得独立自信。

学生回答预设2:上学再也没有迟到,让英子具有守时的作风。

学生回答预设3:独自去银行寄钱让英子变得勇敢。

学生回答预设4:听到爸爸去世的消息让英子意识到身上的责任,让英子变得坚强。

教师:林海音说:"虽然我和父亲相处的时间还比不了和一个朋友更长久,况且那些年代对于我又都属于童年的,但我对于父亲的了解和认识极深。"尽管写此文时林海音的父亲已辞世二十多年,但从林海音和她爸爸的故事中,我们仍然能够清晰地看到她成长的每一步经历。

第六步:学生讨论归纳答案。

教师:我们通过概括作者成长经历中的事件,理清了文章思路。文章叙述的这四件事看似独立,实际又是紧密联系在一起的,它们代表了作者的成长过程。

说说作者是按照什么顺序记叙成长事件的?	记叙文的顺序: 顺叙:按照时间先后顺序记叙。 倒叙:先说结果,再叙述起因、经过。 插叙:在顺叙主要情节的过程中插入相关内容。

小组讨论归纳答案。

指定组代表展示本组归纳的答案。

学生回答预设:文章是按照插叙的方法记叙事件的。文章以我参加学校毕业典礼这一事件为主线,在毕业典礼的过程中通过回忆插入与父亲之间发生的故事。从作者记叙的事件中我们感受到了父亲对英子的影响以及英子的成长变化。

教师:得知爸爸去世的消息后,英子非常地镇定和安静,看到玩闹的弟弟妹妹和院子里垂落的夹竹桃,只是默念了两句"爸爸的花落了,我已不再是小孩子"。"爸爸的花儿"究竟是指什么花？是指自然之花还是指生命之花？"爸爸的花落了"是什么意思？

学生回答预设："爸爸的花落了"一方面指爸爸种的夹竹桃凋谢了，另一方面也是指爸爸的生命之花凋谢了，爸爸离开了人世。

教师：文章以"爸爸的花落了"为题，文章中又多次提到爸爸爱种花，"花"在这篇文章中起到了线索的作用。

| 你能说一说这篇文章有几条线索吗？ | ← | 明线就是从文章表面文字中能看见的贯穿文章始终的，将文章联系起来成为一个整体的脉络。暗线就是要从文章中分析得来的贯穿文章始末的线索。 |

学生回答预设：这篇文章叙事有两条线索。我参加毕业典礼是文章的明线；文章题目为"爸爸的花儿落了"，为与题目相映，文章多处写到花，如开头由衣襟上的夹竹桃引出爸爸生病住院，结尾用"垂落的夹竹桃"回应前文，点出爸爸已不在人间，可以看出"花"是作为线索贯穿小说始终的。所以，文章中多次出现的"花"也是文章的线索，是一条隐藏的暗线。

教师：生命如花，纵使多情而美丽，但总有一天，它会无奈地凋谢，陨落枝头。爸爸的花落了，却结出了甜美的果实，那就是英子的长大成熟。我们回顾文章的开头，爸爸在弥留之际，对英子所说的话，此时看来别有深意，其中有三句话让老师感触最深：

"英子，不要怕，无论什么困难的事，只要硬着头皮去做，就闯过去了。"

"明天要早起，收拾好就到学校去，这是你在小学的最后一天了，可不能迟到！"

"没有爸爸，你更要自己管自己，并且管弟弟和妹妹，你已经长大了，是不是？在课文中，"我"正是从爸爸的这一席话当中引出了对往事的回忆和对眼前事的思考，请同学们再读课文，找出课文中哪些事件与这三句话相照应呢？

第七步：指定组代表展示本组归纳的答案。

学生回答预设1："英子，不要怕，无论什么困难的事，只要硬着头皮去做，就闯过去了"这句话对应的事件是爸爸叫她到东交民巷正金银行，给日本的陈叔叔汇款。

学生回答预设2:"明天要早起,收拾好就到学校去,这是你在小学的最后一天了,可不能迟到"这句话对应的事件是回忆起爸爸惩罚她赖床不起,却还特意跑到学校给她送钱和衣服,使她明白爸爸对她的爱是很深的。

学生回答预设3:"没有爸爸,你更要自己管自己,并且管弟弟和妹妹,你已经长大了,是不是?"这句话对应的事件是回家后看到垂落的夹竹桃和掉在地上的青石榴,在得知爸爸死讯时,她虽然很悲伤,但是想到爸爸对她说的话,她明白自己已经长大了,于是表现出从来没有过的镇定和安静。

第八步:教师评价点拨。

教师:正是这样一个严格得不近人情,却又温情地热爱生活的爸爸,才使英子从一个娇气的小女孩成长为一个勇敢、有担当的人。从爸爸在弥留之际一番深切的话语中,我们深深地感受到了一个伟岸的父亲形象。父爱是什么?是胸前的夹竹桃,是抡起的鸡毛掸子,是那冒雨送来的花夹袄,是那生命的最后叮嘱。父爱如山,如山一般厚重,如山一般伟岸。

课堂总结

把握文章段落之间的关系,理清文章思路是整体阅读一篇文章的前提,也是对文章进行深层理解的基础。通过概括爸爸教育我成长的主要事件,抓住明(毕业典礼)暗(爸爸爱花)两条线索,梳理出文章思路——我的成长变化过程,进一步理解文章的主题:爸爸对我的爱和我对爸爸的怀念。本文使用线索,使文章段落紧密联系,文章结构浑然一体;运用插叙,使文章内容丰富,波澜起伏。

【板书设计】

爸爸的花落了
林海音

事件　　　　　　　影响　　　　成长

独自参加毕业典礼　→　信心　→独立自信

被迫起床按时去上学→　准则　→遵守时间

独自去银行寄钱　　→　勇气　→勇敢自信

镇定接受爸爸的死讯→　力量　→敢于担当

【智慧训练】

一起去看
刘心武

　　儿子九岁那年,父亲跟他说:"带你去看球!"儿子高兴得跳起来。
　　到了看台,儿子只顾吃冰棍,吃了冰棍又扭着身子要喝汽水,父亲生气:"你再磨人,下回不带你来了!"父亲教他如何看球,他知道了什么叫角球,什么叫点球。
　　儿子十六岁了。父亲跟他说:"带你去看球。"儿子不吱声。父亲提高嗓门:"带你看球你还哭丧着脸!谁该你二百块钱还是怎么的!"儿子晃晃肩膀出门去了。母亲跟父亲说:"还记咱们仇呢。那回不让他去电影院看《望乡》。"
　　父亲独自去了赛场,在门口把多余的票退了。球赛不怎么精彩,磨来磨去不进球。中场休息,父亲去洗手间,半道忽然发现了儿子,跟几个同学在一起喝可口可乐,嘻哈议论倒也罢了,肢体没有一刻是正型,手舞足蹈,实在扎眼,本想过去吆喝几声,但强忍住了。父亲没等散场就回了家。母亲问他谁输了让他脸那么黑?他大嚷:"我输了!"儿子很晚才回家,只叫声妈,就回自己那间屋了,还把门关得紧紧的。
　　儿子上大学了。暑假在家,有天跟父亲说:"爸,我有两张票,咱们一起去看球?"父亲想了想,唔了一声。母亲布出一桌菜,爷俩喝啤酒。母亲听爷俩侃球,开头客客气气,后来抬起了杠,再后来语速加快,互相打岔。母亲心里有点儿紧张。但是最后爷俩一起去看球,一起回了家,回了家又坐在沙发上喝啤酒,把球场上的角色刻薄了一溜够。晚上儿子在弄电脑,母亲过去闲聊几句后,问:"你上中学时候,为什么不跟你爸去看球,还老跟他顶牛?"儿子笑了:"妈,我那是少年反叛期啊!尤其要反叛老爸!您记得他怎么造句的吗?——带你去看球!——我觉得自己是大人了,他还把我当成个附属品,可以随随便便地把我带来带去——其实那时候您跟老爸也没多大区别,动不动就'把手洗干净!''怎么把衬衫领子竖起来?'……"母亲也笑了,母子肢体没有拥抱,心是拥抱得紧紧的了。

儿子工作了。有天父亲打他手机:"咱俩一起看球去怎么样?"儿子问是哪场?父亲告诉了他,儿子直言不讳:"他们能赛出什么味道来?整个儿是鸡肋!"父亲就乐呵呵地回应:"弃之可惜不是?"爷俩约定赛场门外不见不散。

父亲年纪不算太老,却坐上了轮椅。那天儿子回来看望。吃罢饭,儿子说:"爸,我带你去看场球吧。"母亲好高兴:"是呀,让你爸再乐呵乐呵。看电视上的球赛,他总乐呵不起来。"父亲却只是淡淡地唔了一声。

那晚儿子开车来接父亲,母亲告诉他:"我拦不住,他自己去了。他说他不要人带去。他说他又不是件东西,凭什么让人带来带去的?我说你不是不方便吗?他说现在到处的设计都考虑到了坐轮椅的人士,他完全可以自己去看球赛。他揣着你留下的那张球票就自己驾着轮椅坐电梯下楼了,还死不让我把他送上出租车……"

儿子没听完就跑下楼,赶紧开车奔往比赛场地……

1. 贯穿全文的叙事线索是:_____,文中体现这一线索的语言标志有:_____。

2. 仿照例句,按要求概括文章不同时期的叙事内容。

例如:儿子九岁那年,"父亲带儿子看球";

儿子十六岁,_____;

儿子上大学,_____;

儿子工作了,_____;

父亲坐上了轮椅,_____。

3. 随着时间的推移和儿子的成长,文章中儿子与父亲相处时的感情或态度经历了怎样的变化,请在表中的横线上分别填写合适的词语进行概括评价。

时间的推移	儿子与父亲相处时的感情或态度
儿子九岁那年	儿子____父亲
儿子十六岁	儿子____父亲
儿子上大学	儿子____父亲
儿子工作了	儿子____父亲
父亲坐上了轮椅	儿子____父亲

附 参考答案

1. 时间线索:儿子成长成熟的各个阶段;或者情感线索:儿子与父亲相处时的感情或态度变化;或者事件线索。父子看球标志语言:儿子九岁那年;儿子十六岁;儿子上大学;儿子工作了;父亲坐上了轮椅

2. 儿子九岁那年,父亲带儿子看球

儿子十六岁,父亲、儿子各自看球

儿子上大学,儿子邀请父亲去看球

儿子工作了,父亲邀请儿子看球

父亲坐上了轮椅,儿子打算陪父亲去看球

3. 儿子九岁那年,儿子依从父亲

儿子十六岁,儿子反叛父亲

儿子上大学,儿子平视父亲

儿子工作了,儿子亲近父亲

父亲坐上了轮椅,儿子关切父亲

(编写 吉杨)

理解文章段落之间的关系,理清文章思路

中国石拱桥

【内涵释义】

文章思路指的是作者的思维发展的线索。在文章中体现为各部分之间内在的逻辑联系。因此要想理清一篇文章的写作思路,只有弄清楚段落之间的逻辑关系,思路才能清晰地呈现出来。段落与段落之间的关系有:总分关系、概括与具体的关系、因果关系、转折关系等等。

【引领读悟】

以《中国石拱桥》一文为例,落实本点。

学习准备

通读全文,疏通文意;具备一定的概括能力;了解说明文的说明顺序:时间顺序、空间方位顺序、逻辑顺序(从概括到具体、从特殊到一般、从现象到本质、从原因到结果、从主要到次要……)。

导入新课

蔡国庆曾经唱过一首《北京的桥》,其中有这样两句歌词"北京的桥啊千姿百态,北京的桥啊瑰丽多彩",由此可见,北京的桥真是别具风采,让我们看看这些瑰丽多彩的桥。(教师出示有关桥的图片)看着这一幅幅精美的图片,你知道怎样将它们清楚地介绍给别人吗?下面老师将以《中国石拱桥》一文为例,帮大家解决这个问题。让我们看看本节课的学习目标。

叙述目标

能通过文中说明对象的变化,梳理出本文的结构框架;能通过说明文的说明顺序,理清段落之间的关系;能运用简洁而顺畅的语言概述本文的说明思路。

阅读渐进引领

第一步:初读感知,明确积累。

教师:请同学们打开书,用自己喜欢的方式读课文,圈画出自己认为表述严谨的或是觉得用词准确的语句,也可以找出读不懂的语句,初步了解课文内容。

> 文中有哪些你认为表述严谨,用词准确的句子,圈画出来与大家交流并说明理由。

> 初步感知说明文的词句,我们应该侧重关注具有修饰、限制作用的词语,关注使用说明方法的句子,关注一些带有关联词的语句等。

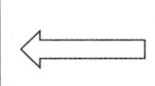

学生回答预设1:我认为"石拱桥的桥洞成弧形,就像虹"这句很形象,作者把桥洞的形状比作虹。

学生回答预设2:"这种桥不但形式优美,而且结构坚固",这里使用了"不但……而且"的关联词,这是一个表示递进关系的关联词,既简洁又明了地介绍石拱桥的两个特点。

学生回答预设3:"全桥只有一个大拱,长达37.4米,在当时可算是世界上最长的石拱",这句话中的"在当时"这个时间状语使用得非常准确,说明赵州桥石拱的长度只是在那个时候是最长的,现在就不一定了。这个词语的使用体现了说明文词语的准确性。

教师:大家刚才交流的真不错,可见,我们都注意到说明文这种文体的语言是十分讲求准确的,但也会使用一些生动形象的语句或词语。下面让我们走进这篇课文,在感知语言特点的同时,重点研究它在说明事物特征时采用的严谨的说明思路,以及说明文段落之间的逻辑关系。

第二步:进入问题解决。

>>> 理解文章段落之间的关系,理清文章思路

> 通读全文后,你对课文在介绍"中国石拱桥"的全过程中有哪些问题吗?

> 提问题可以从以下几方面进行:
> 从文章的矛盾处提问,从文章的主题提问,从文章的重点语句进行提问,从文章中的关键词语进行提问,从段落之间的关系进行提问……

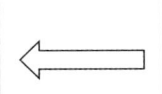

教师:在大家提问之前,老师想先重点强调一下,大家要关注老师提出的要求,我们重点研究的是你在本文介绍中国石拱桥特点的全过程中存在的疑问,我们的提问应该侧重关照本文的说明思路和段落安排上的疑问。好了,让我们再次默读课文,将自己的疑问批注在书的空白处。

学生默读课文,批注自己的疑问,然后进行交流。

学生提问交流:

学生回答预设1:我不明白,为什么课文开头要先写石拱桥,我们这篇课文不是要介绍"中国石拱桥"吗?从第三段开始写不就成了吗?

学生回答预设2:删掉赵州桥或是卢沟桥中的一座可不可以?

学生回答预设3:我觉得课文的第九段可以删去,在这里有点多余。

学生回答预设4:对赵州桥和卢沟桥的说明,在全文中有什么作用?

学生回答预设5:这篇课文是按照什么说明顺序解说中国石拱桥的特点的?

第三步:教师指导点拨。

教师:老师要为大家提的问题点个赞,大家都是紧紧地围绕老师提出的要求进行提问的,我们有很好的审题习惯。要想弄清大家的问题,只要弄清本文的说明思路就可以了。

教师点拨:要弄清一篇文章的思路,先要梳理出文章的结构层次;然后对各层次的内容进行概括;结合内容再来理清层次之间的关系,找出使用的说明顺序。说明文在划分结构层次的时候,不同于记叙文或议论文,我们需要关注说明对象角度的变化,关注起承转合的段落等。

在这里要特意提出的是,本文是一篇说明文,梳理结构层次,概括内容的同时,还要辨别出使用的说明方法。另外,说明文进行说明的时候,是有

着自己的说明顺序的,这一点也不能忽视,最后的表述中要体现出使用的说明顺序。

下面就请大家先概括出本文各段的段意,这是理清思路的基础。

第四步:学生独立思考,准备答案。

学生根据教师的点拨,再次默读课文,概括各段段意,再对文章的层次进行划分,并进行归纳,把独立梳理出的内容写在笔记本上。

第五步:学生个体展示,交流答案。

教师:大家刚才阅读得很认真,让我们来看看大家个人的研读情况如何,谁先来交流一下自己的研读结果。

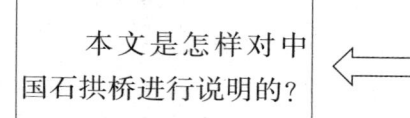

| 本文是怎样对中国石拱桥进行说明的? | ← | 解决这个问题,先要划分层次,然后进行概括。
说明文划分层次的方法:
关注说明对象角度的变化,关注文中不同说明对象的出现,关注起承转合的段落等。 |

学生交流情况:

学生回答预设1:我认为本篇课文是先对石拱桥进行说明,然后说明中国石拱桥的特点,并用赵州桥和卢沟桥为例进一步说明中国石拱桥的特点,最后解释石拱桥取得成就的原因。

学生回答预设2:我也认为这篇课文是先对石拱桥进行说明,然后说明中国石拱桥历史悠久、结构坚固的特点,接着用赵州桥和卢沟桥做事例进一步说明中国石拱桥的特点,说完特点之后,文章又进一步说明了中国石拱桥取得辉煌成就的原因,最后还展望了中国石拱桥的发展。

学生回答预设3:我认为这篇课文首先说明石拱桥的共性特点:形式优美,结构坚固,历史悠久;然后再说明中国石拱桥的特点:形式优美,结构坚固,历史悠久,分布广泛;接着以赵州桥和卢沟桥为例,进一步说明中国石拱桥的特点;再接着分析中国石拱桥取得辉煌成就的原因,最后说明中国石拱桥的发展。

教师指导:老师首先要说,从以上几名同学的回答中,可以看出,大家对本文的结构层次梳理把握得很好。这篇课文的层次划分只要关注到说明对象的变化即可,比如:课文首先出现的是石拱桥,然后是中国石拱桥,赵州桥、卢沟桥,后面是中国石拱桥的成就,现代化拱桥,关注到这些也就能很清楚地梳理出结构思路。

不过,我还是要指出大家存在的一些问题,我们在概括内容时不能只说到说明对象,说明文概括可以是:说明对象+特征或者是说明对象+某一方面。还有就是我们在梳理思路的时候并没有关注到说明文采用的说明顺序,这还是应该在阅读中加以辨析的。

教师:为了更好地理解这篇文章的说明思路,我们还需要弄清楚几个小问题,下面就让我们来看看它们都是哪些问题?

交流对应的分问题:

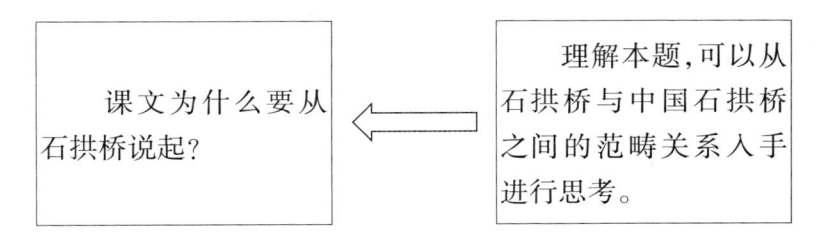

| 课文为什么要从石拱桥说起? | ← | 理解本题,可以从石拱桥与中国石拱桥之间的范畴关系入手进行思考。 |

学生交流情况:

学生回答预设1:中国石拱桥属于石拱桥。石拱桥的特点,中国石拱桥也具备。

学生回答预设2:先从石拱桥说起,是因为它代表的是所有材质为石头的拱桥,而中国石拱桥则缩小了范围,说明对象只锁定为"中国"的石拱桥,两者之间存在着从一般到特殊的关系。

教师点评:两个同学都注意到这两者之间的关系,非常不错。老师更赞同第二个同学的说法。他的理解更全面,他注意到了说明文中存在的说明顺序,即逻辑顺序中的从一般到特殊,而且第二名同学在回答问题时的语言组织也非常不错,值得大家学习。

教师:解决了课文为什么从石拱桥说起这个问题,我们再来看看课文为什么用了赵州桥和卢沟桥两座桥进行说明。

> 删去赵州桥或卢沟桥的其中一座可不可以？

> 解决这个问题，我们不妨使用比较法进行阅读，比较出其中的差异性，也就找到其中的因由。

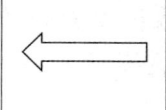

学生交流

学生回答预设1：我认为不可以删去。因为这两座桥都是例子，两个例子更能说清楚中国石拱桥的特点。

学生回答预设2：我也认为不可以删去。这两座桥都是在具体说明中国石拱桥的特点，而且，其中一座是单拱石桥，一座是多拱石桥。

学生回答预设3：我认为不可以删去。首先这两座桥作为例子，都是在说明中国石拱桥历史悠久、结构坚固、形式优美的特点，而且这两座桥一座是单拱石桥，一座是多拱石桥，它们本身就是既说明中国石拱桥的形式优美，又说明形式多样。

学生回答预设4：我同意以上同学的说法，我再补充一点，就是卢沟桥这座桥，不仅具有石拱桥的特点，还具备着特殊的历史价值。这两座桥在时间上也存在先后问题，以此说明中国石拱桥历史悠久。

教师点评：问题真是越辩越明，看来作者刻意使用两座桥为例进行说明，是经过反复取舍的。在一篇说明文中，使用多个事例时，要考虑事例之间的差异性，运用比较法进行即可。

教师：运用比较法进行阅读有些时候是非常不错的一种学习方法。这里还有一个类似的问题，看看我们还可以使用什么方法进行解决。

> 课文第九段说明中国石拱桥取得辉煌成就的原因，是不是可以删掉？

> 解决这个问题，可以结合上下文考虑，还要结合说明文的说明顺序进行考虑。

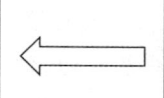

学生交流

学生回答预设1：我觉得这段要不要都可以。不是说说明文主要是要说清说明对象的特点吗？我觉得到卢沟桥的说明结束后就已经把中国石拱桥的特点说清楚了。

学生回答预设2:我认为不可以删去。结合上下文来看,这段的内容既承接了上文,又引出了下文依靠劳动人民的智慧才有了中国石拱桥在新中国成立之后的发展。

学生回答预设3:我认为也不可以,从全文来看,这段内容的介绍在于分析原因,可以说是按照说明文中的从原因到结果的一种说明,让阅读者更加清楚地了解我国的桥梁事业的发展。

教师点评:其实,课文的最后两个段落,如果去掉,对于介绍中国石拱桥的特点来说并没有太大的影响。但就文章本身来说,作者不仅是要让我们了解中国石拱桥的特点,还要让我们深入地了解中国为什么会在石拱桥方面有如此的成就,同时也想让我们更好地了解新中国成立后,中国桥梁事业的发展。

对于某一个段落,我们可以结合上下文,从行文结构上考虑,还要注重文体特点,了解作者写作意图。

教师:经过大家的努力,我们将以上的问题一一解决了,下面就让我们将这些问题梳理一下,最后总结一下本文的说明思路。

第六步:小组补充、完善答案。

小组成员将同学们探讨的问题进行整合,从而完善回答,找出一些阅读规律。其中的组代表进行整理。

教师:各小组经过热烈的研讨,相信大家都有了更加深入地理解,下面让我们来听听各组组代表整理完善后的答案。

第七步:小组组代表展示交流答案。

组代表回答:本文先从具有一般性的石拱桥说起,说明石拱桥具有历史悠久,结构坚固,形式优美的特点;然后说明中国石拱桥历史悠久、结构坚固、形式优美、分布广泛的特点,采用了从一般到特殊的说明顺序。接着按照时间顺序以赵州桥、卢沟桥为例具体说明中国石拱桥的特点,两个例子分别从单拱石桥说到多拱石桥,凸显了中国石拱桥除了具备石拱桥的特点之外,还显示了中国石拱桥形式多样的特点。最后又分析了中国石拱桥取得辉煌成就的原因,以及新中国成立后拱桥的发展。

教师:梳理说明文的思路,和其他文章相同之处在于都要先划分出其中的结构层次,概括出相关内容,不同之处在于要关注文章本身文体特点,表述时要有条理。

第八步:教师或学生评价、确认答案。

学生评价：通过这节课的学习，我知道了梳理说明文的思路除了一般做法之外还要关注说明顺序，关注段落与段落之间的关系。

教师评价：老师想提几点建议，第一，说明文层次划分需要关注说明对象角度的变化、说明对象的变化等；第二，说明文进行说明时是按照一定的说明顺序进行说明的；第三，说明文中使用多个事例时，可以用比较法辨析其中的差异。

课堂总结

本节课，我们主要学习了梳理相关说明文的思路，学习辨析段落之间的关系。相信大家经过一节课的研讨已经具备了相应的能力。最后让我们再来总结一下：

梳理说明文思路先要划分层次，找出段落之间存在的关系，辨析关系时要有文体意识，要关注说明文使用的说明顺序。

在辨析一些语段在文章中的作用时，要学会勾连上下文，学会关注语段内容与文章作者写作意图之间的关联。

一篇文章如果出现多个事例的时候，要学会运用比较的方法辨析其中的差异。

【板书设计】

理解文章段落之间的关系，理清文章思路

说明思路要理清　　段落关系必明晰

辨析段落的关联　　说明顺序要明记

【智慧训练】

①大略地说，凸字形的北京，北半是内城，南半是外城，故宫为内城核心，也是全城布局重心，全城就是围绕这中心而部署的。但贯通这全部部署的是一根直线，一根长达8公里，全世界最长，也最伟大的南北中轴线。北京独有的壮美秩序就由这条中轴的建立而产生。前后起伏左右对称的体形或空间的分配都是以这中轴为依据的。气魄之雄伟就在这个南北延伸，一贯到底的规模。我们可以从外城最南的永定门说起，从这南端正门北行，在中轴线左右是天坛和先农坛两个约略对称的建筑群；经过长长一条市楼对列的大街，到达珠市口的十字街口之后，才面向着内城第一个重点——雄伟的正阳门楼。在门前百余米的地方，拦路一座大牌楼，一座大石桥，为这第

一个重点做了前卫。但这还只是一个序幕。过了此点,从正阳门楼到中华门,由中华门到天安门,一起一伏,一伏而又起,这中间千步廊(民国初年已拆除)御路的长度和天安门面前的宽度,是最大胆的空间的处理,衬托着建筑重点的安排。由天安门起,是一系列轻重不一的宫门和广庭,金色照耀的琉璃瓦顶,一层又一层的起伏峋嵯①,一直引导到太和殿顶,便到达中线前半的极点,然后向北重点逐渐退削,以神武门为尾声。再往北,又"奇峰突起"地立着景山作了宫城背后的衬托。景山中峰上的亭子正在南北的中心点上。由此向北是一波又一波的远距离重点的呼应。由地安门,到鼓楼、钟楼,高大的建筑都继续在中轴线上。但到了钟楼,中轴线便有计划地结束了。中线不再向北到达墙根,而将重点平稳地分配给左右分立的两个北面城楼——安定门和德胜门。有这样气魄的建筑总布局,以这样规模来处理空间,世界上就没有第二个!

②在中线的东西两侧为北京主要街道的骨干;东西单牌楼和东西四牌楼是四个热闹商市的中心。在城的四周,立着十几个环卫的突出点。这些城门上的门楼、箭楼及角楼又增强了全城三度空间的抑扬顿挫和起伏高下。因北海和中海、什刹海的湖沼岛屿所产生的不规则布局,与因琼华岛塔和妙应寺白塔所产生的突出点,以及许多坛庙园林的错落,也都增强了规则的布局和不规则的变化的对比。这是一份伟大的遗产,它是我们人民最宝贵的财产!

①峋嵯(xún zhì):形容山石、建筑等突兀、重叠的样子。

1. 文章第①段的说明层次是什么?

2. 说说第①段中加点的"有计划地"为什么不能删去。

3. 阅读下面两则材料,结合文章相关内容,说说景山在中轴线上的作用。

【材料一】

中轴线有"三靠",第一靠是故宫北面的景山。景山原名"镇山",用挖掘护城河和南海的泥土堆筑而成。古代建筑学要求宫殿要"背山面水"。用河泥筑山,不仅轻而易举地解决了土石堆积的难题,而且符合古代建筑的山水形制,于是,景山就成了宫城背后的靠山。

【材料二】

景山正中的最高峰相对高度为45.7米,位于其上的万春亭,是中轴线的中心点和最高点。这座高17.4米,三层重檐,金顶绿边红柱,四角攒尖的亭子,给人们观赏北京古城提供了最佳视角。

附　参考答案

1. 答案:先整体介绍中轴线的规模及作用,再具体说明中轴线上的建筑布局,最后高度评价这样的建筑布局和处理空间的规模。

2. 答案示例:删去后,就无法准确说明中轴线在钟楼处结束,是独一无二的设计和建筑布局,人们会误认为中轴线是在钟楼处自然而然结束的。

3. 答案示例:景山是宫城的靠山;景山上的万春亭是中轴线的中心点和最高点,也是观赏北京古城的最佳之处。

（编写　强海朋）

理解文章段落之间的关系,理清文章思路

苏州园林

【内涵释义】段落之间的关系简称段间关系,所谓的段间关系有六种:总分关系、并列关系、因果关系、转折关系、承接关系、递进关系。理解段落之间的关系,有助于理清文章的写作思路,从而整体把握文章的主要内容。文章的思路是指文章的脉络,脉络是作者思路的直接体现。文章的思路应是连贯有条理、清晰严密的。文章的段落层次是思路的外在表现形式,合理划分段落,准确概括段意,正确地分析段落之间的关系,是理清文章层次结构的基本方法,也是理清思路的基本方法。

【引领读悟】

以叶圣陶的《苏州园林》为例,落实本点。

学习准备

学生准备:学生在课前进行预习,了解作者的相关情况,解决文章的生字词,能够通读全文,并在此基础上,能够明确本文的说明对象,知晓几种说明方法,初步了解说明文的文体特点,并对几种常见的段间关系有所了解。阅读相关文章,如陈从周的《园日涉以成趣》、余秋雨的《白发苏州》。

教师准备:整理出几种常见的段间关系以及分析文章思路的学习方法,帮助学生形成理清文章思路的能力。准备出苏州园林的图片或音像资料,准备一些其他地方的园林的图片做对比,增加学生的感性认识。

导入新课

教师:有人说"江南园林甲天下,苏州园林甲江南"。苏州园林,闻名全国,誉满世界。距今约二千四百年的夫差的馆娃宫,便是苏州的第一座园林。现存的园林近则四五百年,远则上千年,可谓源远流长。苏州园林究竟有几处,尚无确切的统计,现存园林尚近二百处,无怪乎人们称苏州为"园林城市"。让我们随着叶圣陶老先生的脚步去观赏那富有诗情画意的园林吧。

教师播放投影,展示与课文内容相关的苏州园林的图片,如亭台轩榭、假山池沼、花草树木、花墙廊子等。帮助学生从整体上感受苏州园林的特点,增加感性认识。

学生在观看投影的同时,教师范读课文。

叙述目标

教师:本节课,我们要通过概括说明内容、画结构图的方法,理解文章的段间关系;通过理解文章的段间关系,理清文章的写作思路,掌握理清说明文思路的方法和步骤。

阅读渐进引领

第一步:初读文章,整体感知文章或语段。

教师:接下来,请同学们自读课文,找出文中概括性的语句,用直线画出来。

学生自读课文,可以默读,也可以朗读,边读边圈画出文中概括性的语句。

教师巡视,可进行个别指导。

教师:请几位同学分享一下,你找到的概括性语句。

学生回答预设:

第一自然段中"我觉得苏州园林是我国各地园林的标本,各地园林或多或少都受到苏州园林的影响"。

第二自然段中"设计者和匠师们因地制宜,自出心裁,修建成功的园林当然各个不同"。

第三自然段中"苏州园林可绝不讲究对称"。

第四自然段中"苏州园林里都有假山和池沼"。

第五自然段中"苏州园林栽种和修剪树木也着眼在画意"。

第六自然段中"游览苏州园林必然会注意到花墙和廊子"。

第七自然段中"游览者必然也不会忽略另外一点,就是苏州园林在每一个角落都注意图画美"。

第八自然段中"苏州园林里的门和窗,图案设计和雕镂琢磨功夫都是工艺美术的上品"。

第九自然段中"苏州园林与北京的园林不同,极少使用彩绘"。

教师:同学们可以根据自己找到的概括性语句,谈一谈,你是怎么迅速筛选出这些语句的?

学生回答预设：可以关注文章中每段的开头句或者结尾句，我发现《苏州园林》这篇文章的概括性语句基本都出现在每段的开头。

教师：这位同学独具慧眼，而且善于总结。但老师还要给你们补充一下，有时候概括性的语句还出现在文章的语段当中，只从段首或者段首句来判断，是不严谨的。那么，该如何确定文本中的概括性词句呢？我们可以总结一下方法。

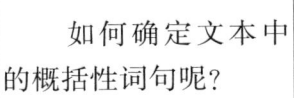

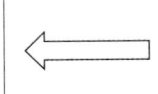

| 如何确定文本中的概括性词句呢？ | ⇐ | 方法指导：关注文章的开头、结尾，文章主体段落的段首、段尾，还有中心句、总括句、过渡句等。 |

教师：由此我们考虑一下第二自然段，这一段的概括句是"设计者和匠师们因地制宜，自出心裁，修建成功的园林当然各个不同"这句话吗？

学生再读第二自然段，个体思考。

学生回答预设：不是这句话，因为这句话没有将本段的意思表达清楚，这一段的中心句应该是"可是苏州各个园林在不同之中有个共同点，似乎设计者和匠师们一致追求的是：务必使游览者无论站在哪个点上，眼前总是一幅完美的图画"。本段应该是重在说苏州园林的共同点，而不是不同点。所以，这句应该是中心句，也是本段的概括性语句。

教师：同学们分析得十分精彩。我们找到了每段的概括性语句，是不是就算完成了对一篇说明文的学习了呢？同学们还有什么问题吗？

第二步：进入问题解决，悟读质疑。

学生个体思考，进行质疑，将问题整理出来，写在笔记本上。

教师巡视，待学生提出问题后，指定3—5人质疑。

教师：同学们有非常好的学习习惯，能够在质疑的地方进行圈点批注，下面，老师请几位同学说说困惑。

学生回答预设：

第一种情况：这篇说明文的说明对象是什么？特征又是什么？

第二种情况：这篇文章是怎么说明苏州园林的特征的呢？

第三种情况：文章第二段的中心句出现在段落中间，那么，之前说明的内容有什么作用呢？

第四种情况:文章的结构是怎么安排的呢?

第五种情况:作者这么高度评价苏州园林,是什么特征吸引作者的呢?

第六种情况:文章的最后为什么要拿苏州园林和北京的园林做对比呢?

教师:同学们提出的问题非常有价值,也仔细关注了文章的细节,希望通过今天的学习,能够帮助同学们解决这些困惑。问题比较多,我们需要分分类,整合一下。

教师总结学生的问题,进行归类,提出本节课需要解决的重点问题。

问题一:明确说明对象及其特征。

问题二:概括说明内容。

问题三:明确段间关系。

问题四:理清说明思路。

第三步:教师指导点拨(教师点拨相关知识、阅读方法、思考思路、方向、重点、注意事项)。

教师:同学们想要解决的问题很多,我们一个一个来。首先,阅读说明文,我们必须要明确说明对象及其特征,因为一篇好的说明文,它一定是围绕介绍说明对象及其特征展开的,只有明确了说明对象及其特征,我们才能进一步理解段间关系。那么,怎么样确定一篇说明文的对象及其特征呢?老师给同学们一些建议。

| 如何确定说明对象呢? | ← | 明确说明对象可以从两方面着眼:一是看文章说明什么事物或事理,二是看文章说明这一事物的哪一方面。我们既可以从标题入手,也可以从文本中归纳。 |

教师:你能判断这篇文章的说明对象吗?

学生回答预设:这篇文章的说明对象是苏州园林。我从文章的标题可以确定。此外,文章每个段落都是在围绕苏州园林展开说明和介绍的,我更加可以确定说明对象就是苏州园林。

教师:很好,你说得有理有据。那么,苏州园林的特征是什么呢?

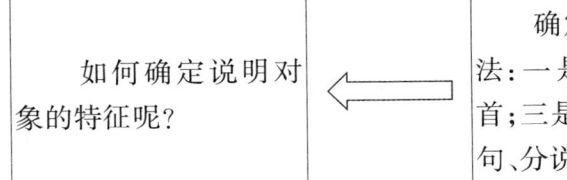

| 如何确定说明对象的特征呢？ | ← | 确定说明对象特征的方法：一是看题目；二是看段首；三是看关键词句，如总说句、分说句、过渡句等。 |

学生根据老师的方法指导，三读文章，筛选相关信息，提炼概括出苏州园林的总特征。

学生回答预设：

第一种情况：我认为是第一自然段的这句话，"倘若要我说说总的印象，我觉得苏州园林是我国各地园林的标本"。因为这句话告诉我们苏州园林是标本，这是它的特征。

第二种情况：我认为是第二自然段的这句话，"务必使游览者无论站在哪个点上，眼前总是一幅完美的图画"。这句话明白地指出了苏州园林的特点是什么，这才是它的特征。

第三种情况：我认为是第二自然段中的这句话，"总之，一切都要为构成完美的图画而存在，绝不容许有欠美伤美的败笔"。这句话有"总之"一词，表示总结，所以，这才是苏州园林的特征。

第四步：学生独立思考，个体准备答案。

教师：老师既赞同第二位同学的回答，也赞同第三位同学的回答，请同学们再读这两句话，告诉老师，你发现了什么？

学生回答预设：这两句说的都是一个意思。

教师：很好，所以，我们选用哪个句子都可以。要知道，确定说明对象的特征很重要，因为接下来行文的安排要依据特征展开，换句话说，就是要把特征说明白。为了帮助同学们更好地理解文本内容，我们还需要针对说明内容进行简单的概括。请同学们对每段的说明内容进行概括。

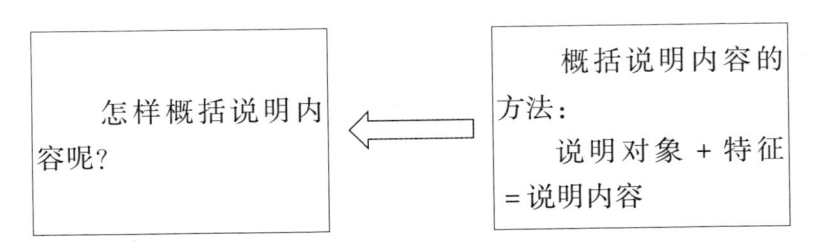

| 怎样概括说明内容呢？ | ← | 概括说明内容的方法：
说明对象 + 特征
= 说明内容 |

教师给学生概括内容的方法，并提出要求：概括要简洁、全面、准确。

学生回答预设：

第一段说明了苏州园林在我国园林中的地位和影响。第二段说明了苏州园林的总体特征。第三段说明了苏州园林讲究亭台轩榭的布局。第四段说明了苏州园林讲究假山池沼的配合。第五段说明了苏州园林讲究花草树木的映衬。第六段说明了苏州园林讲究近景远景的层次。第七段说明了苏州园林从细节着眼注意图画美。第八段说明了苏州园林讲究门窗的图案美、雕镂美。第九段说明了苏州园林讲究色彩美。

教师：同学们通过概括每段的说明内容，相信同学们已经对文章有了一定程度的了解，那么，这些段落是怎样安排的，它们之间有什么关系吗？接下来，我们就来一起探索段间关系。

教师：请同学们把刚才概括的内容回归到文章中，根据老师提示的方法，思考判断它们之间的关系。

学生根据教师指导，独立思考后回答。

> 如何判断说明文的段间关系呢？ ←

> 判断说明文段间关系的方法：
> 1. 明确段间关系的种类：并列式、层进式、总分式等；
> 2. 通过层次划分，梳理要点，理清段间关系，画出文章的结构图；
> 3. 关注文章的起承转合之处，过渡衔接之处，关键的关联词，前后呼应的词句等。

第五步：教师指定学生个体展示答案（教师视情况适当指导、点拨重点与相关注意）。

教师：同学们的结构图基本整理好了，请一位同学展示一下你的结构图。并且为我们解释一下。

学生使用实物投影进行展示。

学生回答预设：

首先，文章第一段说明了苏州园林在园林艺术中的重要地位，这是总起段。接着，第二至九段从园林建筑设施的各个方面，说明苏州园林图画美的总特征，这是对苏州园林总特征的具体说明。最后，文章的第十段指出苏州园林的美不止这些,引人回味,这又是对全文的总结。所以,从全文来看,文章的结构是总分总。其中第二至九段又是总分结构,第二段提出苏州园林图画美的总特征,接着三至九段具体说明其特征的体现。并且,第二段的"四个讲究"分别对应三至六段的说明内容,这是从概括到具体的说明顺序。

教师:这位同学的展示不仅关注了全文的结构,判断出了总分总的结构,还注意到了2—9段的段间关系为总分关系。明确了这些段间关系后,同学们能说说作者的行文思路吗?

请同学们先独立思考,然后在小组内交流。

> 如何理清说明思路呢?

← 理清说明思路的方法:
找出文章的总说段、中心段、中心句、过渡句,或者一些重要的词语,可以帮助我们理清文章的结构,然后采用"关联词组句法"串联起文段的说明思路。

第六步:小组讨论归纳答案(小组讨论适时、适度、适量)。

教师:同学们可以根据老师的提示,在小组内进行讨论,对本文的说明思路进行整理,稍后,我们请一位组代表进行展示。

学生小组讨论,教师巡视过程中,要求学生进行简单的记录,不要只停留在口头的表达。

第七步:指定组代表展示本组归纳的答案(表述全面、到位、准确、规范)。

学生代表回答预设:

《苏州园林》一文采用了"总分总"式结构,文章的开头先介绍了苏州园林的地位和影响,然后总说苏州园林的共同特征是讲究图画美。接着,第三至九段分说苏州园林的具体特征,其中,第三至六段分说始终紧扣苏州园林图画美的特征,并分别对应第二段总说中的四个"讲究",然后第七至九段分说,从细部细节紧扣苏州园林的特征。最后,总结说明苏州园林的美不止这些,引人回味。

第八步:教师或学生评价、确认(或)补充答案,强化做这类题型重点的、带规律性的学习方法、掌握要求和相关注意(提醒防止出现的问题)等。

教师:这位同学展示得非常好,同学们在认真听的同时,有没有整理要点呢?或者说,如果再遇到让你整理说明思路的问题时,你掌握了什么方法呢?

学生对之前的学习过程进行回顾、反思,并整理、修改自己的说明思路。

课堂总结

教师:本节课,我们通过确定说明对象及其特征,概括说明内容,整理文章的结构图,理解了文章段落之间的关系,进而梳理了文章的说明思路。其中,我们使用的方法有概括说明内容的方法、理清段间关系的方法、关联词组句梳理文章思路的方法等。同时,在阅读文明文的时候,还应注意以下问题:时间顺序的说明文,结构往往是以比较明显的时间段为依据;空间顺序的说明文,它的结构划分往往是以不同方位的不同说明对象为依据;逻辑顺序的说明文,往往采用的是总分总式结构、总分式结构、分总式结构。找出文章的总说段、中心段、中心句、过渡句,或者一些重要的词句,可以帮助我们理清文章的结构,分析结构需要分析段落或句子之间的关系。希望今天学习的知识能对你们阅读说明文有帮助。

【板书设计】

理解文章段落之间的关系,理清文章思路

段间关系:并列式　层进式　总分式

结构关系:总分总　总分　分总

文章思路:关联词组句法

【智慧训练】

桥

陈从周

桥,古代称为"河梁",是架在水上的行道,虽属解决交通问题的一项工程,但是聪敏的我国古代人民,总是设法把它和生活、感情、艺术结合起来,是那么富于诗情画意。"小桥流水"足以令人想望江南水乡景色,而风景区的"断桥残雪",交通要道的"卢沟晓月",又使人必与四周的风物人情联系在一起。而园林中的桥,正是建筑艺术中的精品。

北京颐和园十七孔长桥卧波,陆水之间,平分秋色,为该园增添上几许光彩。晶莹如雪的玉带桥,一亭翼然的石桥,轻轻地划破了湖面的平整,淡淡地点醒了山影的静穆,又烘托了四时佳景。

江南园林之桥,以雅洁精巧取胜。玲珑空透的拱桥,崛起空间,人桥倒影,更显得山高水阔,而水平线条的梁板石桥,则贴水而过,观赏游鳞莲叶,益得情趣。苏州拙政园是以动观为主的园林,曲桥不但使水面分隔空间,更与曲廊一样起着"桥引人随"的作用,其分庭妙运,思致相同。网师园园小而精,以静观为主,廉泉桥小小一拱,横枕涧上,隐处园隅,安排得那么妥帖,游者至此,往往留步。

美丽的中国园林桥梁,形式丰富多姿,有梁式桥、拱桥、浮桥、廊桥、亭桥等,在世界建筑艺术上放出一种独特光彩。

（有删改）

1. 以上语段的说明层次是：先说明 _____，接着 _____，最后 _____。

附　参考答案

1. 先说明桥是园林建筑艺术中的精品,接着以北京颐和园的桥和江南园林的桥为例,具体说明桥在园林建筑中的重要作用,最后说明中国园林桥梁的形式丰富多姿,对桥梁在世界建筑艺术上的贡献进行赞美。

（编写　张伟）

理解文章段落之间的关系,理清文章思路

略谈孝文化

【内涵释义】理解文章段落之间的关系就是了解、明白段落之间在内容和形式上的联系。文章思路是指文章按照一定的条理由此及彼表达思想的路径和脉络,是一个连贯的、有条理的思维过程。理清思路就是了解、清楚文章内容形成的思维过程。

【引领读悟】

以《略谈孝文化》为例,落实本点。

学习准备

阅读了鲁迅的《二十四孝图》,能用自己的话复述故事情节。

了解议论文的结构方式主要有:①总分式。即各个层次之间是总分关系,这种方式又可细分为先"总"后"分"和先"分"后"总"两种。②并列式。即各个层次之间是并列关系,每个层次有各自的独立性,从不同层面表现文章的主题。③递进式。即围绕中心论点逐层深入地展开论述。④对比式。即将一组相反的材料对比起来安排,形成反差,从而有力地突出论点。

明确材料与论点之间的证明与被证明、支撑与被支撑关系。

导入新课

我们已经读了鲁迅的《朝花夕拾》,你能用自己的话为大家讲述一下《二十四孝图》中的故事吗?

学生回答预设:我来讲"卧冰求鲤"的故事。晋朝的王祥,为了照顾生病的继母,赤身卧于冰上,忽然间冰化开,从裂缝处跃出两条鲤鱼,王祥喜极,持归供奉继母。

学生回答预设:我来讲"郭巨埋儿"的故事。郭巨,原本家道殷实。家境逐渐贫困,担心养孩子影响供养父母,就与妻子商议:埋掉孩子,以节省粮食养母亲。

教师:看来同学们都认真阅读了鲁迅的《朝花夕拾》。那么,这些故事中谈论的共同行为是什么?你如何看待故事中这些人物的行为?

学生回答预设:这几个故事都在说"孝道"的行为。

教师:没错。那么,你是如何看待这些人物的尽孝行为的?

学生回答预设:古代人的生活实在太贫困了,连一条鱼都买不起。想尽孝都得冒着生命危险。

学生回答预设:这些人太笨了。尽孝的行为有很多种,可以想其他的方法啊。

学生回答预设:这些人物的做法实在太愚昧了,怎么能这样不尊重生命呢?

教师:你们都表达了自己的看法。这种"尽孝"的行为确实是不足取的,那我们是不是不需要"孝"了呢?作为一种文化,孝已经深入到千家万户。随着时代的发展进步,这种孝已经面临严峻的挑战,那我们应该如何对待孝文化呢?

今天我们就来学习叶小文的《略谈孝文化》。看看他是如何看待这个问题的。

叙述目标

通过多种形式朗读课文,整体感知课文内容。根据标题,确定文章的论题,从而明确作者的观点。通过质疑、交流等方式概括各段内容,明确段落之间的关系。在明确段落之间关系的基础上,理清思路,把握作者的观点。

阅读渐进引领

第一步:初读文章,整体感知文章或语段。

教师:请同学们看文章《略谈孝文化》,从标题"略谈孝文化"这几个字中,你读出什么,又想到什么?

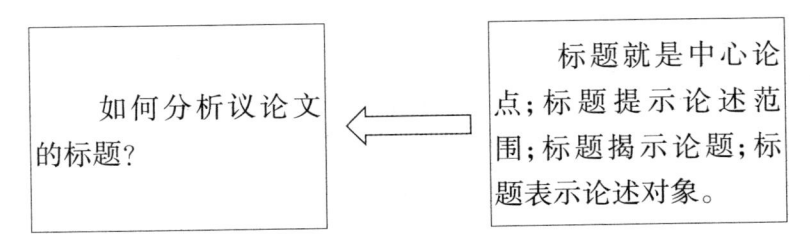

如何分析议论文的标题?	←	标题就是中心论点;标题提示论述范围;标题揭示论题;标题表示论述对象。

学生回答预设:我读出了作者要论述的问题:孝文化。又想到了作者要对"孝文化"这个问题发表观点或看法。

教师：分析得非常好。进行议论文阅读，也要从标题开始。标题是文章的文眼，议论文的标题会告诉我们与议论文三要素有关的内容。"略谈孝文化"就告诉我们本文要谈论的对象"孝文化"。现在我们就进行自由朗读。用横线画出自己喜欢的句段，用"?"标出有疑问的内容，一会儿大家一起交流。

学生自由朗读，并进行圈点批注。

如何去寻找自己喜欢的语句段落？	←	关注运用了论证方法的句子。关注能对论题进行分析评价的句子。关注能够引起同感，让你进行联想的句子。关注能够使人明白为人处世道理，从中获得正能量的句子。

教师：好，哪位同学愿意为大家分享一下自己喜欢的句段？

学生回答预设：我喜欢这一句："鲁迅说，封建礼教只剩下'吃人'的狰狞面目。"因为这一句直接点明了封建礼教的"吃人"本质。这让我想起来"郭巨埋儿"的故事。

学生回答预设：我喜欢"老吾老以及人之老"这句，因为这句话告诉我们，要爱我们周围每一个人。它传递了一个"爱"的正能量。

学生回答预设：我喜欢这句"革除传统孝道中'三纲五常'的封建杂质和'埋儿奉母'的愚昧成分"。这句话明确告诉我们要剔除"孝文化"中封建愚昧的东西。

学生回答预设：我喜欢"热爱生命，追求幸福——这是安身立命的基本约定，也是今天现代化的动力；尊重生命，道德约束——这是追求幸福的集体约定；敬畏生命，终极关切——这是追求幸福的未来约定"这句，这句话告诉我们要热爱生命、尊重生命、敬畏生命。

教师：看来同学都认真阅读了这篇文章。找到了自己喜欢的语句，说出了自己的阅读感受。那么，读完文章，你对文章重要的句子或内容有什么疑问吗？那怎样才能准确提出自己的疑问呢？请发表你的看法。

第二步：进入问题解决。

| 阅读议论文,如何针对重要的句子提出自己的疑问? | ← | 重要的句子主要是指:表现脉络层次的关键语句,对文意起重要作用的名言警句、中心句、起始句、过渡句、总结句等,还可以针对文体知识提问题。 |

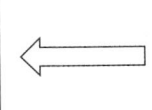

教师:根据老师的提示,请同学们提出自己的问题。

学生问题预设:"孝文化精华与糟粕混杂,应对其有扬有弃"这句话是文章的论点吗?

学生问题预设:文章的第三、四、五、六、七、八段的结构关系是怎样的?

学生问题预设:作者在文中提道:"亚当·斯密写过《国富论》,也写过《道德情操论》。"这句话在文中有什么作用?

学生问题预设:如何理解"身修而后家齐,家齐而后国治,国治而后天下平"这句话。

学生问题预设:本文的论证过程是怎样的?

教师:非常好,同学提出了自己的问题。那么,看看这些问题中,有没有可以合并的?本节课我们将针对这些问题中有代表性的问题进行研究。

学生稍做思考。

学生回答预设:问题1中,这个句子虽然是判断句,但不是论点。因为论点必须要鲜明,此句没有说明是"扬"还是"弃"。所以,此题可以忽略。

教师:你分析得很有道理。议论文的论点一定是一个鲜明的判断句。那么本节课我们就来分析解决其他四个问题。

第三步:教师指导点拨。

教师:我们先来看第一个问题:文章的第三、四、五、六、七、八段的结构关系是怎样的?

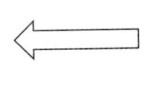

| 文章的第三、四、五、六、七、八段的结构关系是怎样的? | ← | 首先确定题干中的关键词,理解它的意义;然后根据句间关系概括各段内容;最后再根据各段内容,判断段间关系。 |

题干中的关键词是"段落关系",我们要理解这个词的意思。"段落关系"是指文章思想内容在表达时由于转折、强调、间歇等情况造成文字停顿。所以,我们要先知道这几段的思想内容分别是什么,才能解答。

好,我们就来概括这几段内容。哪位同学愿意为大家朗读这些段落内容?其他同学听读,并提炼主要信息进行概括。

学生朗读相关段落内容。

第四步:学生独立思考,个体准备答案。

学生读完相关段落后,给学生充分的思考时间,准备答案。教师目光巡视。

第五步:指定个体展示答案。

学生回答预设:第四段内容可以用第一句话来概括。

教师:对,第四段内容比较好概括。我们可以一起概括:提出"继承弘扬孝文化之精华是我们安身立命的根本"观点。

谁为大家概括一下第五段内容?

学生回答预设:现代化和市场经济不断放大满足着安身立命的基本约定,但也放任个体对物质享受的过度追求从而出现道德失范现象。

教师:为什么会有两句话?

学生回答预设:因为这段文字分成了两部分。第一部分是说"安身立命"的三条约定,第二部分是说在当今社会,由于物质享受的冲击,这种约定被破坏,甚至出现了道德滑坡的现象。两部分是并列关系,所以这样概括。

教师:你的内容概括很完整,注重了句与句之间的内容联系。第六段的内容又是怎样的?我们请一位同学为大家朗读,其他同学继续听读,并提炼主要信息,根据句间关系,进行概括。

教师:谁为大家概括一下第六段内容?

学生回答预设:继承和弘扬孝文化之合理内核,有助于找回尊重生命这条约定。

教师:能说明理由吗?

学生回答预设:因为这一句是位于段首,能领起下文内容,是这一段的中心句。

教师:有道理。接下来我们看第七段是不是有中心句。

学生回答预设:第七段的内容是在论述继承和弘扬孝文化之合理内核,有助于找回敬畏生命这条约定。

教师:理由是什么?

学生回答预设:本段也是中心句在段首,与后文内容构成总分关系。

教师:聪明。那第八段有没有中心句呢?

学生回答预设:有。是第一句:这样看来,继承弘扬孝文化之精华还能使我们在个人"生命安立"的基础上齐家治国。

教师:同学们非常棒!将各段的内容都概括出来了。由此我们可以看出,我们要理解重要的句子:首先,不仅要理解句子的表面意义,而且要理解写此句的目的,它的作用和文章主旨、上下句的关联。其次,要正确理解句子之间的关系:如总分关系、因果关系、条件关系等。最后,要注意名言警句、中心句、起始句、过渡句、总结句、比喻句和观点的关系。如有的中心句与观点句有着直接或间接关系,有的警句本身就是观点,有的过渡句提出观点,有的名言起画龙点睛的作用,有的总结句概括了观点,有的比喻句更生动、深刻地表现了观点。

教师:内容概括结束,那么段间关系是怎样的呢?

| 如何分析段间关系? | ← | 首先标好段号,然后概括段内容,再根据关键词确定段间关系,最后再分析各段在内容上的联系。 |

学生回答预设:这四段是并列关系。

教师:他说是并列关系。其他同学有不同看法吗?

学生回答预设:我有不同看法。这四段之间不是简单的并列关系。

教师:为什么这样说?

学生回答预设:第六、七两段是一层并列关系。第六段告诉我们继承和弘扬孝文化之合理内核,有助于找回尊重生命这条约定;第七段的内容是在论述继承和弘扬孝文化之合理内核,有助于找回敬畏生命这条约定。这两段的关键词"尊重生命""敬畏生命"与第五段的"安身立命"的内涵是一一对应关系。而第八段是说在"安身立命"的基础上"齐家治国"。第四段提出的是"继承弘扬孝文化之精华是我们安身立命的根本",而且这两段中心句的表示形式是一致的。它跟第四段内容是承接关系。

教师:分析得非常具体、透彻。我们要明确段落之间的关系既指段落之间在内容联系,也指形式上的联系。通过分析这些段间关系,可以看出这些段落中没有出现能起到统领全文作用的中心论点句。

那第三段的内容如何概括呢?它与其他段落是什么关系?前两段又写的是什么呢?

学生回答预设:前两段指出我国"孝文化"历史悠久,借用鲁迅的话说明它有弊端。

学生回答预设:第三段是提出我们要"继承和弘扬孝文化之精华"。

学生回答预设:第三段是告诉我们:只有继承和弘扬孝文化的精华,才可以安身立命齐家治国。

教师:对,前两段是在分析我国"孝文化"的意义和弊端。那么,作者如何看待"中国孝文化"呢?现在有两种观点,哪一个是准确的呢?

如何确定出现在文章开头中心论点?	←	首先标好句号;然后概括各句内容;判断句间关系;再分析论证方法所证明内容。

第六步:小组讨论归纳答案。

现在我们根据老师的提示,以小组形式进行讨论。

教师巡视。

第七步:指定组代表展示本组归纳的答案。

小组代表展示:从标题上,可以确定本文论述的问题是"孝文化"。那么,论点应该是作者对"孝文化"的看法。从这点来看,这两个答案都符合。但是结合第四、五、六、七、八段的内容来看,作者不是在论述如何继承和弘扬孝文化,而是在论述继承弘扬孝文化的作用。所以,我们认为论点应该是只有继承和弘扬孝文化的精华,才可以安身立命齐家治国。

也就是第三段与后面的段落是总分关系。

教师:第三段的最后一句"只有这样,才能安身立命齐家治国"是一个条件复句,一个必然的条件,产生一个必然的结果。从结构上看是对前面内容的总结。如何表述呢?"这样"是代词,指代前面的内容。结合前面的内容,可以看出指代的是"继承和弘扬孝文化",将这个意思带到整个句子中,就形成"只有继承和弘扬孝文化的精华,才可以安身立命齐家治国"的论点。

论点清楚了,文章结构关系也明确了。

教师:那么,全文的论证结构是怎样的?

学生交流。

学生回答预设:本文先分析孝文化精华与糟粕混杂,提出"我们应该继承和弘扬孝文化中的精华,才能安身立命齐家治国"的论点。然后分别从继承弘扬孝文化之精华是我们安身立命的根本方面,继承弘扬孝文化之精华还能使我们在个人"生命安立"的基础上齐家治国方面进行论证;列举亚当·斯密的作品,论述当今社会"继承弘扬孝文化的精华"的必要性方面,证明了中心论点。最后引用"身修而后家齐,家齐而后国治,国治而后天下平",重申论点的重要性。

教师:归纳得非常完整。由此,我们知道了在确定文章的中心论点的时候,要先确定论题,再去概括内容,从而理解文章段落之间的关系,理清文章思路,最后确定中心论点。

第八步:升华、强化做这类题重点的、带规律性的、学习方法的、掌握要求和相关注意等。

教师:一般来说,段与段之间,句与句间有并列、承接、递进、选择总分、条件、假设、转折等关系。从外部的语言标志入手,是分析句段组合结构的便捷途径。比如:"然后、接着"等词语标志着承接关系,"而且、况且"等词语标志着递进关系,"但、可是、然而"等词语标志着转折关系,"只有这样、这样"等词语标志着条件关系,"意思是说""具体说"等词语标志着总分关系。

分析结构关系时,要特别注意划准第一层次,即最基本层次,不要弄错了句段的"辈分",把大小层次混淆起来。

课堂总结

这节课,我们通过感知内容理解文章段落之间的关系,理清文章思路,从而明确了文章的中心论点。这也提示我们,在确定文章中心论点时,要先归纳各段主要内容,理解各段之间的关系,理清文章思路,合理划分文章的结构,从而确定文章的中心论点。

【板书设计】

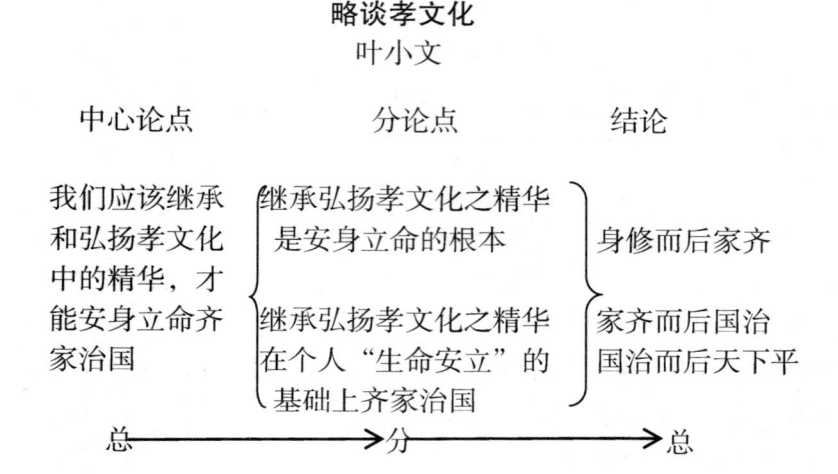

略谈孝文化
叶小文

中心论点	分论点	结论
我们应该继承和弘扬孝文化中的精华，才能安身立命齐家治国	继承弘扬孝文化之精华是安身立命的根本	身修而后家齐
	继承弘扬孝文化之精华在个人"生命安立"的基础上齐家治国	家齐而后国治 国治而后天下平

总 ——→ 分 ——→ 总

【智慧训练】

阅读《家书文化》，完成后面的练习题。

①家书是一种感染力极强的鲜活文本，西方人称之为"最温柔的艺术"。铺一张白纸、修一方尺牍，是我国古代文人表露心绪的常用形式；展一方徽宣、写一帧信札，是我国传统士子寄寓乡愁的有效渠道。鱼传尺素，鸿雁传书，这样的文化传统代代相因、世世相袭，融入百姓生活，升华为中国乡土文化的重要维度——家书文化，沉积为融亲情、乡情、友情于一体的独特民族文化现象。

②众多志士豪杰的慷慨遗言、大量文人墨客的千古绝唱、无数黎民百姓的浩叹欢歌，很多以家书的形式流传后世、昭示今人。"烽火连三月，家书抵万金"，"凭君莫射南来雁，恐有家书寄远人"……这些墨迹长存、余温犹在的经典诗词，既是先贤心系桑梓、寄情亲人的生动写照，也是后人珍视情感、滋润心田的文化镜鉴。对此，清代学人陈康祺在《郎潜纪闻》一书中写道："郑板桥大令，通率诡诞，书画多奇气，世咸以才人目之。读其集中家书数篇，语语真挚，肝肺槎牙（chá yá，形容错杂不齐的样子），跃然纸上。"

③在我国传统社会，家书是传递情愫和信息的基本途径。无论人在何处，修一封家书、报一句平安，就可化解千里之外亲人的担忧挂牵，令其安心宽慰。特别是在战乱频仍的年代，家书的价值尤显珍贵。当今社会，现代信

息技术广泛应用,特别是移动互联网覆盖全球,人们只需轻点手机屏幕,便可诉说心曲、互道衷肠。这样一来,传统家书日渐式微,家书文化面临衰败消亡的严峻考验。诚然,互联网实用又快捷,打破了家人亲友间的空间阻隔,缩短了时间长度,但毕竟不是所有的亲情友情都可通过键盘敲打出来。一些社会学家认为,互联网日益广泛的使用,降低了家人亲友交往的质量和品位,应警觉和预防网络对优秀传统文化的稀释和削减。

④优秀文化具有永恒的魅力。当今时代,人们既需要现代网络的迅疾和轻灵,又需要高雅文化的温润和熏陶。不难想象,通过网络隔空进行的对话沟通,无论如何都显得文化底蕴不足。昔日尺牍信札中真挚的感情、熟悉的字迹、质朴的语言,都被程式化的简单符号所代替;而这些网络符号转瞬即逝、难以恢复,即便其中有时也能迸发出智慧火花和闪光言语,但难以完整保留、长久珍存。人类社会的进步既体现在科技方面,也体现在人文领域。如果只重视科技而忽视人文,则人类所特有的感情和理性、固有的思想和意念就会被漂白和异化,最后将危及人类经过长久辛劳累积起来的智慧成果。世界上许多优秀文化消失的教训告诫人们,现在应警惕和防范包括家书文化在内的传统文化遗产断层。这是因为,在现实生活中纸质书信早已淡出很多人的视野,而对很多"90后""00后"等"新新人类"来说,家书无疑是一个陌生的概念。

⑤家书文化是中华优秀传统文化的重要组成部分,不应成为尘封的话题和遥远的回忆。家书对优秀传统文化的传承功能是网络所无法替代的。应慎终追远、固本强基,在全社会积极倡导手写家书,让笔墨文字所蕴含的温情暖意抚慰疲惫而躁动的都市心灵,让家书文化成为人们寄托情感的精神家园。特别是要引导和鼓励青年学生坚持书写家书与运用信息技术并重,使家书文化在信息时代延续下去并融入百姓生活。

刘金祥《让家书文化融入百姓生活》有删改

1. 简要分析第③段的论证过程。
2. 用简洁的语言概括本文的观点。
3. 对于第④段中"通过网络隔空进行的对话沟通,无论如何都显得文化底蕴不足"这一说法,你是否认同?请结合本文内容,联系自己的生活体验或阅读积累,说说理由。

附　参考答案

1. 首先阐述家书在传统社会的作用,其次指出家书在当今社会日见式微的现状,接着强调家书在互联网时代的价值,最后引用社会学家的观点,呼吁人们要警觉和预防网络对优秀传统文化的冲击。

2. 参考答案:让家书文化融入百姓生活。

3. 参考答案之一:

我认同这一说法。阅读纸质信件,看到熟悉的字迹,可以欣赏写信人的书法,想象写信人书写时的情景,感受写信人真挚的感情。历史上的许多文化资料、文化轶事就是在文人通信的手稿中一代代流传下来的,比如《傅雷家书》。如果这些被程式化的冰冷的简单符号所代替,那么,情感的体验就会淡化,且网络符号转瞬即逝、难以恢复,即便其中有时能迸发出智慧火花和闪光言语,也难以完整保留、长久珍存。当我读到朋友寄来的信件时,就好像和朋友在面对面谈话,而和同一个朋友在网络交流时,我会有一种疏离感,文化的味道淡了很多。

参考答案之二:

我不认同这一说法。网络隔空对话与纸质信札来往,只是交流的形式不同,在内容上并没有不同。无论写在纸上还是通过网络隔空交流,对写信人而言,抒发的感情并没有什么不同,其文化底蕴也不会因为载体的变化而发生变化。生活中有很多文化底蕴深厚的人,同样借助电子邮件、微博、微信等方式与别人交流,并留存自己的作品。很多刊物也都利用自己的官方网站与读者交流,方便而及时。所以,我认为通过网络隔空进行的对话沟通,不会显得文化底蕴不足。

(编写　李建华)

理解文章段落之间的关系,理清文章思路

人的高贵在于灵魂

【内涵释义】

所谓思路,就是作者为表达思想感情进行构思、谋篇布局的思维过程。议论性文章,其思路主要体现在逻辑关系上,它们讲究逻辑性强,合情合理,条分缕析,转换开合,脉络一贯。对文章如何使用材料论证中心论点的思路进行合理的解说,首先,需要学生在阅读议论性文章后,能够从文章中心观点的确立进行评说,表达自己的阅读认识;其次,能够区分观点与材料(道理、事实、数据、图表等),发现观点与材料之间的联系,并通过自己的思考,作出判断;最后,在明晰论证层次的基础上进一步理清文章思路。

【引领读悟】

以周国平的《人的高贵在于灵魂》为例落实本点。

学习准备

教师提前对以下知识进行明确:

1. 思路是组织文章结构的重要手段,是人们思想前进的脉络、道路、轨迹。所谓的理清思路就是作者为表达思想感情进行构思、谋篇布局的思维过程。议论文中运用恰当的论据来证明自己的观点,除了运用一定的论证方法之外,还必须通过一定的过程展开,这就是论证思路。

2. 涉及的相关知识:论点、论据、论证方法、论证结构。

3. 材料与观点之间的关系,是证明与被证明的关系。观点以材料为基础,依靠材料来支撑;材料以观点为统率,始终为观点服务。

4. 概述事实材料的小方法:首先,分析观点中的关键词;然后,根据关键词去掉材料中次要的表述;最后,围绕如何论证观点进行概述,概述有人物、事件和结果。

导入新课

教师:同学们,当代诗人臧克家在一首著名的诗中这样写道:"有的人死了,却还活着;有的人活着,但却死了!"在这看似矛盾的诗句中,表达了诗人怎样的看法啊?周国平先生对此也做出了独特的思考,今天,我们来学习他的一篇哲理性议论文《人的高贵在于灵魂》。(板书"高贵"二字)同学们,老师想问你们一个问题,你们认为什么样的人才叫高贵呢?

学生回答预设:有钱的人,做大官的人,品德高尚的人……

教师:答案各不相同,到底什么样的人才叫真正高贵的人呢?今天我们来看看这篇文章给了我们怎样的答案。(师板书补全课题《人的高贵在于灵魂》)

叙述目标

教师:同学们,这节课我们以周国平的《人的高贵在于灵魂》为例梳理文章段落之间关系并理清文章思路。首先,我们要结合文章内容,理解"灵魂"的内涵。其次,我们会通过分析事实论据,利用文中信息,解说"人的高贵在于灵魂"这一观点与事例之间的关系。最后,我们结合文章内容,能够对这篇文章论述的思路做出合理的解说。

阅读渐进引领

第一步:初读文章,整体感知文章内容。

教师:文题中的"灵魂"指的是什么?

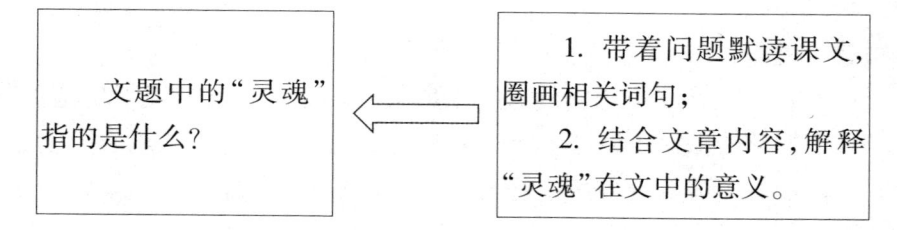

文题中的"灵魂"指的是什么?	←	1. 带着问题默读课文,圈画相关词句; 2. 结合文章内容,解释"灵魂"在文中的意义。

学生回答预设:"灵魂"的含义是对精神生活有纯正的追求。

教师:同学们,我们理解了题目中的关键词,接下来,请大家再读课文,找出能揭示作者观点的那句话。

学生回答预设:人的高贵却在于其有灵魂生活。

教师:那大家能根据对"灵魂"的解释,用自己的话把"人的高贵在于灵魂"这句话说得再明确一些吗?

学生回答预设:意思是对精神生活有纯正追求的人才高贵。

第二步：进入问题解决，悟读质疑。

教师：为证明这一观点，周国平先生列举了五则事例。那么，为什么要用这些材料呢？它们与作者的观点到底是怎样联系起来的呢？下面，我们重点以阿基米德这个材料进行剖析。

> 为证明这一观点，周国平先生列举了五则事例。那么，为什么要用这些材料呢？它们与作者的观点之间到底是怎样联系起来的呢？

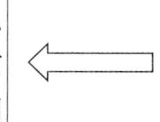

⬅

> 1. 作者列举了哪五则材料，试着概括；
> （概述事实材料的小方法：首先，分析观点中的关键词；然后，根据关键词去掉材料中次要的表述；最后，围绕如何论证观点进行概述，概述有人物、事件和结果。）
> 2. 分析观点与材料的联系。

第三步：教师指导点拨。

教师投影出示材料：将故事与文中事例进行比较，圈画出作者留下的部分。

两千多年前，罗马军队攻进了希腊的一座城市。罗马军队的统帅马塞拉斯下了一道命令："要活捉阿基米德。"有一天，阿基米德坐在残缺的石墙旁边，正在沙地上专心研究一个图形，一个罗马士兵命令阿基米德离开，他却不予理睬，罗马士兵勃然大怒，马上用剑一刺，就杀死了这位古代最著名的物理学家。当剑朝他劈来时，他只说了一句："不要踩坏我的圆！"阿基米德被杀的消息传来，最为惋惜的就是那位罗马军队的统帅，他为阿基米德举行了隆重的葬礼。

学生看投影，对照后在文中圈画。

教师：周国平先生为什么单单把这些内容写进自己的文章呢？

教师：我们看，除了必要的背景介绍之外，作者重点突出了阿基米德在被杀前说的一句话——"不要踩坏我的圆！"那这个"我的圆"的含义是什么呢？我们能不能在课文里试着找一个词来替换一下它呢？

学生看投影，思考、交流。

学生回答预设：

1. 可以用"研究"来替换——因为上文说阿基米德此时正在"专心研究

一个图形",我的圆其实代表的就是他所进行的科学研究。

2. 可以用"灵魂生活"来替换——因为下文中作者写"表明了古希腊优秀人物对于灵魂生活的珍爱"。所以,"我的圆"代表的就是阿基米德热爱的科学研究,更进一步说就是他的灵魂生活。

教师:第二位同学的理解更深刻,也就是说:"我的圆"对应的是观点中的"灵魂"。

教师:阿基米德是在什么情况下说的这句话呢?对!阿基米德面对的是"剑朝他劈来"的处境,生命即将不保,忘我的研究却依然如故,他把自己的灵魂生活看得比生命都重要,试问:谁可以做到?而他灵魂的高贵恰恰在此!什么是高贵——有了这样纯正的精神追求才叫高贵!

教师:同学们,想想并说说周国平先生单单把这些内容写进文章里的目的是什么呢?

学生思考,交流。

议论文中的观点和材料有何联系呢?	←	1. 通过圈画关键词,将观点的表述划分成两部分; 2. 通过圈画材料中的要点,找准材料和观点的对应关系,对其一致性有直观的了解。

学生回答预设:这样写是因为中心论点需要用材料来证明,而只有这些内容能对应证明中心论点里面的两个要点,其他的内容和论点没什么关系。

教师:议论文中,观点的成立是需要材料的支撑。所以,用不用这个材料,用这个材料的哪些内容,关键看它是否能支撑观点,使二者保持一致。

板书:观点需要材料的支撑。

教师:同学们,那是不是材料能和观点保持这种基本的对应就够了呢?这还不够!议论文中支撑观点的材料怎样表述都要和观点保持高度的一致。

教师:请同学们按括号里的词来读一下文中的这则材料,体会一下它和观点的联系发生了怎样的改变?

投影出示材料:更早的时候,征服(占领)了欧亚大陆的亚历山大大帝视察(参观)希腊的另一座城市,遇到正躺在地上晒太阳的哲学家第欧根尼,便问他:"我能替(帮)你做些什么?"得到的回答是:"不要挡住我的阳光!"

学生看投影读材料,思考,交流。

学生回答预设:改了几个词后,这个事例的性质就变了——它体现不出亚历山大大帝在第欧根尼面前炫耀权势的样子,反而倒像是一个对他关心帮助的人。这样的话,就根本体现不了第欧根尼把阳光下的沉思看得比显赫的权势更高贵,也就没法证明中心论点了。

教师:刚才我们说观点需要得到材料的支撑,那反过来材料也受到观点的统率,用一则材料怎么表述,关键是看它的叙述重点能不能和观点保持高度的一致。

板书:材料受到观点的统率。

教师:大家在刚才读书的时候有没有注意,在材料前后,往往跟着一些针对材料进行议论分析性的文字,它们有什么作用呢?我们举两个例子。

分组讨论,说一说下面两句在文中有什么作用。

投影出示材料:

在他看来,面对他在阳光下的沉思,亚历山大大帝的赫赫战功显得无足轻重。

在他看来,他画在地上的那个图形是比他的生命更加宝贵的。

学生看投影,分组讨论。

学生回答预设:这两句话的前半部分都源自事例,而分析的重点都指向了中心论点里的"高贵"。通过这样的分析,使中心论点和两则材料联系得更密切了。

教师:这些针对材料进行议论分析的文字,往往伴随在材料的前后。是它们把材料与论点之间隔着的那层"窗户纸"挑破,把它们的联系指出来。它们就像纽带一样,使观点与材料协调一致,密不可分。

板书:议论分析文字

教师:同学们,通过刚才的探究,我们一起发现了观点与材料的联系。观点需要材料的支撑,材料受到观点的统率,议论分析性文字是"纽带",在文中,它们是协调统一、高度一致的。

第四步:学生独立思考,个体准备答案。

教师:同学们,课前,老师请几位同学概括了第一则材料,请辨析哪一种概括是最合理的,并把自己的分析写成一段连贯的话。

| 请辨析哪一种概括是最合理的,并把自己的分析写成一段连贯的话。 | ← | 1. 通过圈画关键词,将观点的表述划分成两部分;
2. 通过圈画概括中的关键词,找准概括和观点的对应关系,辨析哪一则概括最合理;
3. 组织语言,合理表述。 |

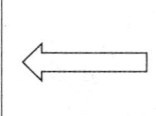

投影展示:

甲同学——阿基米德因为说了一句"不要踩坏我的圆",所以被杀死了。

乙同学——阿基米德面对罗马军人迎面劈来的剑临危不惧。

丙同学——阿基米德在剑朝他劈来时,仍然关心他的图形。

学生看投影,思考作答。

学生回答预设:甲同学的概括强调的是阿基米德被杀的原因,乙同学重点突出的是阿基米德表现的英勇,这些与中心论点都不一致。只有丙同学的概括,"关心他的图形"对应的是阿基米德的灵魂生活,"在剑朝他劈来时"体现了阿基米德对灵魂生活的珍爱,这正是他的高贵之处。这样的概括和观点是一致的,所以最合理。

第五步:教师指定学生个体展示答案。

教师:我们在概括时一定要指向观点。请大家运用这种思想修改另外四则材料的概括。

学生修改概括,教师巡视指导。

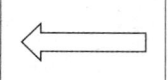

| 作者为什么要选用五个事例呢? | ← | 1. 按照表格所列项目,小组合作梳理;
2. 认识事例的典型性,进一步理解材料与观点之间的联系。 |

教师:接下来,我们来研讨作者为什么要选用五个事例呢?

投影出示:请同学们阅读文章,填写下面表格。

事例	身份	时代	国籍	追求	所面对的干扰和考验
阿基米德					
第欧根尼					
王尔德					
少女					
画家					

学生看投影，从文中筛选信息填写表格。

学生回答预设：

事例	身份	时代	国籍	追求	所面对的干扰和考验
阿基米德	物理学家	古代	古希腊	学术研究	生命将被夺取
第欧根尼	哲学家	古代	古希腊	哲学沉思	显赫的权势
王尔德	作家	现代	英国	艺术才华	物质财富
少女	普通人	现代	中国	书本知识	嘈杂的环境
画家	普通人	现代	中国	绘画艺术	节衣缩食、旅途劳累

第六步：小组讨论归纳答案。

第七步：指定组代表展示本组归纳的答案。

教师：作者运用典型事例充分论证"人的高贵在于灵魂"的最终目的是什么？

学生回答预设：希望青年一代在生存的压力和物质的诱惑之下，仍然保持纯正的追求，始终做一个灵魂高尚的人。

教师：综合前面的分析，结合文章内容，同学们，你能用一段话将作者使用事例论证中心论点的思路表述出来吗？

引领读悟:通常阅读 >>>

| 综合前面的分析,结合文章内容,同学们,你能用一段话将作者使用事例论证中心论点的思路表述出来吗? | ← | 1. 明确:理清思路就是理清作者为表达观点进行构思、谋篇布局的思维过程;
2. 回顾刚才所研讨的观点与材料的联系和材料的典型性;
3. 利用"首先怎样,然后如何,再怎样,最后如何"的句式进行表达。 |

学生回答预设:作者先提出"人的高贵在于灵魂"这一观点;然后从不同角度进行论证,先列举了阿基米德、第欧根尼和王尔德的事例,证明"一切先哲"都十分珍惜内在的精神生活;再以当代普通少女、青年画家的事例,证明"平庸"的人也常常有着纯正的追求;最后表达愿望。

第八步:教师或学生评价、确认(或)补充答案,强化做这类题重点的、带规律性的学习方法、掌握要求和相关注意(提醒防止出现的问题)等。

同学们,对于议论文中的"理解文章段落之间关系,理清文章思路"而言,我们首先要通过分析观点与材料的联系来理清文章段落之间的关系,知道了作者要论证的观点是什么?又是怎样进行论证的?这样之后才能站在整篇的高度去理清文章的思路。

课堂总结

同学们,这节课我们以周国平的《人的高贵在于灵魂》为例理解如何分析文章段落之间关系,理清文章的思路。我们的方法是这样的:首先,我们要结合文章内容,理解"灵魂"的内涵。其次,我们会通过分析事实论据,利用文中信息,解说"人的高贵在于灵魂"这一观点与事例之间的关系。最后,我们结合文章内容,能够对这篇文章论述的思路做出合理的解说。希望大家掌握、运用。

【板书设计】

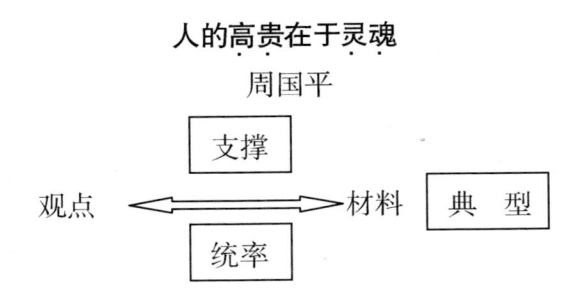

人的高贵在于灵魂

周国平

```
              ┌ 支撑 ┐
    观点  ⇐==========⇒  材料   [ 典  型 ]
              └ 统率 ┘
```

【智慧训练】

请阅读文章后完成相应习题：

蛋糕未必越大越好

秦海

①人们好像越来越好大了，所以"把蛋糕做大"已经成了官场相当流行的一句话。一些官员"气吞万里如虎"的气概也常常由此张扬出来。

②不消说，如果质量一样，蛋糕大当然比小好，每个人可以分得更多，或者可供更多的人吃。但是，是不是蛋糕做得越大就一定越好呢？未必，未必。大而无当，就不但不好，反而坏了。

③记得改革开放之初，一些得改革风气之先的企业，成为改革开放的带头羊。但是，其中很有一些不久就举步维艰、销声匿迹了。原因有各种各样，一个重要的原因是掌舵者头脑发热，一味追求大，手伸得太长，摊子铺得太大，结果是，或者市场不对路，或者资金不到位，或者管理跟不上，最后连原有的蛋糕都没有保住。【甲】

④《红楼梦》中，王熙凤有一句名言：大有大的难处。贾府很大，在外人看来，在刘姥姥看来，气势非凡，要什么有什么。但同时也有外人、刘姥姥所不知的艰难。所以蛋糕大，且不说做大本身就不易，做大后，各方面要保持正常运转、安全运转，更不是简单之事。"高铁"就给了我们警示。由于在短期内就把"高铁"的蛋糕做得太大，大到"吃"不下去，反而出了事故。这逼得"高铁"不得不减少车次，不得不降低速度，也就是不得不把蛋糕缩小一些。如果当初就做到科学发展，可能就会免掉那些麻烦了。诚然，什么事情都不会一帆风顺，出现挫折是正常的、难免的。【乙】

⑤看到一篇小文，说美国的苹果公司比美国政府更有钱。截至2011年7月27日，美国财政部的总运作现金余额是757.7亿美元，而苹果公司的现

金及有价证券达到761亿美元。这得益于苹果公司坚守这样的原则：守好自己的边界，不轻易去搞自己不擅长的事情。为此它关掉了自己旗下的所有工厂，将所有的制造外包，使自己彻底变成了一家"轻公司"。又砍掉那些缺乏竞争力的项目，将公司有限的精力集中在几款核心产品上。一些公司财大气粗了，就收购其他公司，蛋糕做得越来越大，结果消化不良，不得不大幅裁员。而苹果从未收购过大型公司。正是不贪图把蛋糕做得越来越大，苹果公司的经营才越来越好。

⑥蛋糕做大当然好，但必须从实际出发。【丙】扎扎实实，一步一个脚印，看起来小，反而还大。在这方面，苹果公司的经营理念实在很值得我们玩味和借鉴。克服浮躁情绪，在追求大上也照样有做不完的文章。

（选自《人民日报》2011年11月7日版，有删改）

1. 试结合文章内容，谈谈你对"蛋糕未必越大越好"作为文章标题的理解。

2. 根据文意，将下面三个语句分别填入文中【甲】【乙】【丙】处（只填序号）。

①但脱离实际的贪大求快，还是应当也能够避免的。
②实际没有做大的可能，就不妨做小一点。
③追求大，反而跌倒在大上。

【甲】处应填：____ 【乙】处应填：____ 【丙】处应填：____

3. 第⑤段是怎样论证"守好自己的边界"这个观点的，请结合文章内容简要分析。

附　参考答案

1. 将事业比作"蛋糕"，将"事业规模"比作"蛋糕大小"，生动形象，深入浅出；题目表明作者态度，事业规模并非是越大越好，旗帜鲜明。

2. ③①②（③是总结盲目追求大结果导致失败，"跌倒"照应"失败"，应填在甲处；①"能够避免"照应"正常的、难免的"；②"不妨做小一点"与"扎扎实实，一步一个脚印"内容衔接自然。）

3. 第⑤段举苹果公司不轻易去搞自己不擅长的事情，而获得成功的例子，和一些公司盲目收购其他公司，将"蛋糕做得越来越大"，结果消化不良的例子，用对比论证的方法证明"守好自己的边界"的观点。

（编写　李刚）

体味和推敲重要词句在语言环境中的意义和作用

我的老师

【内涵释义】

"体味",仔细体会。"推敲",斟酌字句,反复琢磨。所谓"重要词语",是指在文章结构、主题等方面有着重要意义的词语。理解这些词语对于读懂现代文有至关重要的作用。所谓"重要句子",是指文中特殊的句子,例如比喻句、概括句、主旨句等,在文中起重要作用的关键性句子。此类句子主要是在文章开头、结尾的结论性、概括性语句和段落的中心句等。

【引领读悟】

以魏巍的《我的老师》为例落实本点。

学习准备

知识方面:明确词语在语言环境中的意义主要指:语境义、指代义以及多义词、多义短语等在具体语言环境中的意义。重要句子在文中的作用,通常分为以下两个方面:一是概括语意,主要抓住段的起始句、终结句及结论性的句子。二是揭示文章中心、主旨、观点、情感,主要抓住描写句和议论抒情句。

能力方面:能够正确辨别重要词句,并能结合具体语境体会句意。

文章准备:熟读《我的老师》,理解内容,理清思路,明确主题。

导入新课

教师:同学们,课前大家初读了《我的老师》一课,这节课我们借助这篇课文想要完成的训练任务是:体味和推敲重要词句在语言环境中的意义和作用。在学习课文前,先让我们看看本节课的学习目标。

叙述目标

这节课我们要达到的目标是:在整体感知文章内容和中心的基础上,学习在语境中推断重要词句的深刻含义的方法;运用所学方法,体味和推敲重要词句在语言环境中的意义和作用。

阅读渐进引领

第一步:学生阅读文本,整体感知文章。

教师:要想理解重要词句在语言环境中的意义和作用,首先要理解这篇文章的内容和主题。课前老师让大家预习了课文,要求大家用自己喜欢的方式读,初步感知文章的内容及情感,圈画自己喜欢的句段,提出不懂的问题。

学生预习交流:

作者魏巍是何许人也?他的生平经历是怎样的?

学生回答预设:作者魏巍,现代作家,原名鸿杰,曾用笔名红杨树。河南郑州人。1920年6月生于一个城市贫民家庭。在极其困难的条件下,读了平民小学、高小,并勉强上了简易乡村师范。1937年走上革命道路,同年12月在山西前线参加八路军,不久到达延安。1938年4月加入中国共产党。他一直生活在战士之中。解放战争中,在行军的间隙写了大量诗歌。新中国成立后,参加了抗美援朝战争,主要作品有散文集《谁是最可爱的人》,长篇小说《东方》等。

学生回答预设:本文的内容和思路是什么?

小组讨论后指名全班交流。

学生回答预设:写的是作者和蔡老师之间发生的事。

教师指导:课文写了和老师之间发生的七件事,分三部分:第一部分(第1段),指出蔡老师是使"我"最难忘的老师。第二部分(第2—14段),通过记叙关于蔡老师的七件小事,表现了蔡老师的"慈爱""公平"和"伟大",抒发了对蔡老师的热爱和依恋之情。第三部分(第15段),表达对蔡老师的思念之情。

第二步:进入问题解决。

教师:同学们预习过程中提了很多问题,老师把大家的问题进行了归纳:这篇文章记叙了我和蔡老师之间的哪七件事?哪几件详写,哪几件略写?为什么这么安排?七件事是如何贯串的?七件事的顺序能否打乱?

> 体味和推敲重要词句在语言环境中的意义和作用

| 这篇文章记叙了我和蔡老师之间的哪七件事？ | ← | 概括事件的格式是：谁干了什么。先确定好"谁"事件就好概括了。 |

学生回答预设1：蔡老师假装打我们，老师教我们跳舞，老师带我们去朋友家，老师教我们读诗，我们看老师写字，老师排除我和同学之间的小纠纷，我梦里寻师。

学生回答预设2：蔡老师假装生气，老师教我们跳舞，老师带我们去朋友家还请我们吃蜂蜜，老师教我们读诗，我们看老师写字，老师帮我解决问题，我思念老师。

教师指导：对于这七件事的概括并不难，主语很好找到，只不过概括事件时词语不易确定，会出现不准的现象。比如，第一件事"蔡老师假装打我们"，就不如"蔡老师假装发怒"更准确。第三件事"老师带我们去朋友家"，并没有说出去朋友家干什么，所以，不如概括成"老师带我们到朋友家观察蜜蜂"。

| 哪几件详写，哪几件略写？为什么这么安排？ | ← | 文章详略的安排与表现文章中心有关，详写的部分一定是最突出中心的部分。 |

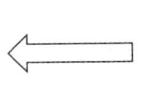

学生回答预设：

写得最详细的一件事就是"老师排除我和同学之间的小纠纷"，从表面上看这件事篇幅最长。这件事是给作者触动最深的一件事，所以写得详细。

教师指导：前五件事写蔡老师对学生的关心、教育、爱护和影响，是从"面"上写，而后两件事则是"我"印象最深的，刻骨铭心的，也最能表现老师对学生的爱和学生对老师的思念、依恋之情，是从"点"上写，所以详写。这样详略安排，既能使文章结构疏密有间，又能表现出师生感情的步步加深。

教师过渡：在初步感知了课文内容和情感的基础上，我们接下来要品味文章的语言。这节课我们要"体味和推敲重要词句在语言环境中的意义和作用"，所以，理解本文的内容和中心是基础，因为文章的内容和中心就是文章具体的语境。前面我们学过很多文章,大家回忆一下品文章的语言主要是从哪些方面入手?

学生小组交流讨论:

学生回答预设1:描写。

学生回答预设2:修辞。

学生回答预设3:词语的使用。

教师过渡:同学们说得都有道理,这节课我们主要学习从重点词句的角度品味语言,也就是"体味和推敲重要词句在语言环境中的意义和作用"。

例如:课文第一部分写蔡老师在"我"的记忆里总的印象是什么?

明确:是一个温柔和美丽的人。

教师:"温柔"是从什么方面写?"美丽"是从什么方面写的?

明确:"温柔"是从老师的性格上写;"美丽"是从老师的外貌上写的。

教师:蔡老师到底是一个什么样的老师,课文哪些地方可以看出?

第三步:学生独立思考,静心作答。

第四步:小组讨论后,指名交流。

学生回答预设1:从"她从来不打骂我们,仅仅有一次,她的教鞭好像要落下来,我用石板一迎,教鞭轻轻地敲在石板边上,大伙笑了,她也笑了。她并没有存心要打的意思",可以看出蔡老师温柔,热爱学生。

学生回答预设2:从她教我们跳舞,让我们观察蜜蜂、吃蜂蜜,用歌唱的音调教我们读诗可以看出蔡老师热情、慈爱的性格。

学生回答预设3:蔡老师排除"我"和"小反对派"的小纠纷,可以看出蔡老师公正、伟大的性格。

第五步:教师指导点拨。

教师:老师温柔的性格不难理解,老师真的很美丽吗?这也要结合文章内容来理解。文中对老师的外貌描写只有一句:"嘴角右边有榆钱大小一块黑痣",这个外貌美吗?所以,对"美丽"这个词理解就不能只停留在表面,而是要往深里想一想,老师的外貌并不是很美丽,在魏巍的眼里却是美丽的,这个美丽更多地指的是心灵。有句话说"人不是因为美丽才可爱,而是因为可爱才美丽",大概说的就是这个道理。所以,理解一个词语的意思要特别注意结合具体的语境,即关注它的语境义。

教师:文中"她从来不打骂我们。仅仅有一次,她的教鞭好像要落下来,我用石板一迎,教鞭轻轻地敲在石板边上,大伙笑了,她也笑了。我用儿童的狡猾的眼光察觉,她爱我们,并没有存心要打的意思"。这是"老师假装发怒"这件事,其中"狡猾"一词怎样理解?

学生回答预设1:"狡猾"的意思是滑头。

学生回答预设2:"狡猾"的意思是聪明。

教师指导:"狡猾"一词的本意是:诡计多端,不可信任,是个贬义词。但在这个语言环境中,"我"是个小学生,怕老师真的打我,怕疼,所以,当老师的教鞭即将落下时出于本能用石板迎上去,这个举动不是"诡计多端,不可信任",不含有任何的贬义,在这个语言环境中它的意思是"调皮、机灵",是贬义褒用。所以,对词义的理解,有时需要结合语境关注词语的感情色彩的变化。

第六步:教师小结。

语境义是与词典义相对而言,指词语在具体语言环境下派生出来的临时义,离开了这个具体的语言环境,这个意义也就消失了。这样使用词语具有高度的灵活性和创造性,具有特殊的表情达意的作用。通过对"美丽"和"狡猾"这两个词的分析,大家掌握这种分析方法了吗?

教师过渡:学习了体味和推敲重点词语在语境中的作用之后,我们来看看重要句子在语言环境中的意义和作用又是怎样体味和推敲的呢?

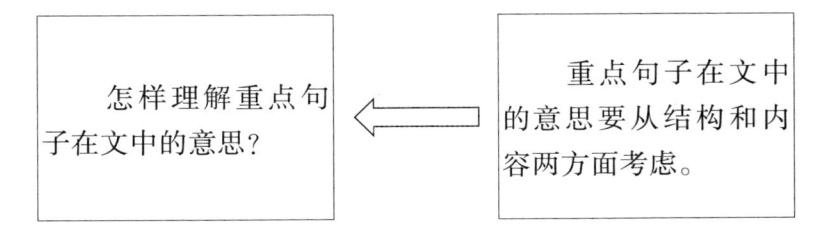

| 怎样理解重点句子在文中的意思? | ← | 重点句子在文中的意思要从结构和内容两方面考虑。 |

教师指导:重要句子在文章中的作用首先指在结构方面的作用,而句子结构上的作用要视其位置而定。开头:开篇点题,总领全文;设置悬念;奠定全文的感情基调,引出下文,为下文做铺垫。中间:承上启下(过渡)。结尾:总结上文,照应开头,点明中心(或揭示中心、深化主题、升华主题)。除结尾外都可能是为后文作铺垫。

句子内容的作用:首先要看句子的表达方式,表达方式不同的句子,作用也不尽相同。记叙文中常用的表达方式是记叙、描写、议论、抒情。这里主要谈谈议论和抒情的作用。议论句、抒情句通常与文章的主旨有密切关系,主旨句通常以抒情句、议论句形式出现,它们通常位于文章的开头或结尾,议论句、抒情句的作用主要从主旨方面答题就行,如表现(揭示)文章的主旨(突出文章的中心),抒发某种感情,使文章具有强大的感染力等。

教师:试从课文找出议论、抒情的语句,分析一下抒发了作者什么样的感情。

学生独立思考,静心作答。

第七步:指定组代表展示本组归纳的答案。

指名在全班展示。

学生回答预设:

第一种情况:"她爱我们,并没有存心要打的意思。孩子们是多么善于观察这一点啊。"抒发作者对老师的理解和热爱之情。

第二种情况:"今天想来,她对我的接近文学和爱好文学,是有着多么有益的影响!"抒发了作者对老师的感激之情。

第三种情况:"一个老师排除孩子世界里的一件小小的纠纷,是多么平常;可是回想起来,那时候我却觉得是给了我莫大的支持!在一个孩子的眼睛里,他的老师是多么慈爱,多么公平,多么伟大的人啊。"对老师的高度评价,抒发了作者感激老师赞美老师的感情。

第四种情况:"蔡老师!我不知道你当时是不是察觉,一个孩子站在那里,对你是多么的依恋!""至于暑假,对于一个喜欢他的老师的孩子来说,又是多么漫长!"抒发了作者对老师的依恋、热爱之情。

第五种情况:"我是多么想念我的蔡老师啊!至今回想起来,我还觉得这是我记忆中的珍宝之一。一个孩子的纯真的心,就是那些在热恋中的人们也难比啊!什么时候,我能再见一见我的蔡老师呢?"抒发了作者思念老师的感情。

教师小结:同学们找得很好,分析得也很到位,议论句、抒情句的作用主要从主旨方面答题就行,如表现(揭示)文章的主旨(突出文章的中心),抒发某种感情,使文章具有强大的感染力等。

教师过渡:前面我们对重要词句在语言环境中的作用进行了体味和推敲,在重要词语上我们更多关注的是形容词、动词等,其实,代词也需要关注,比如说人称代词"你、我、他(她)"的变化,在具体的语言环境中也有重要的意义。

> "我不知道你当时是不是察觉,一个孩子站在那里,对你是多么的依恋!"全篇都用第三人称"她",这里为什么改用第二人称"你"?

> 第二人称,用"你,你们"的角度直接与读者对话,一般多出在第一人称和第三人称的叙述里,实际上依然是站在第一人称和第三人称的角度写的。第二人称:与老师形成面对面的交流,亲切自然,便于直抒胸臆。

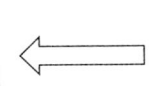

学生独立思考,静心作答。

小组交流,讨论答案后指名回答分享答案。

学生回答预设:

第一种情况:便于抒发作者的感情。

第二种情况:直接抒情,更加亲切。

教师指导:一般的情况下,一篇文章的人称应前后一致。这里由于抒发感情的需要,变换人称,表示感情激动到了极点,从而抒发了对蔡老师至今仍怀有的思念、崇敬的思想感情,用第二人称直接抒情,更加亲切。

教师总结:人称的变化是经常使用的方法,不同的人称有不同的作用:

第一人称,以"我,我们"的角度展开叙述。

第二人称:用"你,你们"的角度直接与读者对话,一般多出在第一人称和第三人称的叙述里,实际上依然是站在第一人称和第三人称的角度写的。

第三人称:用"他,他们"的角度叙述。

各人称的作用是:第一人称,使文章真实生动,便于直抒胸臆,读起来有真实感和亲切感。第一人称的文章,内容不能超过"我"耳闻目睹的范围,阅读时要注意"我"在文章中所起的作用。

第二人称:与读者形成面对面的交流,亲切自然,便于直抒胸臆。

第三人称:能客观地展示生活,不受时空限制,有利于自由表达。用这种人称不受任何限制,以旁观者的角度出现,写起来比较开阔自由。

同学们读书的过程中要关注人称的变化。

教师:"在一个孩子的眼里,他的老师是多么慈爱,多么公平,多么伟大的人啊!"如果删去"在一个孩子的眼里"行不行,为什么?

学生回答预设:

孩子的眼里和成人的眼里看到的是不一样的。

教师点拨:从孩子的眼光评价老师给"我"的支持和帮助,热情赞美自己的老师,它真实地反映了作者当时的心情。如果删去,使人感到空泛,不亲切,过于夸张。所以,在具体的语言环境中,"在一个孩子的眼里"这个介宾短语就有十分重要的意义。

第八步:教师或学生评价、确认或补充答案。

课堂总结

本节课我们通过整体感知文章内容,结合语境体味和推敲词句在文中的意思,理解了蔡老师是一个温柔、热情、慈爱、公正、伟大、热爱孩子的老师。"我"是一个机灵、调皮、天真活泼、尊师好学的学生。记叙文中的议论抒情,有助于直接抒发作者强烈的感情,突出文章的中心思想。

学生自己小结。

小组交流,全班分享。

【板书设计】

体味和推敲重要词句在语言环境中的意义和作用

		回忆		美丽	心灵
			重要词语		
我的老师	我	喜爱	蔡老师	狡猾	贬义褒用
		依恋	重要句子	议论句	主旨
		思念		抒情句	

【智慧训练】

阅读下文,完成1—4题。

谁能脱口叫出你的芳名
张丽钧

①"操场那边有一棵不知名的树,开红色的花,我们管它叫'高考花',因为它一开花,就要高考了;西门旁边长着一片绿色的低矮植物,开白色的花,我们管它叫'开学花',因为它一开花,就要开学了……"这是高二一个才女写的作文。头一回看到有人为花取这样的"绰号",忍不住笑了起来。但笑

过之后,又忍不住想跟作者说:"你为什么竟舍不得走到那些植物跟前,去看看标牌上标注的它们的芳名呢?"这样想着,红笔就分别在"红色的花""白色的花"处画了圈,扯至页眉,郑重书曰:合欢花!玉簪花!

②我友之子果果,三岁时,即能准确无误地指认出大街上跑的三十多种车,还能够分辨出二十多种不同牌子的空调。但是,没有人教果果认识身边的花草树木。

③去一家苗圃选花。被告知那些花木分别叫"金娃娃""富贵竹""招财草""元宝树""摇钱树""发财树"……我呆了。它们原本都不叫这名字的,是时代赋予了它们这金光闪烁的名字。我想知道花木的感受。它们接受这名字吗?不接受的话会选择怎样的抗议方式?

④只要听到一声鸟啼,我就会问自己:"这是什么鸟呢?"我曾经跟一个爱鸟成痴的朋友说:"你开一个网站吧,就叫'鸟啼网',网友随便点开一种鸟,就能听到它的啼鸣。"——我多么渴望有这样一个网站呀!我的家乡有一种鸟,叫声响亮而悲切,外祖母管它叫"臭咕咕",母亲管它叫"野鸽子",妹妹说老师讲那是"斑鸠",有个朋友肯定地说那是"大杜鹃"……真恨不得飞上树梢,脸对脸亲口问问那咕咕啼鸣的鸟:"亲,你究竟叫什么名字?"

⑤"花非识面常含笑,鸟不知名时自呼"。莫非,那苏轼也曾有过我这般的困惑纠结?看到不认得的花,问它:你是谁?咱们未曾谋过面哦,却为何对我这般笑脸相迎?听到不知名的鸟鸣叫,就猜:它一路呼唤着的,即是自我芳名了吧?——布谷不就痴情自呼吗?鹁鸽不就痴情自呼吗?

⑥在迁西县城见过一只神奇的鹩哥,小东西居然会惟妙惟肖地模仿警笛声!被囚笼中的它,旁若无人"呜儿——呜儿——"地鸣着警笛,围观者愈众,它鸣得愈亢奋。我以为我是懂它的——它只是在跟自己逗闷子,而不是像有人所说的那样在抖威风。

⑦永远忘不了在梵净山看到的一块警示牌,上面赫然书曰:"我们并不是这里的主人……"是啊,与人类的到来时间比较起来,草木来得更早一些,鸟兽来得更早一些。我们没有理由以"主人"自居。当我们以"过客"的身份来到这里,理应向"主人"致意,学会轻声对它们说:"谢谢你在这里耐心等我。"

⑧孔夫子说得好:"多识于鸟兽草木之名。"<u>在我看来,鸟兽草木之名,其实是我们自己的别名</u>。万物间有千千结。当我们怀着一颗傲慢到跋扈、轻鄙到无视的心走过鸟兽草木时,我们已经对它们构成了"软伤害";而这种

201

"软伤害"带来的痛,迟早要蔓延到我们身上。

⑨人说:叫出一个人的名字,是对那人别样的赞美。那么,对于鸟兽草木呢?谁能脱口叫出它们的芳名?谁还怀有脱口叫出它们芳名的热望……

1. 文章结尾说:当我们怀着一颗傲慢到跋扈、轻鄙到无视的心走过鸟兽草木时,我们已经对它们构成了"软伤害",这种软伤害具体表现在哪些事上,请填空。

(1)高二才女给合欢花、玉簪花取绰号;
(2)_____;
(3)_____;
(4)众人围观鹩哥鸣叫。

2. 联系上下文,品味加点词语的表达效果。

真恨不得飞上树梢,脸对脸亲口问问那咕咕啼鸣的鸟:"亲,你究竟叫什么名字?"

答:

3. 揣摩第⑧段画线句子的意蕴。

在我看来,鸟兽草木之名,其实是我们自己的别名。

答:

附 参考答案

1.(2)苗圃赋予花木金光闪烁的名字(3)家乡人对声音响亮而悲切的鸟叫法众多(意近即可)2."飞"把"我"比成鸟(拟物),突出作者急切想知道鸟名的心情;表现了作者亲近自然,尊重自然的热望。"究竟"强调作者内心的困惑纠结。(意近即可)3. 含义:万物之间有千千结,伤害鸟兽草木,伤害自然,后果迟早要蔓延到人类自己身上。

(编写 姜海燕)

体味和推敲重要词句在语言环境中的意义和作用

石缝间的生命

【内涵释义】

重要词语是指在文章结构、内容、写法、主题等方面有着重要意义的词语。理解这些词语对于读懂文章有至关重要的作用。重要句子是指在文中起重要作用的关键性句子。重要句子在文中的作用,通常有语意的概括,揭示文章中心、主旨、观点、情感等等。

体味和推敲重要词句在语言环境中的意义和作用指仔细体会、反复斟酌词语或句子在原文所处语言的情境中所表示的内容以及对事物产生的影响、效果。了解这些重要语句在具体语境中的意义和作用,能够帮助我们理解文章的写作目的,提高分析和鉴赏能力。

【引领读悟】

以《石缝间的生命》为例,落实本点。

学习准备

初步具备概括分析的能力,能够找出文章中的重点句并进行简单分析。

现代文阅读中重要词语一般包括体现作者立场、表达作者观点和感情的词语;与文章的核心内容密切相关,能够表现出文章主题思想的词语;对文章结构起照应和连接作用的词语等。

现代文阅读中重要句子有:文章或段落的中心句,揭示作者观点、表达作者情感的语句,能够帮助理解文章主题或体现文章脉络层次的语句,对理解文意起关键性作用的语句等。

导入新课

教师:同学们,今天在讲授新课之前我们先来欣赏几幅图片。

(教师出示长在石缝间植物的图片,同学们欣赏。)

教师:看了这些图片后你有怎样的感受或想法?

学生回答预设1:我感受到了它们顽强的生命力!

学生回答预设2:它们虽然弱小,但顽强拼搏的精神值得我们去学习!

学生回答预设3:我觉得它们点缀着荒山,使景色更加美好!

教师:是的,自然界中有许许多多不起眼的事物。它们平凡、不为人注意,但它们却以各自独特的生存方式显示着自己蓬勃的生命力。著名美学家宗白华曾说"一花一世界,一沙一天堂",其实,世间的一草一木都有属于它自己独特的生命价值和意义。

今天,我们就一起来学习林希的《石缝间的生命》,感受它们的精神。

教师板书课题:石缝间的生命——林希

叙述目标

教师:我们今天这节课的目标是:通过朗读课文,概括文章主要内容,理解作者所要表达的情感;在总体把握课文内容的基础上,对关键词语、句子加以揣摩,领会其内涵和表达作用,体会石缝间生命的顽强精神。下面就请同学们打开书,翻到《石缝间的生命》一课。

阅读渐进引领

第一步:学生读文本,整体感知文章或语段内容。

教师:请同学们大声朗读课文,在感知文章内容的同时画出自己最喜欢的词、句、段。

学生读课文,进行圈点标注。

教师:好!同学们,谁来给大家展示一下你所画的好词、好句。

学生回答预设1:我画的是"潸然泪下"这个词,我觉得潸然泪下意思是指眼泪不由自主地流下来。写出了作者在看到石缝间倔强的生命时无法控制情绪而流下眼泪的状态。

教师:说得非常好!

学生回答预设2:我画的是这句话:"扭曲地、旋转地,每一寸树衣上都结着伤疤。每生长一寸都要经过几度寒暑,几度春秋。"最震撼我的内心。

学生回答预设3:我画的句子是:"尽管它们也能从阳光中分享到温暖,从雨水里得到湿润,而唯有那一切生命赖以生存的土壤却要自己去寻找。"这句话运用了关联词"尽管"和"而"写出了石缝间的生命生长环境的恶劣。

教师:这位同学抓住了关联词,很棒!

学生回答预设4:作者在第四段有一段议论:"如果这是一种本能,那么它正说明生命的本能是多么尊贵,生命有权自认为辉煌壮丽,生机竟是这样地不可扼制。"我觉得这是对石缝间生命的赞美!

教师:能够从表达方式的角度入手,真好!还有吗?

学生回答预设5:我喜欢文章第六自然段:"那粗如巨蟒,细如草蛇的树根,盘根错节,从一个石缝间扎进去,又从另一个石缝间钻出来,于是沿着无情的青石,它们延伸过去,像犀利的鹰爪抓住了它栖身的岩石。"这句话运用了比喻的修辞方法,还有就是动词的运用,如"扎""延伸"等,写出了松柏盘根错节的样子。

教师:能够从修辞和词语运用的角度进行赏析,很全面!

……

第二步:进入问题解决。

教师:通过朗读课文,大家找出了自己喜欢的词语或句子,我想,同学们在朗读的过程中,对于文章的内容、文中的句子肯定还有不太理解的地方,下面就请同学们再快速地浏览一遍课文,结合文章内容,找出你不太理解的问题,一会儿我们一起来探讨。

学生读课文思考。

教师:哪位同学出示一下自己的问题?

学生回答预设1:文章开头说:"石缝间倔强的生命,常使我感动得潸然泪下。"为什么石缝间的生命使我感动得潸然泪下?

教师:很好!抓住了文章的关键词。

学生回答预设2:作者为什么要写石缝间的生命?

学生回答预设3:怎样理解"生命正是要在最困厄的境遇中发现自己,认识自己,从而锻炼自己,使自己的精神境界得到升华"这句话?

教师:抓住了文章的议论句。

学生回答预设4:第九段说石缝间顽强的生命,是生物学的,哲学的、美学的,如何理解?

学生回答预设5:文章结尾说"石缝间顽强的生命,它是具有如此震慑人们心灵的情感力量",这种"力量"表现在哪些方面?

教师:同学们提出的问题都非常好!有些问题答案就在文章中,有些问题需要我们进行分析,我把同学们提出的问题,稍作整理,请同学们思考完成以下问题。

教师出示投影:请同学们认真思考完成练习。

1. 文章主要讲了什么内容?表达作者怎样的情感?

2. 文章开头说:"石缝间倔强的生命,常使我感动得潸然泪下。"请分析这句话的作用。

3. 结合生活实际谈一谈如何理解"生命就是这样地被环境规定着,又被环境改变着"?

第三步:教师指导点拨。

教师:如何概括文章的主要内容,我们在以前曾经总结过方法。

| 概括文章内容的方法。 | ← | 概括文章主要内容
1. 先概括每段内容,再把每段意思综合起来,加以整合。
2. 抓住文章中揭示作者观点、表达作者情感的议论句、抒情句、关键词等。 |

分析重点句子的作用,要抓住句中的关键词,分析其在具体语境中的意义和作用,如果运用了修辞方法要分析表达效果,分析作者的情感因素。比如第2题,我们可以先分析"倔强、潸然泪下"的作用。

| 理解重要词语作用的方法。 | ← | 理解词语先要知道词语的本义,然后结合课文内容理解词语在具体语境中的意思,再体会作者借助这些词所要表达的思想感情。 |

第四步:学生静心独立思考,读出认识、读出感受,个体准备答案。

学生快速阅读课文并思考,教师巡视。

第五步:教师指定学生个体展示答案。

教师:好!同学们,谁来说一说这篇文章主要讲了什么内容?

学生回答预设1:作者描写了石缝间的野草、蒲公英、松柏的生长,表现了它们倔强的精神!

学生回答预设2:作者以石缝间的野草、蒲公英、松柏为例,告诉我们生命正是要在最困厄的境遇中发现自己,认识自己,从而锤炼自己,使自己的精神境界得到升华。

学生回答预设3：作者描写了石缝间的野草、蒲公英、松柏，它们使我们赖以生存的这个星球变得神奇辉煌。

教师：你们觉得这篇文章表现作者的什么情感？

学生回答预设1：对石缝间生命的赞美。文章中写到"大自然出现了惊人的奇迹，不毛的石缝间丛生出倔强的生命"。

学生回答预设2：我觉得是对石缝间生命的尊敬和赞美。我从文章的最后一句体会出来的。

教师：我觉得"尊敬"这个词还是不能很好地表现作者的情感，谁能换个词语？

学生回答预设：崇敬、敬佩……

教师：我觉得应该用"敬畏"这个词。什么叫敬畏呢？我给大家查了一下。（出示投影）"敬畏"，是人类对待事物的一种态度。"敬"是严肃、认真的意思，还指做事严肃，免犯错误；"畏"指"慎，谨慎，不懈怠"。敬畏是在面对权威、庄严或崇高事物时所产生的情绪，带有恐惧、尊敬及惊奇的感受，是对一切神圣事物的态度。

教师：好，了解了文章的主要内容后，我们来看第2题。谁来说一说："潸然泪下"是什么意思？然后结合文章内容谈一谈：为什么说石缝间的生命会使我感动得潸然泪下？

学生回答预设1："潸然泪下"的意思是：眼泪不由自主地流下来。石缝间的生命在文章中指石缝间的小草、蒲公英、松柏，他们能够在特别恶劣的环境中顽强地生长，这使我非常感动！

教师：作者仅仅是感动吗？

学生回答预设2："潸然泪下"的意思是：眼泪不由自主地流下来。是作者看到石缝间小草、蒲公英、松柏顽强的生命，想到了它使我们赖以生存的这个星球变得神奇辉煌，感受到了它震慑人们心灵的情感力量，因此无法控制情绪而流下眼泪。

教师：太好了，这个同学能够抓住文章结尾的重点句来进行分析。由此可见这篇文章有什么特点？

学生回答预设1：首尾呼应！

学生回答预设2：结尾总结全文！

学生回答预设3：开篇点题！

教师：好，这就是句子在文章结构中的作用。那文章开头提到"石缝间倔强的生命","倔强"是什么意思?

学生回答预设:顽强,不屈服。

教师:好!结合语境,你来说一说哪些词语或句子能够体现生命的倔强?

学生回答预设1:文章第四段"它们没有条件生长宽阔的叶子,因为它们寻找不到足以使草叶变得肥厚的营养,它们有的只是三两片长长的细瘦的薄叶,那细微的叶脉告知你生存该是多么艰难"体现出生命的倔强。

学生回答预设2:"它们就在一簇一簇瘦叶下又自己生长出根须,只为了少向母体吮吸一点乳汁,便自去寻找那不易被觉察到的石缝。"

教师:叶下生根,好。由此我们也体会到了"生机竟是这样地不可扼制"。

学生回答预设3:文章第四段"它们因山风的凶狂而不能长成高高的躯干,它们因山石的贫瘠而不能拥有众多的叶片,它们的茎显得坚韧而苍老,它们的叶因枯萎而失去光泽;只有它们的根竟似那柔韧而又强固的筋条,似那柔中有刚的藤蔓,深埋在石缝间狭隘的间隙里",体现出了生命的倔强。

教师:这就是适者生存的规律,指环境对生命成长有限制、约束作用,但一切的适者都是战胜环境的强者,由此我们也能体会到生命就是拼搏。

学生回答预设4:还有松柏"它们的躯干就是这样顽强地从石缝间生长出来,扭曲地、旋转地,每一寸树衣上都结着伤疤",它们的树根"盘根错节,从一个石缝间扎进去,又从另一个石缝间钻出来,像犀利的鹰爪抓住了它栖身的岩石。有时,一株松柏,它的根须竟要爬满半壁山崖,似把累累的山石用一根粗粗的缆绳紧紧地缚住"。

教师:正是石缝间的松柏,使高山有了灵气,使一切的生命在它们的面前显得苍白逊色。那同学们,你觉得石缝间的生命具有什么精神?

学生回答预设1:石缝间的生命具有不怕艰苦恶劣的环境,顽强拼搏的精神。

学生回答预设2:敢于去战胜最艰苦的环境,创造神奇辉煌的精神。

教师:说得太好了,石缝间的小草、小花、松柏,他们都能与环境进行顽强的拼搏,并且战胜险恶环境、创造了生命奇迹,使我们赖以生存的这个星球变得神奇辉煌。这也是文章中震撼人们心灵的情感力量所在,也是使我潸然泪下的原因。

第六步:小组讨论归纳答案。

教师:分析了重点词语的含义,下面请同学们将这道题重新梳理,写在笔记本上。

怎样理解重要句子的作用?

1. 抓住句子中的关键词。
2. 分析关键词的语境义。
3. 分析作者所要表达的情感。
4. 分析这句话在文章结构上的作用。

学生整理笔记。
第七步:指定组代表展示本组归纳的答案。
教师:哪位同学来展示一下你写的内容?
学生回答预设1:"倔强"是顽强、不屈服的意思。石缝间的野草、蒲公英和松柏在恶劣的环境里,顽强拼搏,茁壮生长,体现出它们倔强的性格和不可遏制的生命力,作者被感动得潸然泪下,表现出作者对生命的敬畏之情。

学生回答预设2:"潸然泪下"指眼泪不由自主地流下来。石缝间的生命在如此艰苦的生存环境下顽强地生长,创造自己的辉煌壮丽,具有震撼人心灵的情感力量,使我不禁落泪,表现出作者对石缝间生命的敬畏之情。

学生回答预设3:补充一下,"石缝间倔强的生命,常使我感动得潸然泪下"开篇点题,并与结尾呼应。

教师:非常好!同学们在理解重要词语意义和作用的时候一定要关注词语的本义、语境义,以及作者的情感。同时,分析句子的作用就要从内容和结构两方面入手。下面我们来看一看第3题,请同学们思考并大胆说出你的想法!

结合生活实际谈一谈如何理解"生命就是这样地被环境规定着,又被环境改变着"?

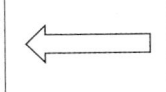

1. 首先,结合语境理解"规定"和"改变"的含义。
2. 然后,谈一谈自己的理解。
3. 结合生活实际。

学生回答预设:"规定"就是指环境对生命成长有限制作用;"改变"就是环境可以改变和影响生命的发展。

教师:说得非常好!接着说。

学生回答预设:比如课文中的蒲公英、松柏等它们只能生活在石缝中,这是环境对他们的限制,即使这样它们不断适应环境、战胜环境,倔强地生长。

教师:说得非常好!大家鼓励一下!

学生鼓掌

教师:谁再来说一说?

学生回答预设:环境决定人生,环境可以改变人生,我们要适应环境,要战胜环境,要顽强地成长、发展。

学生回答预设:即使自己在艰苦的环境里,也不必悲观消沉,而要战胜困难,比如:我们在学习中遇到不会的难题,不要轻言放弃,要多想想办法,理清思路,战胜它!

学生回答预设:还比如我们去爬山,不要望峰兴叹,要有"会当凌绝顶,一览众山小"的气概!

教师:同学们说得太好了,从刚才我们的交流回答中,我们对文本有了更深刻的了解,那么,大家想想,作者写这篇文章的目的是什么?

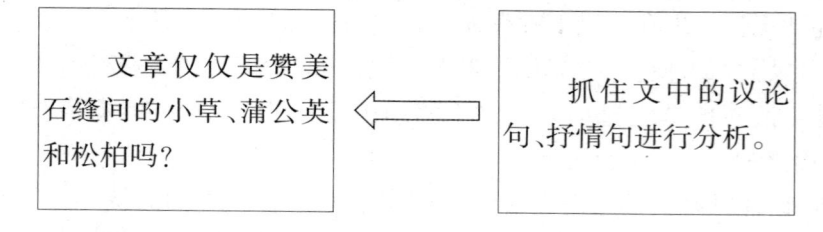

| 文章仅仅是赞美石缝间的小草、蒲公英和松柏吗? | ← | 抓住文中的议论句、抒情句进行分析。 |

学生回答预设:不是,作者要赞美的是像生长在石缝间的小草、蒲公英和松柏一样的这一类人。

教师:那请同学们快速地浏览课文,你是从哪里看出来的?

学生回答预设:第八段,愿一切生命不致因飘落在石缝间而凄凄切切。愿一切生命敢于去寻求最艰苦的环境。生命正是要在最困厄的境遇中发现自己,认识自己,从而锤炼自己,使自己的精神境界得到升华。

教师:请同学们齐读这一段,想一想作者想要表达什么?

学生齐读

学生回答预设:作者想要人们在困境中顽强拼搏、战胜自己。

教师:"发现""认识""锤炼""升华"这四个词语的位置能否调换,为什么?

| 词语或句子位置 不能调换的解题思路。| ← | 1. 与人们认识事物的(由浅入深、由表入里、由现象到本质)规律不一致。
2. 该词(或该段)与上文是一一照应的关系。
3. 这词(或该段)是递进关系,环环相扣,不能互换。|

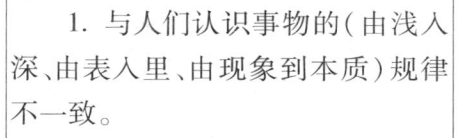

学生回答预设1:不能,它们之间是递进关系。

学生回答预设2:不能,人们对于生命的认知过程,首先是发现自己,再认识自己;然后是在困境中锤炼自己,使自己获得成长;最后是通过锤炼,实现自己的人生价值,提升自己的精神境界。

教师:说得太好了!试问生命要想在困厄中战胜自己,最需要什么?

学生回答预设:需要坚强意志和顽强的拼搏精神。

教师:希望同学们能像石缝间的生命一样顽强、一样勇于拼搏,使自己成为生活中的强者!

第八步:教师强化做这类题重点的、带规律性的、学习方法的、掌握要求和相关注意等。

课堂总结

教师:同学们,今天这节课我们通过对文章重点词、句的分析,了解到这篇文章是通过对石缝间野草、蒲公英和松柏的描写,赞美了它们在困境中顽强拼搏、战胜自己的倔强精神,表达了作者对石缝间生命的赞美和敬畏之情。

同时,今天这节课中,我们明确了:在理解重要词语意义和作用的时候,要分析词语本身的含义,分析词语在具体的语言环境中的含义,还要结合文章的主题或人物的思想感情来进行分析。理解重要句子时,可以从理解关键词语入手,抓住句子在文章内容和结构中的作用。当然,这只是答题的一般方法,对于具体问题我们还要具体分析。希望同学们在今后的学习中,能够运用这种方法来分析理解文章内容,把握作者情感。

【板书设计】

石缝间的生命
林希

倔强　　　　　野草
　　　　　　　蒲公英　　　赞美　敬畏
潸然泪下　　　松柏

困境中顽强拼搏、战胜自己

【智慧训练】

阅读《礼物》，完成1—3小题。

礼物
李淑云

灯光很暗，女儿在母亲的床边站了一会儿，然后轻轻地把一个包装很精致的工艺品盒放在母亲的身边。

那是女儿送给母亲的生日礼物。母亲依旧香甜地睡着，不时地发出轻微的鼾声，借着不很明亮的灯光，女儿发现母亲又瘦了许多。

挂钟轻轻地敲了几下，女儿便背起了书包和画夹，蹑手蹑脚地退出了房门。

天边还没有露出鱼肚白，朦朦胧胧的月色里，小星星还在不停地眨着眼，借着月光，女儿欢快地朝一所很远的学校走去。

那是一所新校舍。是一幢很高很高的大楼。尽管路途遥远，但那是女儿心中向往已久的艺术殿堂。

没入学那会儿，女儿常常做梦。梦见高耸的大楼和大楼里辉煌的一切。接到录取通知书的那天，女儿高兴地依偎在母亲的怀里，母亲欣喜地流了泪。可是，入学要交纳1万元建校费，1万元呀，到哪去弄呢？

入学的日子一天天地逼近，女儿也在这忐忑不安的焦灼中等待。

终于有一天，母亲用颤抖着的双手把一叠大小不一的纸币小山似的堆在了女儿的面前，数数，整整1万元人民币。

母亲病倒了。夜里不断剧烈地咳嗽。失去光泽的面孔，常常现出疲惫不堪的样子。在女儿的眼里,母亲好久没有睡上一个完整的觉了。母亲不很老,却有了白发。女儿流泪了,她在心里暗暗发誓,有朝一日,一定要加倍回报母亲的爱!

放学归来的路上,女儿一脸的阳光灿烂,思绪里不断勾勒着母亲看见她的礼物时欣喜、激动的样子。要知道,这件小小的礼物是她用画笔辛勤勾勒了近一个月才换来的。为了买下它,女儿在那家工艺品店的橱窗前踌躇过多次。女儿特别欣赏雕像中的女孩和女孩旁慈祥的母亲,仿佛那就是她与母亲的化身。

推开房门,女儿呆住了。母亲眼角挂着泪痕,脸上现出难以掩饰的失望与愠怒。她刚想问,就见母亲转身从里屋捧出那个包装很精致的盒,走到女儿身边,"慧慧,你怎么学会乱花钱啦,看看你买的是什么玩意儿,袒胸露背的,连件衣服都没穿,多寒碜人哪。""妈,这是一座母女雕像,是送给您……""好了,好了,就算是你有这份孝心,可买这能顶什么用啊,怎么摆得出呀!"母亲把工艺品盒朝女儿怀里一推,"去,跟人家好好说说,退了吧。""不,我不退。""那就换成别的什么吧,袜子或手套都行。"母亲说完,扎上围裙进了厨房。女儿愣愣地站着没动,随着一声很清脆的响声,工艺品盒重重地滑落在地。望着支离破碎的母女雕像,两行泪水终于从女儿的脸上流落下来。

1. 本文记叙了女儿送给母亲一座"雕像"的故事,请写出故事的梗概。

2. 分析下列句子中画线词语的作用。

(1)"入学的日子一天天地逼近,女儿也在这忐忑不安的<u>焦灼</u>中等待。"

(2)"母亲眼角挂着泪痕,脸上现出难以掩饰的<u>失望</u>与愠怒。"

3. 文章结尾写饱含着女儿爱与深情的"雕像"破碎了,事情为什么是这样的结局?谈谈你的理解。

附 参考答案

1. 故事梗概:①女儿送给母亲礼物②不被母亲接受(理解)③雕像破碎。

2. (1)焦灼指心情急切,焦虑不安。表现女儿既盼望上学,又担心家里生活困难,凑不够学费的那种复杂、矛盾的心情。

（2）失望指因没有实现愿望而失去信心。文中写出了母亲嫌女儿浪费钱，认为女儿所送的礼物不健康。

3. 文中"雕像"破碎不仅指雕像本身破碎，还写出了母亲对女儿不理解，以及女儿的伤心失望。

（编写　史征）

体味和推敲重要词句在语言环境中的意义和作用

向沙漠进军

【内涵释义】

重要词语主要指准确、简洁、具有表现力的词语,或标志文章内容层次关系的关联词语,或体现文章主要内容的词语,还包括材料中出现的文体术语、科学概念以及表修饰限定性的词语等。重要句子指表明主要内容或主旨的句子,还包括判断句、过渡句、首括句、总结句、照应句等。体味和推敲重要词句在语言环境中的意义和作用,有利于理解文意并把握文章中心及作者写作的意图。

【引领读悟】

以《向沙漠进军》为例,落实本点。

学习准备

能够辨别说明文的类别,辨识说明方法并理解其作用。

掌握概括文章主要内容的一般方法。

能够辨析中心句、过渡句、首括句、总结句等句子并理解其作用。

初步了解复句、关联词、修饰性词语等语法知识。

导入新课

教师:同学们,这节课我们一起学习著名科学家竺可桢写的一篇说明文《向沙漠进军》,学习之前请看这节课的学习目标。

叙述目标

通过删除、替换词句等方法体味、推敲重点词句在具体语言环境中的意义和作用,从而理解本文说明的内容并体会蕴含在文章中的科学精神。

阅读渐进引领

第一步:学生读文本,整体感知文章,明确积累内容。

教师:看到文章题目,你会提出什么问题呢?

学生回答预设:为什么向沙漠进军?怎样向沙漠进军?

教师:阅读文章要关注题目,根据题目对文章内容进行猜想,带着猜想读文章,能够做到有的放矢。同学们提的问题很有价值。请打开课文,带着这些问题阅读文章。思考:文章是否说明了这些问题,还说明了哪些内容?请划出自己最喜欢的句子。

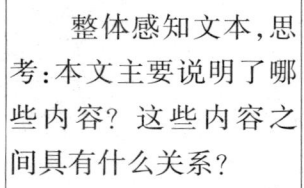

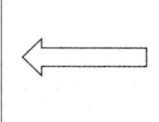

整体感知文本,思考:本文主要说明了哪些内容?这些内容之间具有什么关系?	←	概括每一自然段的内容,关注中心句和支撑句。合并自然段的内容并有序表达。

教师指导点拨:

中心句和支撑句是说明文常用的两类句子。在一般情况下一段只有一个中心句,可长可短,而以短句居多。陈述性的段落有时没有中心句,可综合概括出全段的中心意思。支撑句是用来解释、发展、支持中心句的。掌握中心句和支撑句,对阅读说明文是很有必要的。

学生静心思考,在书上进行批注。

学生回答预设:本文主要说明了为什么向沙漠进军,怎样向沙漠进军,向沙漠进军取得的成果。

第一部分(1—4):主要说明了为什么向沙漠进军。

第二部分(5—8):主要说明了怎样向沙漠进军。

第三部分(9—10):主要说明了向沙漠进军取得的成绩。

第四部分(11—13):利用沙漠的美好前景。

教师:文章各部分之间的关系是什么呢?如果是并列关系,一般情况可以颠倒顺序而不改变文意,本文行吗?注意:"原因—措施—实施结果"这是什么逻辑呢?表述时要注意语言的逻辑性。

学生回答预设:文章先说明向沙漠进军的原因,接着说明进军的方法措施,再说明进军取得的成果和开发前景。这是层层深入地进行说明,是递进关系。

教师:阅读说明文要理清各部分之间的内在联系。这是一篇从人类征服沙漠的角度解说人与自然关系的科普文章,是一篇事理说明文。围绕着向沙漠进军这个中心,由浅入深,层层深入,说明了沙漠对人类的危害以及人类征服沙漠的方法及成果。

教师:作者向我们介绍这些内容时采用的语言具有什么特点?请同学们说出自己喜欢的句子,并阐述理由。

学生回答预设:

第一种情况:我喜欢"森林全被摧毁,田园全被埋葬,城郭变成丘墟"。这句话运用了排比,非常有气势,写出了沙漠的危害。

第二种情况:我喜欢"沙漠逞强施威,所用的武器是风和沙"这句话。因为这句话运用了拟人和比喻的修辞方法,生动形象。

教师点拨提升:整体感知文章的内容,既要关注文中所介绍的知识,又要关注所写知识的内在关联,这样才能够全面地对说明文的内容进行整体感知。

第二步:进入问题解决。

教师:下面请同学们就"体味和推敲重要词句在语言环境中的意义和作用"提出自己的质疑。

学生在小组内交流自己的困惑,以小组为单位将问题分类整理,之后各组汇报问题分类情况。

学生提出问题分类预设:

第一类:说明文中哪些词句是重要的词句?

第二类:体味和推敲重要词句的意义和作用有哪些方法?

第三类:说明文中"重要词句的意义和作用"是什么?

教师:同学们提出的几类问题可以合并为一个问题"如何体味和推敲重要词句在语言环境中的意义和作用",这个问题我们分两个步骤来研究,首先研究"体味和推敲重要词语在文章中的意义和作用"。

教师针对这几类问题,梳理出主问题指导点拨:

下面我们就以"如何体味和推敲重要词句在语言环境中的意义和作用"为主问题,结合《向沙漠进军》这篇文章研究这个问题。

第三步:教师指导点拨。

请同学们听读文章第1—3段,注意:我在读本部分内容时你能发现与原文有什么不同吗?请在文中标记出来,推敲和体会重要词语在文章中的意义和作用。

| 听老师读文章1—3段，画出与原文不符的地方，想这些词语在文章中有什么意义和作用？ | ⬅ | 1. 修饰性词语的作用。
2. 近义词的选用。
3. 关联词语的作用。 |

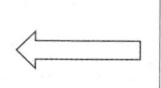

"沙漠是人类顽强的自然敌人之一。有史以来，人类就同沙漠进行斗争。但是从古代的传说和史书的记载看来，人类没有能征服沙漠，住人的地区为沙漠所并吞。

地中海沿岸被称为西方文明的摇篮。古代埃及、巴比伦和希腊的文明都是在这里产生和发展起来的。但是两三千年来，这个区域受到风沙的侵入，有些部分变成荒漠了。

我国陕西榆林地区，雨量还算充足，在明末清初的时候是个天然草原区，没有风沙。到了清朝乾隆年间，陕西和山西北部许多人移居到榆林以北关外去开垦。当时的政府根本不关心农业生产事业，生产技术又不高，垦荒伐木，致使原来的草地露出了泥土，日晒风吹，尘沙就到处飞扬。由于长城外的风沙侵占，榆林城也受侵袭，到新中国成立以前，榆林地区关外三十公里变成沙漠了。"

学生独立思考，个体准备答案。

教师指定学生个体展示答案。

学生回答预设：

第一种情况：老师读的时候丢掉了一些词语。丢掉了这些词语后，表达的意思就不准确了。如"最"表明程度达到极点，用来限定"顽强"，表明沙漠危害的严重性和难以制服的特点。"一直"是"一向如此，从未间断"的意思，表明人类和沙漠的斗争从没有停歇过，沙漠的确难以制服。"若干"是"几个"的意思，表明被沙漠并吞的住人的地方有几个，可见沙漠对人类的危害之大。"有些部分逐渐变成荒漠了"中的"逐渐"，表明这些地方变成沙漠是经历了一个过程，是长期受风沙侵入的结果。"没有多少风沙"表明有一些风沙，去掉"多少"，则表明根本没有风沙。这些词语都准确地说明了实际情况。

第二种情况："这个区域不断受到风沙的侵占，有些部分逐渐变成荒漠了","由于长城外的风沙侵入,榆林城也受袭击,到新中国成立以前,榆林地区关外 30 公里都变成沙漠了"。"侵占"是侵夺占据的意思,写出了这个地区渐渐地被风沙占领,沦为荒漠;"侵入"是越境进犯的意思,榆林城在长城内,风沙从长城外进入长城内使榆林地区关外 30 公里变成沙漠,所以用"侵入、侵占、侵入、侵袭"用得十分精当,准确而具体地说明了沙漠对人类的危害。"雨量还算充沛"中的"充沛"是充足而旺盛的意思,表明榆林地区雨量较大,而"充足"的意思是能够满足需求,雨量没有富余,不能够反映榆林地区雨量的真实情况。

第三种情况:"不但……反而"表递进关系,人类没能征服沙漠,沙漠却不断侵犯人类,表明沙漠太顽强了、太难以征服了。

教师:本部分文字正是选用了恰当的词语,才能够准确地说明沙漠对人类的危害极大这一特征。说明文要求语言一定要准确、简明,尤其是在说明比较复杂的事物时更是如此,本文的内容就比较复杂,作者能把复杂的内容说清楚,在很大程度上得力于语言的准确运用。在阅读说明文时要关注修饰限定性的词语、动词、关联词、时间词等。第 1—3 段中哪些词语还能够准确说明沙漠对人类的危害极大?

小组讨论归纳答案,说一说,写一写。

教师指定组代表展示本组归纳的答案。

学生回答预设:

第一种情况:"有史以来,人类就同沙漠不断地斗争"这一句中"有史以来"这个时间词表明人类同沙漠不断斗争的时间之长,沙漠太顽强了。

第二种情况:"若干住人的地区反而为沙漠所并吞"中的"并吞"是"吞噬、兼并"的意思,写出了沙漠对人类的危害极大。

教师:"有史以来"是什么意思?要从理解词语的本义入手。"并吞"一词怎么就能说明沙漠对人类的危害极大?请大家思考。

学生回答预设:

第一种情况:"有史以来,人类就同沙漠不断地斗争"这一句中"有史以来"是"从古代以来"的意思。这个时间词表明人类同沙漠不断斗争的时间之长,沙漠太顽强了。

第二种情况:"若干住人的地区反而为沙漠所并吞"中的"并吞"是"吞噬、兼并"的意思,写出了沙漠像野兽吞噬食物一样兼并住人的地区,对人类的危害极大。

教师:说明文中重要的词语有哪些呢？如何体味和推敲重要词语在语言环境中的意义和作用？

总结说明文中常见的重要的词语。如何体味和推敲重要词语在语言环境中的意义和作用？	⬅	1. 回顾丢掉的词语进行归类,总结这些词语的特点。 2. 结合以上学习过程,总结方法。 3. 有序表达。

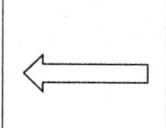

学生回答预设:

说明文重要的词语主要有以下几类:同义词(近义词),准确表达复杂的事物;关联词语,可使语言表达更连贯、更严密;表修饰、限制性词语;模糊性词语等。体味和推敲重要词语在语言环境中的意义和作用,首先要整体把握文本说明的内容尤其是该词语所在段落和句子的内容,做到词不离句、句不离段、段不离篇。

教师强调重点:以上环节我们运用删除法、替换法、对比法等方法,体味和推敲重要词语在语言环境中的意义和作用。具体而言就是首先要理解词语本义,然后回归原文理解语境义及作用,从而理解文章内容。

教师:接下来我们研究"体味和推敲重要句子在语言环境中的意义和作用",请看下面这段文字,思考:①阅读所给语段,概括其说明中心。判断其与文章哪段所说明的内容一致。②在原文第4段中勾画出所给语段删掉的内容。思考删掉这些内容好不好,为什么。请结合具体语句说明理由。(出示投影)

沙漠逞强施威靠的是风和沙。狂风一起,沙粒随风飞扬,风愈大,沙的打击力愈强。风推动沙丘,缓缓前进。沙丘的前进并不是整体移动的。当风速达到一定程度的时候,沙丘迎风面的沙粒就成批地随风移动,从沙丘的底部移到顶部,过了顶部,由于风速减弱,就在背风面的坡上落下。整个沙丘移动速度并不快。几个沙丘常常连在一起。沙丘的移动虽然慢,可是所到之处,森林被摧毁,田园被埋葬,城郭变成丘墟。

> 思考 1. 阅读所给语段,概括其说明中心。判断其与文章哪段所说明的内容一致。2. 在原文中勾画出所给语段删掉的内容。思考删掉这些内容好不好？为什么？请结合具体句子说明理由。

> 1. 关注概括句、中心句、支撑句的作用。
> 2. 思考说明方法的作用。
> 3. 理解分析时可用对比法。
> 4. 注意有序表达。

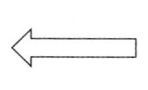

教师:阅读说明性文段首先要明确说明的主要内容,理清段与段、句与句之间的关系,尤其要抓住重要句子。

学生静心独立思考,在书上进行圈点批注,个体准备答案。

教师指定学生个体展示答案:

教师:注意回答问题时要审清题意,共有几个问题。读懂句意的目的在于理解文章内容,而不能仅仅停留在所运用方法、句式的识别判断上。所用句式、说明方法的作用是什么——必须分析出来。

学生回答预设:

第一种情况:本段说明中心是:沙漠对人类的危害巨大。这与原文第四段的内容一致。所给文段删掉了一些内容,表达的效果不好。如:原文中有"风沙的进攻主要有两种方式"这是概括句,统领下文的内容。"一种可以称为'游击战'。……一种可以称为'阵地战'"这个句子运用了分类别的说明方法,清楚地说明了两种进攻方式。有这些句子使说明的内容清晰、有条理。

第二种情况:原文中"春天四五月间禾苗刚出土,……农民常常要补种两三次才能有点儿收获"这句话运用了举例子的说明方法,真实具体地说明了风沙的巨大破坏力。

第三种情况:原文中"沙丘的高度一般从几米到几十米,也有高达一百米以上的。当风速达到每秒五米以上的时候,……每天可以移动几米到几十米,可是整个沙丘波浪式地前进,每年不过五米到十米"。这些句子运用了列数字的说明方法,精确具体地说明沙丘之高大,足见其破坏力巨大。"几个沙丘常常连在一起,成为沙丘链。"这个句子形象生动地说明沙丘连在一起的样子,突出其危害极大的特点。

教师:阅读说明性文段要做到句不离段,段不离篇。理清句与句之间的关系,准确判断中心句、概括句、支撑句、过渡句、复句等,理解它们在内容和结构上的作用。

教师:以上环节,我们以《向沙漠进军》第一部分的内容为例,体味和推敲重要词句在语言环境中的意义和作用。现在用以上学习的方法结合文章相关语段学习人类为治理沙漠都做了什么。

结合文章相关语段,说说人类为治理沙漠都做了些什么?抓住重要词句体味和推敲其在语言环境中的意义和作用。	←	1. 做到词不离句、句不离段、段不离篇。 2. 立足文本内容理解语境义,要紧扣说明的内容。 3. 理解分析时可运用对比法、删除法、替换法等。

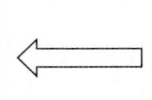

教师指导点拨:概括句要明确它概括的文字范围,支撑句要明确支撑的内容,尤其关注关联词的作用。在读文章时要圈画批注重点词句。

学生静心独立思考。

(学生独立思考,找出重要词句,分析其意思和作用,写下来。)

教师指定学生个体展示答案。

教师:首先要审清题意,圈画出相应的文字范围,抓住重点词句理解内容,围绕问题回答,而不是简单照搬书本。在表述时要有理有据,答案复杂时注意运用关联词语。

学生回答预设:

文中有中心句:抵御风沙袭击的方法是培植防护林;其次是培植草皮;抵御沙丘进攻的方法是植树种草。还有过渡句:仅仅……,还只是采取守势,自然是不够的。征服沙漠的最主要的武器是水。接着文章列举了大量的例子进行具体说明。一些词语也不能忽视,如:关联词"不但……而且""但是"等。可见,人类不仅采用了守势,还有攻势,并且取得了不少成绩。因此,人类为了治理沙漠做了以下事情:培植防护林、培植草皮,用来抵御风沙袭击;植树种草抵御沙丘进攻,并利用水征服沙漠并取得了不少成绩,而且开发利用沙漠的前景也做了很美好的设想。

教师将思考方向指向主问题:通过以上两个环节的研究,大家思考:如何体味和推敲重要词句在语言环境中的意义和作用?

如何体味和推敲重要词句在语言环境中的意义和作用?	←	1. 说明文中重要词句一般有哪些? 2. 结合以上所讲内容、步骤思考。

第四步:学生静心独立思考主问题。

学生回顾所讲内容,结合研究的两部分内容归纳总结,形成书面答案。

第五步:教师指定学生个体展示答案。

学生回答预设:

第一种情况:说明文中重点词句的作用都是为了准确说明文章内容服务的。

第二种情况:说明文中重点词语包括表修饰限制的词语、近义词、模糊性词语等,重点句子包括中心句、支撑句、过渡句等。要结合具体的语言环境体味推敲其意义和作用。

第六步:小组讨论交流,形成答案。

学生以小组为单位讨论交流,修改完善答案。

第七步:指定组代表展示本组归纳的答案。

学生回答预设:理解说明文中重要词语的意义和作用时,首先要理解其本意,再探究其语境义,做到词不离句、句不离段、段不离篇。理解重要句子的意义和作用时,要做到勾连上下文,紧扣内容。

第八步:教师强调理解和推敲说明文中重要词句的意义和作用的一般方法。

把握文意是前提,理解说明文中重要词语的意义和作用时,首先要理解其本意,再探究其语境义,做到词不离句、句不离段、段不离篇。理解重要句子的意义和作用时,要做到辨析句型、明确意思、勾连上下文、紧扣内容。

课堂总结

这节课主要以《向沙漠进军》这篇文章为例,探究了如何体味和推敲重要词句在语言环境中的意义和作用。通过学习大家明确了说明文里重要词语主要包括表修饰限定性词语、关联词、近义词等,分析其在具体语言环境中的意义和作用时,要词不离句,结合上下文,紧扣文章内容。一般要解释词语的本义,再结合上下文解释该词语在文中的作用和意义,最后要评价说明文语言的特点。说明文中的重要句子主要包括中心句、支撑句、过渡句、解说句等,分析重要句子的意义和作用,先辨析句子的特点,再结合具体的说明内容和语境来分析。

【板书设计】

向沙漠进军

体味和推敲重要词句在语言环境中的意义和作用

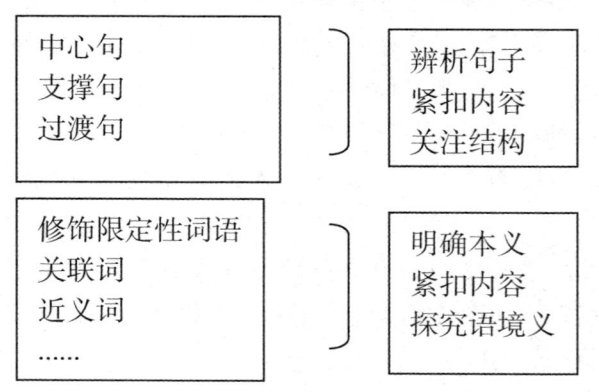

```
┌─────────────┐        ┌─────────────┐
│ 中心句      │        │ 辨析句子    │
│ 支撑句      │───┐    │ 紧扣内容    │
│ 过渡句      │        │ 关注结构    │
└─────────────┘        └─────────────┘

┌─────────────┐        ┌─────────────┐
│ 修饰限定性词语│        │ 明确本义    │
│ 关联词      │───┐    │ 紧扣内容    │
│ 近义词      │        │ 探究语境义  │
│ ……         │        │             │
└─────────────┘        └─────────────┘
```

【智慧训练】

下面是关于扬州个园的介绍,请仔细阅读,完成后面的练习。

扬州个园

①扬州个园,是一座独具风格的名园。它是清嘉庆、道光年间两淮盐运使黄至筠在明代"寿芝园"旧址上兴建起来的。当时园中遍植翠竹,盖取东坡诗意:"宁可食无肉,不可居无竹;无肉使人瘦,无竹使人俗。"以示主人不俗。又因竹叶形状很像一个"个"字,故名"个园"。"个园"以四季假山的堆叠精巧而著名。

②步入个园大门,便见湖石傍门,修竹繁茂,石笋参差,恰似"雨后春笋"破土而出,此即个园春景。稍前又有十二生肖之假山,皆在似与不似之间,与整个"春山"和竹相映成趣。

③"春"去"夏"来,绕过"宜雨轩",眼前豁然开朗,在浓荫环抱的荷花池畔,一座六七米高的太湖石假山出现在眼前,这就是"夏山"。过石桥,进石洞,只觉得藕荷飘香,苍翠生凉。

④转过"鹤亭",是座"一"字形长楼。循楼而去,"秋从夏雨声中入",长廊尽头便是"秋山"。秋山全用黄山石堆叠而成,构思大胆,用石泼辣,相传

为大画家石涛杰作。看此山,山势巍峨,峰峦起伏,又见古柏斜伸,红枫遍植,钟乳石挂,石桥俨然,气象果然不同一般。设若晴天薄暮时分,秋山面迎夕阳,一红如染,"秋高气爽"的诗情画意顿时溢出。

⑤步下秋山,过"透风漏月厅",迎面是一组由白色石英石堆叠而成的"冬景"。一只只"雪狮"似顽皮的孩子用残雪堆就,山脉、山顶"终年积雪"。南面有一堵白围墙,墙上开了四排风洞,使人不寒而觉寒。

1. 解释文中词语。
(1)泼辣:_____(2)气象:_____
2. 综观全文,"'个园'以四季假山的堆叠精巧而著名"这句话在文中起什么作用?
3. 第三段的"'春'去'夏'来"的含义有两层,一层是_____,另一层是_____。
4. 在第四段中用波浪线画出描写的句子,并说说其作用。
5. 本文是一篇说明文,作者写得生动形象,请你对本文的表达说出自己的理解。

附 参考答案

1.(1)很有魄力(2)情景
2. 这句话在全文中起总启下文、概括下文内容的作用。
3. 一层是从春到夏的季节变化,另一层是指从"春景"步行到"夏山"。
4. 画波浪线的句子:看此山,山势巍峨,峰峦起伏,又见古柏斜伸,红枫遍植,钟乳石挂,石桥俨然,气象果然不同一般。作用:形象生动地描写出了秋山的形态和气象,说明了"个园"以四季假山的堆叠精巧而著名的特点。
5. 本文写得生动形象,寓说明于描写之中,如同展现一幅幅画卷,既引人入胜又使人联想,激发了读者的阅读兴趣。作者在说明"个园"四季假山的堆叠精巧这一特点,用描写的表达方式,以文学的语言展示了"春山""夏山""秋山""冬景"的风采,可以看出,作者在写四季假山时,既抓住了各季节不同的特征,又力求写法上有变化,词语丰富,句式多样,并恰当地运用拟人的修辞手法,使文章显得形象生动。

(编写 闫金芳)

体味和推敲重要词句在语言环境中的意义和作用

怀疑与学问

【内涵释义】

重要词句是指文章中准确、生动、极富表现力,对理解文意起关键作用,标志文章层次转换的关联词、过渡句,以及具有特殊意义和深层含义的词、句等。筛选文中的信息,概括内容要点和中心意思,分析概括作者在文中的观点态度,鉴赏作品的形象、语言、表达技巧,评价文章的思想内容,甚至分析文章的结构,把握文章的思路,全都离不开对文中重要词句的把握。

【引领读悟】

以顾颉刚的《怀疑与学问》为例,落实本点。

学习准备

能理清思路,把握文章的结构:常见的论证结构表现为"纵式"和"横式"两种。分析结构时要注意以下几个方面:一是注意文章中的过渡段、过渡句以及过渡性的词语,从中研究作者的思路;二是要注意理解富有概括力的词语的含义及作用。

学生已经能读懂简单议论文。

导入新课

教师:同学们,今天我们以《怀疑与学问》一课为例,学习如何体味和推敲重要词句在语言环境中的意义和作用。(板书:体味和推敲重要词句在语言环境中的意义和作用)

叙述目标

教师:我们一起来看本节课的学习目标。

通过读课文,圈点画线,边注眉批,利用学过的方法梳理文章的论证思路;在通读课文的基础上,体味和推敲重要词句在语言环境中的意义和作用。

阅读渐进引领

第一步：学生读文本，整体感知文章或语段，明确积累内容。

教师：请同学们快速浏览课文，画出自己喜欢的句段，按自己的理解读一读。

学生自由读，画出自己最喜欢的词、最喜欢的句、最喜欢的段。

教师：好，哪位同学把自己喜欢的句段有感情地读一读，并说一说自己为什么会喜欢这一句或这一段。

指名三位同学读课文并赏析。

第二步：进入问题解决。

教师：读完文章，同学们对这篇课文的词语或句子有哪些问题，请提出来！

指名说一说。

学生个体提出问题。

学生自读课文，在书上标记出自己的问题。

小组讨论设计问题：有些简单问题，学生之间就会相互解答。组长记录有价值的、学生自己不能解决的问题。

教师归纳同学们提的问题。

学生回答预设1：第六段中有大量的关联词，比如"只有常常怀疑、常常发问的脑筋才有问题，有问题才想求解答"，"怀疑不仅是从消极方面变伪去妄的必要步骤，也是从积极方面建设新学说、启迪新发明的基本条件"。关联词在议论文中有什么作用？

学生回答预设2："就是对于过去学者的学说也常常抱怀疑的态度，常常和书中的学说辩论，常常评判书中的学说，常常修正书中的学说。"这句话中出现了四次"常常"，重复用词，可不可以删掉"常常"一词？

学生回答预设3："譬如"是什么意思？这里用了什么论证方法？

教师：同学们提的问题，都是针对文章的词语提问题。其实，在分析文章之前，我们都要细读课文，找出议论文的中心论点，找到作者所使用的论据，理清作者的论证思路，做完这些工作，我们有些问题不用老师讲，大家就可以自己把它解决掉。

第三步：教师指导点拨。

议论文中要关注关联词语，因为有时关联词语可以反映出各分论点之间的关系。请同学们看下面的投影。

> "怀疑不仅是从消极方面辨伪去妄的必要步骤,也是从积极方面建设新学说、启迪新发明的基本条件"与"怀疑是从消极方面辨伪去妄的必要步骤,是从积极方面建设新学说、启迪新发明的基本条件"这两句话有什么区别?

> 关联词语可以揭示各分论点之间的关系,我们常见的有并列式和递进式。

教师点拨:

并列分论点的文章结构是中心论点—分论点一—分论点二—分论点三—结论,也可以是提出中心论点—正面阐述—反面阐述—结论。

层进式(递进式)分论点的文章一般是将中心论点进行分解,分成几个分论点,这些分论点之间的关系是由浅入深、由简单到复杂。

第四步:个体准备答案。

安排学生静心独立思考。指导学生做好圈点批注,思考老师提出的问题,做好回答问题的准备。

第五步:教师指定学生个体展示答案。

教师:时间到了。下面请同学们展示答案。

学生回答预设1:第一句是原文,与第二句相比多了关联词语"不仅……而且"。

学生回答预设2:"不仅……而且"可以表示分论点一和分论点二之间是递进关系。

学生回答预设3:"不仅……而且"可以表示分论点一和分论点二之间是并列关系。

教师点拨:层间是并列关系,那么,各分句间的关系是平行并列的,如:"这衣裳既漂亮,又大方。"常用的关联词语有:"又……又……""既……又……""一边……一边……""那么……那么……""是……也是……""不是……而是……"等。层间是递进关系,可用"不仅……而且……""……况且"等关联词语过渡,以此反映层次间递进的关系。根据关联词语,我们再来判断两个分论点之间应该是什么关系。

学生回答预设:两个分论点之间是递进关系。可从文章概括两个分论点的一句话运用的关联词看出来,这句话是"怀疑是消极方面辨伪去妄的必需步骤,怀疑是积极方面建设新学说、启迪新发明的基本条件",采用的是表示递进关系的关联词语:"不仅……也……"。

教师:通过辨析关联词语,我们可以感受到本文采用的是层层深入地论证中心论点的方法。由此可见,议论文中的关联词语很重要。那么,除了我们刚才了解到的表示并列和递进的关联词语之外,关联词语还有哪些类型呢?

学生回答预设1:选择关系,各分句列出几种情况,表示从中选出一种,常用的关联词语有:"不是……就是……""或者……或者……""是……还是……""要么……要么……""宁可(宁愿)……也不……""与其……不如……"等。

学生回答预设2:转折关系,后一个分句与前一个分句的意思相反或相对,或部分相反。常用的关联词语有:"虽然……但是……""尽管……可是……""……然而……""……却……"等。

学生回答预设3:因果关系,分句间是原因和结果的关系,常用的关联词语有:"因为(由于)……所以……""……因而(因此)……""既然……就……""之所以……是因为……"等。

学生回答预设4:假设关系,一个分句表示假设的情况,另一个分句表示假设实现后的结果,常用的关联词语有:"如果……就……""即使……也……"等。

学生回答预设5:条件关系,分句说明条件,另一个分句表示在这一个条件下产生的结果,常用的关联词语有:"只要……就……""无论(不管、不论)……也(都)……""只有……才……""凡是……都……""除非……才……"等。

教师点拨:通过分析"怀疑是消极方面辨伪去妄的必需步骤,怀疑是积极方面建设新学说、启迪新发明的基本条件"中的关联词语,我们可以看出这篇文章采用的是层层递进的论证思路。由此可见,议论文中关联词语有着非常重要的作用。(板书:关联词语)

通过上面关于关联词语的讲解,老师相信大家已经解决了议论文中关联词语作用的问题,那么,"怀疑是消极方面辨伪去妄的必需步骤,怀疑是积极方面建设新学说、启迪新发明的基本条件"这句话在文中还有什么作用?

学生答案预设:承上启下。

教师:你能具体说说吗?

学生回答预设：上半句"怀疑不仅是从消极方面辨伪去妄的必要步骤"，显然是针对前面3、4、5自然段而言的；过渡句的下半句"也是从积极方面建设新学说、启迪新发明的基本条件"则是下文论述的中心。先思考作者是如何利用材料证明观点的：先从正反两方面阐述道理"只有常常怀疑、常常发问，一切学问才会起来"，并用戴震幼时读书时善于质疑事例加以证明，然后指出"只有常常怀疑，常常辩论，常常评判，常常修正，才能有更新更善的学说产生"，并用科学上的新发明、哲学上新理论、美术上新作风的事实加以论证，还从反面强调了怀疑的重要。

教师点拨：咱们只有明确过渡句所承所启的内容，才能真正认识过渡句的作用。过渡句在文章中起纽带作用，它可以把文章的相关内容联结在一起，使文章严谨。（板书：过渡句）

教师：其实，议论文中不仅会出现关联词、过渡句，也会出现一些更加明显的标志性词语，比如"总之""因此""所以""然而""否则"。有的文章可以通过标志性的词语，找到中心论点，有的文章可以通过标志性词语，找出所运用的论证方法，还有的文章可以通过一个字或词，把前后文中出现的内容勾连在一起，你能从课文中找出一处带有标志性词语的句子吗？

学生回答预设1："譬如在国难危急的时候，各地一定有许多口头的消息，说得如何凶险，那便是别人的传说，不一定可靠。要知道实际的情形，只有亲自去观察。"通过找到标志性词语"譬如"，可以得知这是比喻论证，设喻以论证"事实和根据"的两种"来源"。

学生回答预设2：第5段"因怀疑而思索，因思索而辨别是非；经过'怀疑''思索''辨别'三步以后，那本书才是自己的书，那种学问才是自己的学问。否则便是盲从，便是迷信"，通过标志性词语"否则"，可以得知这是运用了对比论证法，通过正反两方面的结果，阐明"我们不论对于哪一本书，哪一种学问，都要经过自己的怀疑"的重要性。（板书：标志性词语）

教师点拨：在议论文中，有些词语我们不仅要准确理解词语的意思，还必须结合语境来理解。这就要求我们回归文本。细致品读课文，联系上下文体会词语在文中的准确含义。

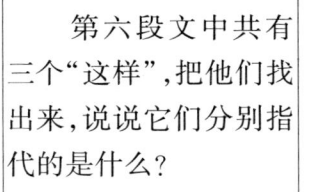

> > > 体味和推敲重要词句在语言环境中的意义和作用

| 第六段文中共有三个"这样",把他们找出来,说说它们分别指代的是什么? | ⇐ | "这样"一词属于指示代词,答案一般往前面找。 |

学生回答预设:第一个"这样"指代"对别人的话,不经过思考,都不打折扣的承认";第二个和第三个"这样"指代的是"对过去学者的学说常常抱怀疑的态度,常常和书中的学说辩论,常常评判书中的学说,常常修正书中的学说"。

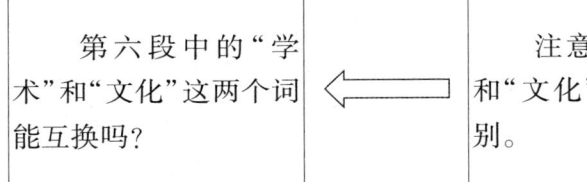

| 第六段中的"学术"和"文化"这两个词能互换吗? | ⇐ | 注意区分"学术"和"文化"两个词的区别。 |

学生回答预设1:能换,因为说的都是与学问有关。

学生回答预设2:句中的"学术"和"文化"这两个词不能互换。因为"文化"里面就包含"学术",是包含和被包含的关系。

教师点拨:议论文语言是非常准确、严密的,看到意思相同的词时,我们一定要通过查词典或根据具体语境来分析两个词之间的细微差距。"学术"是人类众多的"文化"活动中的一种,"一切学术也就停滞,人类的文化也就不会进步了",是从部分说到整体,互换位置后就讲不通了。

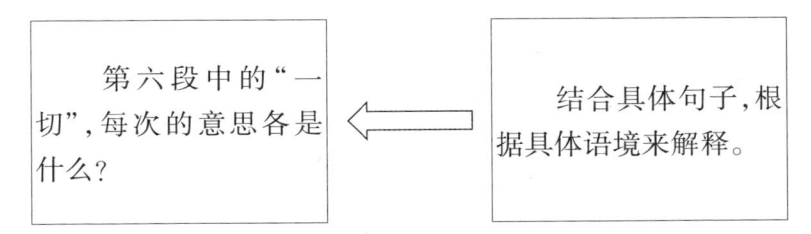

| 第六段中的"一切",每次的意思各是什么? | ⇐ | 结合具体句子,根据具体语境来解释。 |

学生个体回答,但答案不准确。

学生回答预设:第一个"一切"是指"一切学问",第二个"一切"是指"一切学问家",第三个"一切"是指"一切学术"。

第六步:(在学生回答不理想的情况下)小组讨论归纳答案。(说一说,写一写。小组讨论适时、适度、适量。)

教师点拨:我们在分析词语的时候,一定要注意它的意思,关注它的内涵。同时,还要注意结合文章内容,做出准确理解。

下面请小组合作讨论归纳答案。一会儿,每组出一名代表展示本组归纳的答案,要求:表述全面、到位、准确、规范。

第七步:指定组代表展示本组归纳的答案。

教师:请组长代表本组展示归纳的答案,要求表述全面、到位、准确、规范。

小组代表展示答案。

学生回答预设1:第一个"一切"是指"一切学问",强调了由疑而问,由疑问而求解对所有的学问的发展都具有强劲的推动作用,第二个"一切"是指"一切学问家",强调对所有学者的学说不迷信、不盲从、敢怀疑是所有学问家都有的共性,是产生更新更善学说的重要条件。第三个"一切"是指"一切学术",从反面强调没有怀疑精神,就没有学术发展,没有人类文化的进步。

学生回答预设2:第一个"一切"是指"一切学问"强调了学问起来的基础是不断发问,不断求解。第二个"一切"是指"一切学问家",强调所有的大学问家,对于过去的学说常怀疑、常辩论、常批判、常修正,才会产生更新更善的学说。第三个"一切"是指"一切学术",强调了怀疑和思考的重要性。

教师:我们在分析词语的时候,一定要注意它的意思,关注它的内涵。同时,还要注意结合文章内容,做出准确理解。(板书:结合语境理解词语)

第八步:教师评价,强化做这类题重点的、带规律性的学习方法。

课堂总结

体味和推敲重要词句在语言环境中的意义和作用,应该抓住关联词、过渡句、标志性词语来分析文章内容,准确理解词语的意思,才能把握词语的内涵。

同学们,今天我们利用《怀疑与学问》一课落实了"体味和推敲重要词句在语言环境中的意义和作用",通过今天的学习,我相信同学们已经掌握了一定的学习方法,希望同学们在今后的学习中,能够准确运用这些方法。

【板书设计】

怀疑与学问
体味和推敲重要词句在语言环境中的意义和作用

  关联词

  过渡句

  标志性词语

  结合语境理解词语

【智慧训练】

阅读《文明的更进一步需要"省视的目光"》，完成课后问题。

文明的更进一步需要"省视的目光"

张铁

  ①近日，几条社会新闻划出"U型"转弯。事件的反转，舆论的演进，让我们看到讨论社会文明建设"更进一步"的必要性。

  ②事情都不复杂，每个人都可能遇到：女司机被逼停遭暴打，行车记录仪却显示，两车早有并线、别车的几度斗气交锋；导游对没有消费的游客破口大骂，却有人指出这本来就是只要1元钱的"旅游消费团"；武侯祠石碑遭人刻字，网友人肉出的电话，却让同名者无辜"躺枪"，不堪其扰。

  ③面对这样的场景，大家都有基本的文明观，对错的边界不会模糊，一些根本性的判断不会出错：不管有理没理，打人不仅是文明问题，更是法律问题；不管多么难，做好服务都是导游的本分，骂人有悖基本的职业道德和社会伦理；而从埃及的卢克索神庙到故宫的大水缸，"到此一游"的方块字确实是文明的污点。有了这样的共识、守住这样的底线，文明才算是迈出了小小的第一步。

  ④不过，现实也绝不是非黑即白的文明判断题。暴打司机的视频足以激发很多人的义愤，但看了双方此前你争我抢的斗气，不少人也转变看法表示"无法同情女司机"；骂人的导游确实让人全无好感，但"一元团"的背景，也让人感叹游客是"得了便宜还卖乖"；刻字激发"文明耻感"，但人肉搜索、电话骚扰却也走到了另一个不文明的极端。新闻本身可能只是冰山一角，如果只是看到结尾就匆忙下结论、做断语，难免会失之偏颇，进而产生道德

迷失。讨论社会文明"更进一步"的意义正在于此。

⑤_____

⑥寻求社会文明的"更进一步",需要的是更多些"省视的目光"。如果不幸成为当事人,我们先要反躬自省,掐断不断恶化的因果链条。比如"女司机被打事件"中,如果双方都能冷静下来,换位思考,或许就能打破"坏情绪传导"的恶性循环,让事情向着不同方向演变。

⑦而对于更多围观议论的人,或许也可以多看一面、看深一点。不管你是开车还是走路,是游客还是导游,不用急着站队,更不用忙着挥舞"道德棒"、当起"键盘侠"。"老吾老,以及人之老;幼吾幼,以及人之幼",中华文化中推己及人的道德观念,也正是从自我审视开始的。有了"同理心",才能更深刻地体会他人的处境、分析事件的背景、思考道德的要求,也才能在现实语境中理解一种生活化的德行、一种可感可触的文明。

⑧"惟有头顶的星空与心中的道德律令,才让人越深思而越敬畏。"这是康德被广为引用的名言,其中所谓"深思",绝不仅仅是重视,_____。唯有如此,才能让社会文明"更进一步",才能让我们处身其中的社会真正走向和谐。

(选自2015年5月6日《人民日报》,有删改)

1. 对上下文的理解,写一个过渡句,填入文中第⑤段横线处。
2. 依照文意,在第⑧段横线处填入一个语句,应填入____。(只填序号)

【甲】而是一种深刻的省视

【乙】而更是一种深刻的敬畏

【丙】而更是一种深刻的省视

3. 结合对选文的理解和自己的生活体验,谈谈要使文明更进一步,我们应该怎样做。

附 参考答案

1. 答案示例:既然让社会文明"更进一步"如此必要,那我们又该如何做到这一点呢?

2. 答案:丙

3. 答案示例:选文启示我们,要使文明更进一步,应该要学会"省视"。

在校园中有时会看到同学乱丢垃圾、吵架打架,我们总是急于指责,却很少去想他们为什么这样做,也很少想过自己是否也曾这样做。同学们要多做"省视",才能使我们的校园文明更进一步。

(编写　王英丽)

体味和推敲重要词语在语言环境中的意义和作用

我的老师

【内涵释义】

体味和推敲重要词语在语言环境中的作用,是指理解在文章结构、主题等方面有着重要意义的词语。弄清这些词语本身有哪些含义,结合它们所处的上下文语境进行揣摩,并准确分析这种揣摩出来的含义是否吻合全文的主题和思路。

学习本文要继续认识语文源于生活,细读分析,理清情感线索,辨析、推敲课文的语言,深入体会作者对老师的崇敬、爱戴和感激之情。

【引领读悟】

本文以《我的老师》为例落实本点。

学习准备

1. 查阅工具书,独立解决生字词,了解作者情况及写作背景。
2. 初读课文,能够概括文章的内容,梳理文章的思路。
3. 阅读魏巍的其他文章,总结阅读现代文的方法。

导入新课

课前教师播放校园歌曲《每当我走过老师窗前》。

教师:亲爱的同学们,听着这优美动听的天籁之音,我们也仿佛走进了一个广阔而迷人的情感世界,那是心与心的碰撞,爱与爱的交织。是啊,世界上最复杂、最难以捉摸的感情就是师生情,它似父子情,又似母女情,更多的是心心相印的朋友情。它常常会带领我们走进一个美妙而又令人神往的梦境中。今天,老师就带你们走进魏巍的《我的老师》,相信大家一定会在思想感情上与作者产生共鸣。(引生入境)

本文题目是《我的老师》,《我的老师》一文是作者于 1956 年 9 月 29 日为《教师报》所写的回忆性散文。课题中的"我"即作者本人,"老师"是作者小学时的教师蔡芸芝先生。作者以儿童的眼光抒发了对老师的挚爱。

叙述目标

为了培养体味和推敲重要词语在语言环境中的作用的能力,这节课将通过学习《我的老师》这篇文章达到以下学习目标:第一,通过精读课文学习在语境中推断词语深刻含义的方法,体会语言平实而蕴含丰富感情的特点;第二,积累课文中重要词语,体味和推敲重要词语在语言环境中的作用;第三,理解课文内容,梳理"回忆—依恋—思念"的感情线索;第四,体味师生之间的美好情谊。培养学生热爱老师、尊敬老师的良好品德。本节课的学习重点是:1. 准确认读、理解课文中疑难字词及优美的四字词语,并掌握它们的意思。2. 学习在语境中推断词语的深刻含义的方法,通过平实的语言来品味情感。教学难点:积累课文中重要词语,体味和推敲重要词语在语言环境中的作用。

教师:在学习本课之前我让大家做了预习。要求:1. 熟读课文,查阅工具书解决自己不熟悉、不了解的字词,积累优美的四字词语。2. 收集整理关于魏巍及《我的老师》的文学常识。3. 收集整理有关爱师、尊师的诗词、警句、文章。

阅读渐进引领

第一步:学生读文本,整体感知文章或语段。

教师:怎样体味和推敲重要词语在语言环境中的作用?首先是知人论世,了解作者和背景;其次是通读全文,扫清字词障碍;再读课文,抓住重点语句。

教师:了解了这些常识,同学们一定想先读为快吧!下面快速浏览课文,用笔画出你不理解或你认为精彩的字词。

学生:速读。圈点批画。

教师:同学们大多完成了阅读,老师看到同学们圈画的字词比较集中,那我们就一起看大屏幕上老师整理的字词吧。下面请看大屏幕,齐读字词两遍,注意字音。(教师出示幻灯片)

| 如何理解文章中的重点词语? | ← | 词语离不开具体的语言,所以,联系上下文的语言环境来理解是十分重要的。 |

教师:前面的学习扫除了文字障碍,请同学们再读课文,找出喜欢或不理解的语句,与同学们分享交流。

学生:(自由放声朗读课文。并及时圈画重点语句。)

(1)对于预习中不能理解的词语,同桌间相互交流;或举手向老师提问,师生共同解决。

(2)学生勾画出文中成语或四字词语,并摘录在笔记本上。

(3)同桌间交流,并自己选择2—5个词语口头造句,相互评价。

教师:多媒体播放配乐朗诵。

学生:认真体会朗读节奏及情感。

教师:同学们,朗读这篇饱含深情的散文,我们应以什么样的感情来读呢?

学生回答预设:感激、敬佩。

教师:同学们小声地、舒缓地朗读课文,并试着在你认为最能表达作者感激敬佩之情的词语下做上标志。

教师:抽生朗读课文。就你认为你朗读得最好、最有感情的语段,大声朗读出来,让同学们一起欣赏、品析。

教师:哪位同学愿意与同学们分享你的思考或感受?

学生回答预设:我认为文章第九段写的感情真挚,充满了对蔡老师的深情,但是我又不能完全理解其中的深意,还希望能和老师以及同学交流。

第二步:进入问题解决。

教师:这位同学目光非常敏锐,他找到的语段,是文章的精华。我注意到,很多同学都批注了这一段,那我们不妨以此段为核心,精心设计几个问题,看看随着这几个问题的解决,是不是你在自读时的许多疑难就迎刃而解了。

学生:(默读、思考圈点批注、讨论)

教师:同学们思考得很认真,讨论也很热烈,下面就请小组代表展示你们设计的问题吧。

精心研读文章第九段,思考本段表现蔡老师的什么特点?	←	阅读时要抓住重点段落,扣住文章重点词语,问题设计要涵盖全篇,关注到人物、事件、情感。

学生回答预设:"这时候蔡老师援助了我,批评了我的'反对派'们,还写了一封信劝慰我,说我是'心清如水的学生'。"这句话中"还"体现了蔡老师的工作全面、细致。用"劝慰"一词,就比用"劝说""劝解"更恰当。后两者重在"劝",重在从道理加以劝告,使问题得到解决。而"劝慰"重在"慰",使受伤害者既得到劝解,又获得安慰,更好地体现出蔡老师对"我"的理解、同情和援助。

教师:非常好!看来同学们真的动了一番脑筋,同学们提出的问题都很有价值,其实我们刚才抓住重点语段,研读、设计问题,可以从中总结出一个很好的阅读方法,学会了就可以举一反三了。请同学们看大屏幕,(屏幕上显示)教你一招:

第一步,概括中心事件;第二步,筛选重点词语。

教师:这样做,就可以提纲挈领,化繁为简。那么,刚才同学们提出的问题,我们能不能抓住一个核心问题,带动起其他问题呢?请同学们认真思考。

用核心问题带动其他问题,能否达到推断、理解、辨析文中词语的深刻含义,准确把握文章内容的目的?	⟵	提取主问题,要注意文体特征,叙事散文离不开精心选择事件,所以,要从概括事件入手准确地筛选出重点词语。

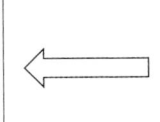

选出重点词语,在叙述事件过程中,作者既可以表现人物品质,又可以在字里行间表达自己的思想情感,所以,我认为我们要解决的核心问题是:文章写了关于蔡老师的几件事?哪些词语更能表现蔡老师的性格?

教师:非常好!老师为此也补充设计了几个问题:

作者在文中表达对蔡老师的感激、敬佩之情,哪些词语体现作者对蔡老师的一往情深?推断、理解、辨析文中词语的含义。

积累课文中重要词语,体味和推敲重要词语在语言环境中的作用。这就是我们接下来要完成的任务。

第三步:教师指导点拨。

教师:刚才大家初读了课文并围绕文章的主题和内容提出了许多有价值的问题,下面请同学们再读课文,运用我们已经掌握的读书方法,从概括事件入手推断、理解、辨析文中词语的深刻含义,把握文章中心。概括事件时要注意两个要素:人物和事件。也就是"谁""干了什么"。注意要紧扣文本推断、理解、辨析文中词语的深刻含义,尽量用原文中的词句组合,养成细读文本的习惯,下面请同学们概括找到的事件。

| 如何准确全面地概括事件,推断、理解、辨析文中词语的深刻含义? | ← | 概括事件时,体味、推敲词语时要结合语境,注意细读文本,尽量用原文,紧扣文本。 |

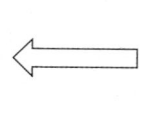

教师:大家读文章的时候首先要整体把握:认真思考作者怎样安排结构,才能条理清晰,主题突出,感人至深。全文紧密围绕"最使我难忘的"这条线索展开叙述、抒情。思考这些问题要对文本逐层分析,并且设置这些问题的目的是能使大家在整体上把握文章的情感基调和文章的结构。为大家创设一个活泼有序、扎实多变的思维空间,有利于引起对问题的思考,希望大家能积极进行讨论。

我们可以借助批注法、质疑法感知文章内容,通过对文章题目和主要事件的分析以及推断、理解、辨析文中词语的深刻含义,理解文章的主题。

教师:对于第一个问题大家可以有感情地朗读课文,从文章整体来思考。再认真仔细默读文章第9小节。请大家继续研读这部分,思考作者在文中表达对蔡老师的什么感情,哪些词语体现作者对老师的一往情深?推断、理解、辨析文中词语的深刻含义。思考魏巍小学时候最难忘的事情是什么?为什么会给他如此难忘的印象呢?阅读文章的时候首先要整体把握,并边读书边在文中圈点勾画,并认真体会作者的写作意图。

| 请大家继续研读第9小节,作者在文中表达对蔡老师的感激、敬佩之情,哪些词语体现作者对老师的一往情深?推断、理解、辨析文中词语的深刻含义。 | ← | 品析词语的方法,一是弄清这些词语本身有哪些含义,二是结合它们所处的上下文语境进行揣摩,三是辨析这种揣摩出来的含义是否吻合全文的主题和思路。 |

第四步:学生静心独立思考。

教师:前面的学习,我们批注并质疑了文章的内容,请同学们打开书,一边默读课文,一边做批注,画出本段中重要词语并推断、理解、辨析文中词语的深刻含义。

学生:默读课文,勾画出重要词语,同桌间相互交流推断、理解、辨析文中词语的深刻含义。

第五步:教师指定学生个体展示答案。

教师:刚才我看到有位同学在圈点批注的时候,由"劝慰"想到了另一个有特殊用法的词,这才是体味和推敲重要词语在语言环境中的作用应该有的思维。我注意到,刚才很多同学也都提出了"为什么我用儿童的狡猾的眼光察觉"这个问题,"狡猾"是贬词褒用,写出了"我"的聪明机灵、善解人意。我们不妨围绕这个问题继续研讨,下面我们在分析"狡猾"一词的基础上继续深入研读文本,请大家认真品味"劝慰"这一词语,体味和推敲这个词语在语言环境中的作用。

学生:默读、思考、圈点批注、讨论。

教师:同学们思考得很认真,圈画得也很仔细,下面就请小组代表展示你们的思考成果。

学生回答预设1:我在第九段中找到这样一句话,"这时候蔡老师援助了我,批评了我的反对派们,还写了一封信劝慰我,说我是心清如水的学生。"这句话中还体现了蔡老师的工作全面、细致。用"劝慰"一词,就比用"劝说""劝解"更恰当。后两者重在"劝",重在从道理加以劝告,使问题得到解决。而"劝慰"重在"慰",使受伤害者既得到劝解,又获得安慰,更好地体现出蔡老师对"我"的理解、同情和援助。

教师:这句话里哪个词语体现了蔡老师的工作全面、细致?

学生回答预设2:我想对"劝慰"一词进行分析。用"劝慰"一词,就比用"劝说""劝解"更恰当。后两者重在"劝",重在从道理加以劝告,使问题得到解决。

教师:用同义词比较的方法,分别解释词语,信息捕捉准确,而且用语简单明了,继续深入分析,更好地体现出蔡老师对"我"的理解、同情和援助。

学生回答预设3:我认为"劝慰"重在"慰",使受伤害者既得到劝解,又获得安慰。

学生回答预设4:用"劝慰"一词,就比用"劝说""劝解"更恰当。后两者重在"劝",重在从道理加以劝告,使问题得到解决。而"劝慰"重在"慰",使受伤害者既得到劝解,又获得安慰,更好地体现出蔡老师对"我"的理解、同情和援助。

教师:作者儿时的这些事都不是惊天动地的壮举,而是平凡细碎的琐事,这些平凡小事在魏巍的记忆中,定格成一个个难忘的镜头,让我们深情朗读,从中体会。

> "我用儿童的狡猾的眼光察觉,她爱我们,并没有存心要打的意思。"这句话中"狡猾"一词是什么含义?

← 首先要查字典得知字典义,然后结合语境进行分析,还要注意词语感情色彩的变化。

学生回答预设:"我"用儿童的聪明调皮的眼光发现,蔡老师是爱我们的。这样使用儿童的眼光、儿童的语言,不仅生动地刻画了一个深受学生爱戴的老师的形象,同时也表现了孩子们对老师的爱的深刻理解。

教师:非常好!看来同学们真的动了一番脑筋。刚才我们抓住文章的重要词语与主题以及题目的关系进行了深入思考和讨论,可以从中总结出一个很好的阅读方法,学会了就可以举一反三了。请同学们看大屏幕。

(屏幕上显示)教你一招:第一步,理解重要词语的表层意义;第二步,结合具体的语言环境,推断、理解、辨析文中词语的深刻含义,理解作者的思想感情。

教师:这样做能够在思考问题的时候,对文章理解得更深入,更透彻,也有利于提高我们的思维深度。思考这个问题,首先应该理解作者的写作目的和作者的思想情感,进而理解这些重要词语在具体语言环境中的作用,深刻理解文章的深层含义。

第六步:小组讨论归纳答案。

教师:刚才,同学们通过独立思考、小组讨论等方式,对文本做了进一步的探究,至此同学们已经能够从推断、理解、辨析文中词语的深刻含义入手理解文章的主旨了,还要注意语言的表达要通顺流畅。

第七步:指定组代表展示本组归纳的答案。

教师:非常真挚而感人的师生情谊,成为文学作品的一个永恒的话题。

假如作者叙写的一件事被画成一幅画,你能结合句中重要词语,为这幅画写一段解说词吗?

学生回答预设:"放假前我默默地站在她的身边,看她收拾这样那样东西的情景。"

赏析:"默默"无声的动作,静态的描写,胜过千言万语,写出孩子与自己喜爱的老师依依惜别的深情啊!蔡老师,您的爱,似春雨"随风潜入夜,润物细无声"。

教师:不错,这段话抓住"默默"这个重要词语,品出了春风一般和煦、清泉一般甘甜的师爱。

第八步:教师或学生评价,确认(或补充)答案,升华。

课堂总结

本节课在概括事件的基础上,通过小组合作交流,不仅弄清了这些词语本身有哪些含义,而且结合它们所处的上下文语境,进行揣摩并准确分析这种揣摩出来的含义是否吻合全文的主题和思路。请大家在以后的散文阅读中,用一双慧眼从文中品味词语、句子中的深情。

【板书设计】

我的老师
魏巍

感情基调　　　　　最令我难忘
品析词语:　　　劝慰　　老师爱学生
　　　　　　　　　　　　　　师、生互爱
　　　　　　　狡猾　　学生爱老师
师生感情:　　　喜爱—依恋—思念

　　　　　　忆　　爱　　　尊
　　　　　(作者)（老师）　（我们）

【智慧训练】阅读《晶莹的泪珠》完成下面问题。

晶莹的泪珠

陈忠实

我手里捏着一张休学申请书朝教务处走去。

我要求休学一年。

我敲拍了教务处的门板,获准以后我便推开了门,一位年轻的女先生正伏在米黄色的办公桌上,手里拿着长杆蘸水笔在一厚本表册上填写着什么。"老师,给我开一张休学证书。"

她抬起头来,诧异地瞅了我一眼,拎起我的申请很快看完了,又专注地把目光停滞在纸页下端班主任签写的一行意见和校长更为简洁的意见上面,似乎两个人连姓名在内的十来个字的意见批示,看上去比我大半页的申请书还要费时更多。她终于抬起头来问:

"就是你写的这些理由吗?"

"是的。"

"不休学不行吗?"

"不行。"

"亲戚全都帮不上忙吗?"

"亲戚……也都穷。"

"可是……你休学一年,家里的经济状况也不见得能改变,一年后你怎么能保证复学呢?"

于是,我就信心十足地告诉她我父亲的精确计划:待到明年我哥哥初中毕业,父亲让他报考师范学校,师范生的学杂费和伙食费全由国家供给,据说还发三块零花钱。那时候我就可以复学接着念初中了。我没有做更多的解释。我的爱面子的弱点早在此前已经形成。我不想再向任何人重复叙述我们家庭的困窘。

她轻轻舒了口气,拉开抽屉取出一个公文本在桌子上翻开,又停下手,问:"你家里就再想不出办法了吗?"我看着那双浮着忧郁气色的眼睛,忽然联想到姐姐的眼,神突然意识到因为我的休学致使她心情不好。她只是教务处的一位抄抄写写的年轻职员,我和她几乎没有说过话,甚至至今也不知道她的姓名。我便说:"老师,没关系。休学一年没啥关系,我年龄小。"她说:"白白耽搁一年多可惜!"随之又换了一种口吻说:"我知道你的名字也认得你。每个班前三名的学生我都认识。"我的心情突然灰暗起来而没有再开口。

她终于落笔填写了公文函,取出公章在下方盖了,又在切割线上盖上一枚合缝印章,"吱吱吱"撕下并不交给我,放在桌子上,然后把我的休学申请书抹上糨糊后贴在公文存根上,做完这一切才重新拿起休学证书交给我说:"装好。明年复学时拿着来找我。"

我向她深深地鞠了躬就走出门去。我听到背后"咣当"一声关门的声音,同时也听到一声"等等"。她拢了拢齐肩的头发朝我走来,和我并排在廊檐下的台阶上走着。我想尽快远离正在迎接新学期的洋溢着欢乐气氛的学校大门,便低着头加快了脚步,她又喊了一声"等等",走过来拍了拍我的书包:"别把休学证弄丢了。"我点点头。她这时才有一句安慰我的话:"我同意你的打算,休学一年不要紧,你年龄小。"

<u>我抬头看她,猛然看见那双眼睫毛很长的眼眶里溢出泪水来,像雨雾中正在涨溢的湖水,泪珠在眼眶里打着旋儿,晶莹透亮。</u>我垂下头避开目光,要是再在她的眼睛处多驻留一秒,我肯定就会号啕大哭。我低着头咬着嘴唇,脚下盲目地拨弄着一块碎瓦片来抑制情绪,感觉到有一股热辣辣的酸流从鼻腔倒灌进喉咙里去。我终于扬起头鼓起劲儿说:"老师……我走了……"她的手轻轻搭上我的肩头:"记住,明年的今天来报到复学。"

我看见两滴晶莹的泪珠从她眼睫毛上滑落下来,缓缓流过一段就在鼻翼两边挂住。我再次虔诚地深深鞠躬,然后就转过身走掉了。

……二十五年后,卖树卖树根供我念书的父亲在弥留之际,对坐在他身边的我说:

"我有一件事对不住你……,如果不是错过了一年,你就不会错过那年的高考录取了……"我对已经跨进黄泉路上半步的依然向我忏悔的父亲,讲了那一串泪珠的经历,父亲便安然合上了眼睛,喃喃地说:"可你……怎么……不早点给我……说女先生哩……"

我今天终于把近四十年前的这一段经历写出来,对自己算是一种虔诚祈祷,当各种欲望膨胀成一股强大的浊流冲击所有大门、窗户和每一个心扉的当今,我便企望自己如女老师那种泪珠的泪腺不至于堵塞,更不敢枯竭,那是滋养生命灵魂的泉源,也是滋润民族精神的泉源。

1. 女老师在办理"我"的休学申请书时,为什么十分"专注""费时""忧郁""落泪"?为什么又对"我"连连发问后又加以安慰?

2. 请分析画线文字的表达特色以及在文中的作用。

附　参考答案

1. ①女老师为一个成绩优异的学生要求退学而诧异和惋惜。②多次提示我解决问题的方法,希望"我"放弃休学的念头。③老师安慰"我",说明她已经没有办法留住"我",她能做的都做了。

2. ①特色:比喻手法、细节描写、侧面衬托。②作用:点题、刻画人物、为结尾抒情做铺垫。

(编写　董卫红)

后　记

　　为了解决初中语文教师备课中的各种问题，落实区教育委员会领导关于"提高教师课前准备的功夫"的指导，打造确有实效的初中语文课堂基础，培养本区的高端初中语文教师，在语文课堂准备研修班的基础上，区教育委员会为我们成立了李树方刘大庆语文名师工作室。

　　名师工作室把研究重点放在课堂准备上，经过多年潜心研究，特级教师李树方探索出渐进阅读指导八步教学新思路，引领学生开展富有实效的学习活动，使学生在悟读过程中，学有所获。教师精心设计问题，引导学生提出问题，细化教师指导学生学习过程，在学生学习实践的过程中形成基本能力，形成语文核心素养。在李树方和刘大庆老师的指导下，经过研修老师们的精心研讨，辛勤付出，在此，我们将两年来的研究成果呈现给同行们，愿这些成果能为老师们的发展提供有益的帮助。

　　本套书的编写和出版得到了区教育委员会领导和其他领导的大力支持，在此，我们代表名师工作室的老师们，对顾成强、杜成喜、武玉章、郭冬红、李仕玲、田小将、沙晓燕、刘东、张文革、刘雪琴、盛学强等领导和老师一并表示最诚挚的感谢！

李树方　刘大庆
2019年6月于北京